Caitríona Leahy / Marcel Illetschko (Hg.)

Mapping Ransmayr

Kartierungsversuche zum Werk von
Christoph Ransmayr

Mit einer Abbildung

V&R unipress

Bibliografische Information der Deutschen Nationalbibliothek
Die Deutsche Nationalbibliothek verzeichnet diese Publikation in der Deutschen
Nationalbibliografie; detaillierte bibliografische Daten sind im Internet über
https://dnb.de abrufbar.

© 2021, Vandenhoeck & Ruprecht GmbH & Co. KG, Theaterstraße 13, D-37073 Göttingen
Alle Rechte vorbehalten. Das Werk und seine Teile sind urheberrechtlich geschützt.
Jede Verwertung in anderen als den gesetzlich zugelassenen Fällen bedarf der vorherigen
schriftlichen Einwilligung des Verlages.

Umschlagabbildung: Überblendung der Bilder „Map of Ireland, Clement Cruttwell, 1799,
Wikimedia Commons", „Sextant, sabrinafindeisen, pixabay" und „Eastern coast of the
United States, ISS030-E-078095, nasa.gov"
Druck und Bindung: CPI books GmbH, Birkstraße 10, D-25917 Leck
Printed in the EU.

Vandenhoeck & Ruprecht Verlage | www.vandenhoeck-ruprecht-verlage.com

ISBN 978-3-8471-1219-8

Inhalt

Vorwort 7

Caitríona Leahy (Dublin) / Marcel Illetschko (Salzburg)
Introduction: Stargazing, Worldmaking and Worldmapping. The human and inhuman, the poetical and geographical dimensions of Christoph Ransmayr's work 9

Hermann Dorowin (Perugia)
Der Reporter und die Kunst. Zu Christoph Ransmayrs Anfängen in der Zeitschrift „Extrablatt" 43

Doren Wohlleben (Marburg)
Carmen perpetuum. Zur Idee der Vollendung in Ovids Metamorphosen und Christoph Ransmayrs Romanen *Die letzte Welt* sowie *Cox oder Der Lauf der Zeit* 61

Jill Thielsen (Kiel)
Fakt und Fiktion, Chronist und Dichter. Zur Erzählinstanz in Christoph Ransmayrs *Die Schrecken des Eises und der Finsternis* 77

Andreas Stuhlmann (Edmonton)
Mapping the Way to Surabaya. Christoph Ransmayr's Travelogues *Der Weg nach Surabaya* and *Atlas eines ängstlichen Mannes* 97

Günther Schaunig (Wien)
Panhumanes Schreiben. Gemeinschaftsstiftung und Verewigungsstrategien im Werk von Christoph Ransmayr 119

Gilbert Carr (Dublin)
Ice and fire: From Christoph Ransmayr to Ernst Weiß 135

Daniela Henke (Freiburg im Breisgau)
Den Menschen kartographieren. Zu Funktion und Bedeutung der Stein-,
Vogel- und Pflanzensymbole bei Christoph Ransmayr 151

Anna-Lena Eick (Augsburg)
Narratives Mapping – Grenzen und Möglichkeiten der literarischen
Bearbeitung historischer Stoffe. Christoph Ransmayrs *Die Schrecken des
Eises und der Finsternis* als Auflösung der großen Geschichte in
Möglichkeitsformen einzelner Geschichten 169

Arno Herberth (Wien)
Die Relationen von Fremdem und Eigenem in Christoph Ransmayrs
Der Weg nach Surabaya 193

Attila Bombitz (Szeged)
Around the world. Zum Werk von Christoph Ransmayr 201

Beiträgerinnen und Beiträger 211

Vorwort

Tagungsband zur Konferenz *Mapping Ransmayr – Konferenz und Lesung* 16.–17.6.2016, Trinity College Dublin

Der Großteil der Beiträge gibt den Forschungsstand von 2017 wieder.

Gedankt sei der Österreichischen Botschaft in Dublin (Botschafter Mag. Dr. Thomas Nader) und der Österreichischen Nationalbiliothek sowie dem Long Room Hub des Trinity College Dublin (Prof. Dr. Jürgen Barkhoff und Mitarbeiter/innen) und dem Research Incentive Scheme, T.C.D., für die Unterstützung der Konferenz, Prof. em. Hans-Harald Müller, Hamburg, für die kritische Lektüre des Bandes und Manuel Wick, Salzburg, für die Visualisierung der Karte im einleitenden Beitrag.

Die Herausgeber bedanken sich auch bei Bernhard Fetz, Manfred Mittermayer, Tina-Karen Pusse, Sophie Duvernoy, Nina Peter, Dora Osborne, Maria Naganowska, Sam Ford, Sabine Krobb, Florian Krobb, Gilbert Carr, Veronika Österbauer und Antonia Bachinger.

Höhepunkt der Konferenz war die zweisprachige Lesung von Christoph Ransmayr selbst, bei dem wir uns besonders bedanken.

Caitríona Leahy (Dublin) / Marcel Illetschko (Salzburg)

Introduction: Stargazing, Worldmaking and Worldmapping. The human and inhuman, the poetical and geographical dimensions of Christoph Ransmayr's work

Stargazing and worldmapping: the human and inhuman dimensions of Christoph Ransmayr's work

Stargazing in Dublin with O'Casey

When the drunken, dreaming hero of Seán O'Casey's (almost) hundred year old play *Juno and the Paycock* lifts his head from the grinding poverty that earths his existence to gaze into the free-floating openness above him, he utters one of the great questions of Irish literature: "what is the stars, what is the stars?" (O'Casey 1980, 23). It is, of itself, a sparkling question, twinkling brightly with all the fun and the tragedy, the irony and provocation that its context can muster. "What is the stars?" indeed: a question for religion, for science, for poets and dreamers and philosophers. It is not, however, a natural or proper question for the disenfranchised characters of the play, for those who are relentlessly bound and grounded by earthy, earthly demands. The poor are disenfranchised then not just materially and politically, but disenfranchised because the big existential questions are deemed not theirs to proclaim. For them, the stars are out of bounds. And out of bounds then too, are the wonderment that stars bestow, the impossible knowledge they dangle and the horizons they stretch. To be poor is to have lost sight of the stars, to have one's eyes fixed firmly to the binding, grounding earth. To ask about the stars, therefore, is no innocent question, no mere twinkle question; it is a question about all the dimensions of apprehension that bind heaven and earth to one another. These are the dimensions of the human condition in its material, physical, social, psychological and philosophical need. In these human and inhuman dimensions, in between heaven and earth, between dreaming and drudgery, all cartographers and all star-gazers ply their trades. And as they gaze, they don't just map their environment, near and far, they also forge the instruments of our apprehension – our theological, philosophical, astrological, geological, and, above all, our poetic narratives.

In the Irish context, O'Casey's question has become a proxy for the problem of literature's role in national history, which for centuries was dominated by the struggle for independence from British rule. His play recreates a familiar landscape: the colonial power structure and the generalised poverty of vast swathes of the Irish population shape an environment in which the gap between material life and the life of the mind seems great. For O'Casey the "what is the stars?" question, planted in the poverty of inner-city Dublin is ambivalent. On the one hand, it is a question asked by those who have abdicated their domestic responsibilities in favour of alcohol induced flight into the imagination – it is literature as a way out of life. On the other hand, it raises and is counteracted by a further question, namely: what remains to those so materially impoverished except the capacity to dream? "We are all in the gutter", says Lord Darlington in the Oscar Wilde play *Lady Windermere's Fan*, "but some of us are looking at the stars" (Wilde 1966, 417). If the stars mark the outer reaches of our horizon, the place where knowledge pushes against the great unknown, and where the imagination rushes in to fill that void, O'Casey suggests that dreaming and storytelling might come at the human cost of real life neglect. At the same time, storytelling might be the very medium of insight into the political and social injustices that curtail people's real lives.

All of this seems a long way from Ransmayr's kind of writing, and so it is. Ransmayr comes to the stars by a very different route, but shares with O'Casey an acute interest in the relationship between reality and the imagination, and more specifically, the role of storytelling in what we call reality. Where O'Casey posits a dichotomy between dreaming and living that is complicated by the fact that the dichotomy itself is offered in literary form, Ransmayr's work is forthright in its defence of art. Here, the real and the imagined are woven together in such a way that they are fundamentally inseparable from the outset. It is that inseparability that constitutes the fabric of his narrative and is a thematic focus of so many works. It is also a thematic focus in essays by Hermann Dorowin, Jill Thielsen and Anna-Lena Eick in this volume.

The entwinement of the real and the imagined is also present in Ransmayr's account of his interest in the stars in *Bericht am Feuer. Gespräche, E-Mails und Telefonate zum Werk von Christoph Ransmayr*, where the dimensions of human existence – its external borders and its internal means of orientation – are bound up ab initio with our relationship to the stars. When the schoolboy Ransmayr is given a present of Nietzsche's collected works, one sentence jumps out at him: "Solange du die Sterne noch empfindest als ein 'Über dir', fehlt dir der Blick des Erkennenden".[1] This develops into the insight that understanding our position

---

1 *Bericht am Feuer. Gespräche, E-Mails und Telefonate zum Werk von Christoph Ransmayr*, ed.

vis à vis the stars is the beginning of human understanding and orientation per se:

> Den Blick zu heben war schließlich nur eine Möglichkeit von vielen. Der Himmel konnte plötzlich auch Abgrund sein oder etwas jenseits von unten und oben. [...] Ich habe erlebt, daß, was oben und was unten ist, selbst Himmel und Hölle, menschliche Erfindungen sind, die nur wenig mit der Realität zu tun haben (BaF, 27-28).

And then, as if in response to O'Casey's concern with whether the stars and literature are the proper concern of those in the gutter, he continues:

> Es heißt, unsere Probleme seien doch sozialer, politischer, bestenfalls ästhetischer Natur. Was gehen uns also die Sterne an? Das soll allein Sache der Astronomen und Physiker sein. Dabei ist doch unabweisbar: Wir sind mittendrin. [...] Wenn man fragt: Was ist eine Geschichte, was ist die eigene Geschichte und was die der anderen, wo beginnt eine Geschichte, und wo endet sie? Wenn man also in Geschichten denkt, klingt selbstverständlich immer die Frage mit, woher wir kommen und wohin es mit uns geht. Dann muß ich irgendwann aber auch den Kopf heben oder mich sonstwie bewegen und danach fragen, in welchen Räumen sich unsere Existenz ereignet. So werden allmählich die fernsten Weiten, selbst wenn es um Lichtjahre geht, Maßstäbe unserer Lebensrealität (BaF, 28-29).

In a world so mapped, stories are central to reality and the stars are central to stories, both as orientation and as substance. Moreover, the scientific reality of the stars – the sheer magnitude of the dimensions they confront us with and the narrative of formation and decay they embody – seems to point disparagingly at the small-minded organisational fictions that have structured and orientated our knowledge for too long, hiding their ideology behind a veil of truth. In revealing so much of our knowledge, born of such narratives, to be untruthful, in the sense that it does not map onto the bigger picture reality, the stars thus open our eyes to the value of other kinds of fictions. These are the fictions of Ransmayr's re-imagined worlds – the kinds that map and measure in the light of the stars. Such fictions are unconcerned with the authority of their own truth, where truth is reduced to a line between history and fiction. Here a bigger truth is at stake, one concerned instead with what it is about the human condition that literature so conceived can bring to light.

Insa Wilke. Frankfurt a. M.: Fischer, 2014, 26-27. All further references are marked BaF and page number in the text.

Stargazing in Barjac with Kiefer

In the spring and summer of 2000 and 2001 Ransmayr visited the visual artist, Anselm Kiefer, in his vast indoor and outdoor studio complex carved into the landscape of the Cevennes in southern France. The visits are recounted in the essay *Der Ungeborene oder Die Himmelsareale des Anselm Kiefer,* later published in the catalogue of Kiefer's Basel exhibition *Die sieben Himmelspaläste 1973–2001* as well as in Ransmayr's own series of publications entitled *Spielformen des Erzählens.* As so often with Ransmayr, the essay straddles forms and functions. It is, at one level, an informed layperson's answer to O'Casey's question "What is the stars?", but it is more interesting as a contextualisation of the question than an answer to it. It is less interested in physics than in where and why the question might arise in the first place, how it imposes itself on our human horizons, how it steers our seeing and our making – our poesis – in the widest sense. In Ransmayr's hands, the "What is the stars?" question is thus fundamental in two respects: fundamental to our earth-bound situation as we make sense of our surroundings, and fundamental to our accounts of that situation across the landscape of science and literature. More specifically, Ransmayr's account of Kiefer's living and working between the earth and the sky captures something essential in the evolving totality of his own writing, because he sees in Kiefer – though not uncritically so – a fellow worldmaker.

Great writers are worldmakers, as Andreas Stuhlmann reminds us in this volume, and the term makes a good starting point for us in mapping Ransmayr's mapping. It also underpins the bird's-eye view adopted in Attila Bombitz's contribution. It is a good starting point, because it is important to take in from the outset the magnitude and ambition of the task: Ransmayr makes a new world, by observing the given one. Or put differently, the world he observes is re-made in being observed. It is re-made in being transposed from life into literature and in having the laws which govern it – the laws of physics, of time and space, of perception, of human nature, of nature – stretched, bent, probed, sped up, slowed down, amplified and made visible in their effects and affects. There is something primal about this worldmaking, something rooted in the first principles of both creation and creativity, both the world of nature and the world of books.

Kiefer's worldmaking fascinates Ransmayr, but he observes the act of creation, fascination notwithstanding, at a distance. The essay, *Der Ungeborene,* recounts a night-time walk in Kiefer's grounds in the company of Kiefer himself – referred to in Ransmayr's text as a "Meister aus Deutschland"[2] – and his dogs, Castor and Pollux. It recounts, too, an earlier walk in which a bulldozer, as dictated by Kiefer,

---

2 The reference here is to Paul Celan's poem, *Todesfuge,* which features frequently in Kiefer's artworks.

carved out the path on which the artist now leads Ransmayr and his party through the wilderness. In the course of a few pages here, Ransmayr traces in broad brush strokes the thematic territory that his other work explores more comprehensively. He follows in the steps of Kiefer through the jungle – "das hier ist die Wildnis"[3] – as Kiefer gives a tour of his own creation, and an account of an act of conquest and creation that is ongoing. It is both demonstration and narrative, explicitly primitive and demiurgic: "Castor! Pollux! Hierher!" (DU, 7) orders Kiefer, apparently bending the heavens to his will. But as always in Ransmayr, it is not the event, but the telling of the event that shapes its significance, and Kiefer's telling is encased within Ransmayr's. Ransmayr's story of the walk ensures that the ironic gap between Kiefer's divine or demonic gestures and his bulldozer, between the magnitude of the stars and the name of the dogs, between the natural world and its telling in art and in stories is all the time to the fore. Unlike Kiefer, Ransmayr does not wrap the world around his own axis.

Kiefer's map of the territory between the earth and the sky is a very specific one and bears a proper name:

> Fludd! ruft unser Gastgeber einen Namen in die Dunkelheit zurück: Von Robert Fludd, dem in der Grafschaft Kent geborenen Mystiker des 17. Jahrhunderts, habe er zu sehen gelernt, daß jeder Pflanze, ja vielleicht jeder organischen Struktur eine Figur am Firmament zugeordnet sei, eine Makrokosmische Entsprechung für alle Gestalten der terrestrischen Flora – jeder Blüte, jedem Rhizom, jedem Samenkorn ein Stern (DU, 11).

Inspired by and in imitation of Fludd's theory of a world bounded and defined by imitation, likeness and relationships, Kiefer's work reproduces a world in which all things find reflection in all others. All the earth is reflected in the sky, the sky in the earth, and between those two mirrors all things are mapped and accounted for. The constellations he draws in the earth with his bulldozer form an earthly version of the constellations above, while his canvasses feature plants suspended from painted starscapes. They are, says Ransmayr, "Sternbilder, Wunschbilder, Trugbilder" (DU, 11); "Wunschbilder", because the names and stories of the stars originated not in the heavens, but in our heads; "Trugbilder", because our names and maps and images of the stars seal in and conceal behind their flat surfaces a world of infinite texture and metamorphosis. For Ransmayr, behind the two-dimensional stillness of the night sky and the Kiefer image churns the violence of "Materie" coming into being, "Feuersäulen" and "Kernfusionen", the endless, turbulent business of *Schichten, Geschichte, Geschichten* emerging from the furnace of galactic formation. This is life as it takes shape behind Kiefer's images of earth and stars.

---

3 Christoph Ransmayr, *Der Ungeborene oder Die Himmelsareale des Anselm Kiefer*, 7. All further references are marked DU and page number in the text.

Ransmayr's version of the world between the earth and the stars, between the *Schichten* of the earth, the *Geschichte* of human and inhuman time and the *Geschichten* that aspire to weave narratives of both has more mystery than Kiefer's and is more attentive to the import of O'Casey's awed question. O'Casey challenges us to read the stars in the light of the human, to tread the earth in the light of our dreams and to understand that all stories of human existence participate in both politics and nature – the nature of the natural world and the nature of the human condition. To be clear: Ransmayr and O'Casey are not alike, but the star question posed by both points in both cases to these defining dimensions of human experience: our environment, our history and our stories. Regardless of the specifics of such literary historical connections or coincidences, the positing of the sky as the horizon of human vision and understanding, as well as human habitation and space, is no coincidence. The sky is, in a literal sense, the limit, and the stars are the means by which we make of that limit a readable map. Without the stars, there is only blackness; without features, there is no map, only whiteness.

We could say then that the night sky marks not just the end of the map in the sense that it is a horizon, but it also opens the field of cartography in the first place; it is the beginning of the map because it makes possible seeing and reading. The field of reading and the space of the map have common structural and cartographical features: they have external borders and internal structures. They have points of intersection and spaces in between, they have connections, co-ordinates, lines of correspondence, meridians, patterns, sets, networks. They also have symbols – a means of representing and naming – and a key that translates those symbols into meaning. Insofar as there is a difference of dimension between the symbol and the thing it represents, and between the dimensions of the map and the dimensions of the thing it renders present, there is also a scale. The scale is another kind of key that does another kind of mapping; the scale measures the space between the map and its object, between what we can read and what lies beneath or behind it.

Ransmayr's concern with the "Feuersäulen" and "Kernfusionen" that are hidden by the map or image or representation suggests a certain humility with regard to scale and to naming. Indeed, the Kiefer essay seems explicitly about these two things: the possibility of representing our space (in both senses), and the possibility of aptly naming the person who undertakes that representation. This is more complicated that might first appear. The opening paragraphs of the essay outline how Kiefer maps the earth and represents the sky, but the account of how he does so, as noted above, is framed within a story of a leader and his followers. Kiefer is followed by "Sammler […] Galeristen oder Kommentatoren und Deuter seiner Kunst […] das Gefolge eines Meisters aus Deutschland" (DU, 8). Kiefer is only one in a long line of those who make representations then; he represents Fludd's representations of the earth and the sky, while his representations are interpreted and described and disseminated by those who follow him through his very own wilderness here. Ransmayr, as one of those who follow Kiefer and then present their version of him to further audiences, is but one in a line of map-makers trekking through the landscape. So on the one hand, this is the physical landscape being moulded by Kiefer to represent a particular world view; on the other hand, it is the landscape of aesthetic production and consumption. A map is made not just by conquering and describing the physical environment; a map is also made when Ransmayr reads Kiefer reading Fludd. And that map is extended when we read Ransmayr reading Kiefer.

This is a structure that is echoed repeatedly in Ransmayr's work as a whole. Adventurers and travellers are followed by others who travel in their wake; maps are followed and made as narratives are followed and made. In fact, the story told in many of his texts is – as in the Kiefer essay – the story of this following. In *Die letzte Welt* Cotta follows Naso, going in search of a disappeared author and a disappeared text; in *Die Schrecken des Eises und der Finsternis*, Mazzini follows Weyprecht and Payer using archived documentation of their original journey; Pad follows Liam in *Der fliegende Berg*, Cox follows the Kaiser in *Cox oder Der Lauf der Zeit* and so on. In other texts there are less specific versions of followers as collectors and witnesses and tourists. What is significant is that Ransmayr's stories emerge from the distance and connection between the follower and the object of his attention, be that a sought-after person or place, or a third person who can open up a place or object to the follower. His stories are thus self-consciously about mediation, about the gaps and connections between people, and between people and their environment. They are also in their turn instruments of mediation that embed objects and images, other authors and artists, within a text that tells of them, giving them a story. *Damen und Herren unter Wasser, Willy Puchners Tierleben, Der Wolfsjäger*, for example, all make explicit the role of the collaborator in the making of a story. More than that, they point to collaboration as a matter of form, because their literary form is explicitly born of the difference and connection between two artists, as each gives the other part of the whole work.

We might extend this to say that the structure of the gift offers us one model or map of Ransmayr's aesthetic. Life – experienced or witnessed or imagined – is given to the observer or traveller or artist; it is transformed into the form of a story and then presented to an audience the members of which in turn receive, transform, re-gift to those who come later. This is one way of thinking about the Kiefer essay, namely, as a mutual exchange of gifts that then extends beyond Ransmayr and Kiefer because the *Gefolge* of both parties are now part of a new chain of creation and transformation. As we know, such collaborations have stretched and transformed the shapes that Ransmayr's stories have assumed.

And the map that plots these stretches and transformations is an important one. The series *Spielformen des Erzählens* that has emerged alongside his novels has sketched the landscape of possible forms of speaking from the tirade to the interrogation to the picture story, the duet, the gift and so on. Moreover, it has made explicit the fact that it is the possibilities and capacities of literary form that map our understanding of space and of reality.

The invention or revival of text types and literary forms is one way of populating and stretching the map of the world. There are other ways, too, in which textual or linguistic territory is discovered or recovered by being given its words: from the *fliegender Berg* narrated in *fliegenden Sätzen*, to the landscapes transposed into wordscapes in which the sparsity of the former is recouped in linguistic abundance, including of words that don't often come out to play. A further aspect of the forms of speaking is the more concretely geographical question of language. Ransmayr is a very widely translated author; like himself, his works travel well. He is also, unsurprisingly, interested in the process of transposition, as well as its function. This is described in the speech (or is it an essay?) *Verriegelte Orte, luftige Räume. Zur Kunst der Übersetzer*, as a "kostbares Instrumentarium zum Verständnis der Welt".[4] More memorably, in the story told in the text, translation is the vehicle that takes us out of the bathroom and into the open air, out of linguistic enclosure and into the wilds of Babylon.

Babylon is where we are when the voice of the storyteller is heard by a listener and "ins eigene Verständnis übersetzt".[5] Of one voice becomes many, of one book a library. Babylon is in that sense a map without end, but it begins before the act of listening that transforms the one word into the many. There is a previous act of listening in which the storyteller eavesdrops on the world, listening to its babble. This precedes the storyteller's "Verwandlung von etwas in Worte" (UB, 8), and the chain of listening and understanding that sets in motion. With the process of listening and re-telling, the world and its given languages contract and expand.

Worldmapping in Cork with Eamon

If the *Spielformen des Erzählens* texts push back the borders of the map by inventing or re-inventing forms, sometimes on the basis of an artistic collaboration, collaboration as a meridian of connection and distance between two points also operates internally in the telling of Ransmayr's stories. The very Irish

---

4 Christoph Ransmayr, "Verriegelte Orte, luftige Räume. Zur Kunst der Übersetzer", 33. All further references are marked VO and page number in the text.
5 Christoph Ransmayr, "Unterwegs nach Babylon – Notizen zu einer Poetik in eigener Sache", 7. All further references are marked UB and page number in the text.

text *Die dritte Luft oder Eine Bühne am Meer* with which Ransmayr opened the 1997 *Salzburger Festspiele* is interesting in this regard. The "Bühne am Meer" of the title refers to the now overgrown remains of a stage in the middle of a field in Cork, looking out to the Atlantic from the south west coast of Ireland close to what was Ransmayr's own home for many years. The story of the stage on which the local people commemorated, celebrated and mourned their own history in song and dance and story – all this under the sign of *Verwandlung* of life into art – is related to Ransmayr by his friend Eamon, whose mother bought the field when its owner, Liam O'Shea, emigrated. In emigrating – "irgendwo im Westen Australiens *verschwand* [Liam]"[6] – O'Shea entered into the fate of many of the characters in the stories and songs performed on his stage. In telling his story and that of the stage, Ransmayr's narrator in turn places himself in a long line of storytellers – followers and leaders – who make stories and songs out of life, who perform them and bequeath them and who, in so doing, become part of that story themselves. From the generations of emigrants remembered in stories to the generations who rehearsed them before entering and extending them, time is marked, history made and lives remembered in a chain of transmission. In *Die dritte Luft*, the lynchpin of the story, connecting the performances on the open-air stage to the present story of their demise, is the figure of Eamon's mother. She lies at the time of telling on her deathbed, hovering between life and death, already beyond language, "beinah schon verschwunden" (DdL, 27). The narrator accompanies Eamon to visit her and they wonder if, behind her open eyes, with so much of her human definition already erased, she has retained the capacity to remember; and if so, if her mind has returned to the stage in the field and the stories performed on it, stories of disappearance and remembrance, like the one she is currently performing and the one of which she is becoming part.

This is Ransmayr's worldmapping in miniature and writ large: it tells the story of life becoming story becoming life, as the baton of listening and speaking, following and leading, appearing and disappearing is passed down through generations and across borders. Here the dimensions of time and space are the product of the act of storytelling itself, and the stories and their telling suggest that our understanding of time and space is insufficiently informed by the stars – in other words, by the matter of physics and the matter of the imagination. It is, in both senses of the word, the dimensions of these matters that grant the story of Eamon's mother its proper significance, that is to say, its proper transcendence of its own time and place. It is these dimensions, too, that set the parameters of both Kiefer's artworks and Ransmayr's account of them: "Wie groß oder wie klein

---

[6] Christoph Ransmayr, *Die dritte Luft oder Eine Bühne am Meer*, 24 [my emphasis, C. L.]. All further references are marked DdL and page number in the text.

können Kunstwerke vor den Dimensionen der Wirklichkeit sein – oder vor den Maßstäben unserer Träume?" (DU, 27)

Does the version of worldmaking that is mapped (for example) in *Die dritte Luft* as witnessing, performing and disappearing into what one has co-created in an act of collaboration, have a name or an origin? In that text, while Eamon's (unnamed) mother is the focal point, she is not the origin of the story to which she gives rise. She simply makes visible the chain of performance and disappearance of which she is part. This mesh of life and art has no origin or endpoint and no owner: "Wem gehört eine Bühne? Doch wohl immer nur denen, die auf ihr erscheinen." (DdL, 24) It comes to life in the marking of a life, when someone bears witness to a disappearance; it ends in exactly the same way, at Eamon's mother's deathbed, witnessed by Ransmayr's storytelling narrator. The vignette, poignantly drawn and intensely personal, is at the same time an illustration of the most impersonal of forces and the biggest of pictures.

The Kiefer essay, while also evoking the chains that bind art to life and transcend the coordinates of a particular time and place is, in contrast, from the outset, in search of a name for its protagonist. Kiefer is not just the means by which such chains become visible to the cartographer, he is also a designated origin and endpoint. Designated, he bears a sign. He is "Gastgeber" to his followers, "Herr" to his dogs, a "Meister aus Deutschland", a "Freund des Bleis", "ein Lehrer", "ein Kind". But it is the title of the essay that settles on Kiefer's proper designation: *Der Ungeborene*. The plural unborn, *Die Ungeborenen*, appears in the essay as the title of an artwork in which miniature smocks are attached to a map of the sky amidst the names of the stars. The unborn are those who do not yet, or who have not worn these clothes; the clothes themselves symbolise, according to Kiefer, the realm of the possible. It is this realm which is the true measure of the real. The vastness of the possible, the innumerable unborn, not yet having taken shape in space and time, dwarf even the enormity of the stars and the map of the sky. But the human unborn, waiting for their time and space, participate in the same reality as the stars and the same reality as that being forged in Barjac by the artist and his bulldozer:

> Wunderbar, sagt unser Gastgeber, die bloße Möglichkeit, alles, auf seine Gestaltung, Verwirklichung und Vollendung noch Wartende, hier, in unserem Leben, wie dort draußen, im Raum, wunderbar – (DU, 30).

It is Ransmayr who calls this "Gastgeber" himself unborn, belonging to those not yet shaped and grounded and having coordinates. Kiefer, the unborn, says Ransmayr, makes artworks that bring himself into being as he who dwells outside of being.

In Kiefer's work "the unborn" as name and title is ubiquitous; it is the name of many different artworks and symbols from unworn clothes to flowers to ferns to stars to resin embryos. In other words, it does not name a singular given thing or have particular coordinates. For the cartographer therefore, like many of Kiefer's names and symbols, it is disorientating. Ransmayr's interest in the unborn, like Kiefer's, is also dispersed across various works. But if the emphasis in Kiefer is on denying the singularity of the name or title or sign, for Ransmayr the very opposite is true. For Ransmayr, it is the specificity of a given name in a given time and place that is to the fore, and this is at the very heart of his interest in the stars. His cosmic backdrops are not the means by which the singular disappears, as is the case for Kiefer, rather they are the means by which the singular becomes properly visible. It is the time of nature that makes properly perceptible human time and human space. "Das Schicksal und Leben des Einzelnen erscheint nirgendwo kostbarer als im schwarzen, im Leeren Raum" (UB, 17), he argues, in the 2012 *Tübinger Poetik Vorlesungen*, shared with Raoul Schrott. A short time later he describes the coming into being of the singular life in the opening sentences of a story as follows:

> Mit den ersten Sätzen hat sich der Erzähler von der unendlichen Zahl aller Möglichkeiten einer Geschichte gelöst und sich für eine einzige, für seine Möglichkeit entschieden, und hat unter allen möglichen Schauplätzen, Zeiten und Personen seinen Platz, seine Zeit, seine Gestalt gefunden. [...] er hat seine Geschichte begonnen, seine einzige, unverwechselbare Geschichte und entdeckt in ihr nach und nach alles was er von der Welt weiß, was er in ihr erlebt, erfahren und vielleicht erlitten hat (UB, 20).

The creative version of this making-visible occurs in every *Verwandlung* of world into word, every step into the map of the world-made-story. On the platform in West Cork, the world is transposed into word in the "Luft der Geschichten" and in the "Verzauberung des Lebens in Lieder, verwandle sich beispielsweise ein ganzes Meer in ein einziges Wort, in eine Melodie, und rausche aus diesem Wort wieder hervor" (DdL, 26). This is the defining act of the cartographer: giving a very specific piece of world its own very specific coordinates in time and place and linguistic form.

Human and inhuman dimensions

Many of the contributors to this volume – Daniele Henke, Günther Schaunig, Arno Herberth – while mapping Ransmayr's travels and his aesthetic, come face to face with the question of the human: what is its place against the backdrop of the stars, the sea, the ice, the sun, the vastness of the earth, the vastness of time? A very early waymark in this regard is *Strahlender Untergang. Ein Entwässerungsprojekt oder Die Entdeckung des Wesentlichen*, a text which reports on the evacuation of the human from the world by means that are entirely scientific, that is to say, reducible to and predictable by physics. One of the remarkable features of the text is that the disappearance of the human is brought about by allowing the big picture cosmic forces to work directly upon it. The unmediated power of the sun is targeted at the human being and literally dissolves it. The focus here is on scale – the extraordinary power of the sun pitched against the human body. Also stressed is the evacuation of the human of its own identity and *Geschichte* before it becomes the test person. The person is to be their function and nothing further, reduced and dissolved even before the sun touches them. This facilitates their embodiment of ideology (in itself, another *Geschichte*); and renders the test person impersonal, even to themselves. The name of this person, of such a person, is "der Herr der Welt"[7], a man no more and no less than the coordinates of a cosmic occurrence, predicted and verified.

This "Herr der Welt" seems like one important point on the map of human history, namely the point of disappearance of at least one human story. This is not just one human story, however, because what disappears here is the very possibility of an individual story, that is to say, a story that is more than predictions and their fulfilment. What disappears in the form of the "Herr der Welt", who dies as a cipher, not as an individual, is the possibility of a story lived, owned and crafted by a unique person. With this the human per se disappears, evaporated by the power of the sun, sublated into the dictates of "die Neue Wissenschaft" (SU, 19).

In a way, many of Ransmayr's later works might be regarded as antidotes and counter-narratives to this particular end of the road, described as a "Vorwegnahme" (SU, 17) of the future. While his physical and metaphysical backdrops are often still cosmic in scale, the focus tends to lie with the singularity of human motivation and experience playing out against that backdrop, and not with the inhuman dimensions themselves. Indeed, it is in the context of cosmic forces that the meaning of human coordinates in time, space and text are best understood.

A good example of this is Ransmayr's most recent novel *Cox oder Der Lauf der Zeit*, which features another "Herr der Welt", another follower and another cosmic backdrop. The "Herr der Welt" in this instance is called by many names: "Qiánlóng", "der Kaiser", "der Erhabene", "der Allmächtige", "der Herr über zehntausend Jahre", "der Herr der Horizonte" … his many designations indicating the effortful stretch of language to point towards rather than capture his god-like dimensions. Qiánlóng, who cannot be looked at directly and cannot be spoken to directly, cannot be measured; that is what his names convey. His wish is for Cox to invent a clock that represents this, that is to say, that measures (his)

---

7 Christoph Ransmayr, *Strahlender Untergang. Ein Entwässerungsprojekt oder Die Entdeckung des Wesentlichen*. 22. All further references are marked SU and page number in the text.

immeasurability and, in so doing, does him justice.⁸ Such a clock would measure into eternity and thus befit the Herr der Zeit: "[e]ine Uhr, die über alle Menschenzeit in den Sternenraum hinausschlug, ohne jemals stillzustehen".⁹

If this is the cosmic dimension of the Cox story – its grand plan, so to speak – it is understood only through the lens of the clockmaker's other attempts to measure other kinds of time. These are grounded firmly in human experience, above all, in the human experience of endings. Cox is a man in despair and mourning, grieving the loss of his five year old daughter, Abigail. His own remaining time is lived in the light of that loss and with an acute, constant sense of her being left behind, in time and in the ground. Cox, like Qiánlóng, sometimes appears ghostly, both of them existing outside of time – Cox because part of him is dead, and Qiánlóng because he is a god. Cox's humanity is underscored by the smallness of his world and the smallness of his family circle, crushed under the weight of a little girl's death. In contrast, the dimensions of Qiánlóng's circle, even his family circle, are unquantifiable. Cox may be dwarfed by these dimensions, but the dimensions of his emotional life are not so readily eclipsed. His capacity for love and his capacity to live in the present time, stretched between love and loss, defines his humanity. Arguably, this is also what drives him professionally: not the grandiose task set by Qiánlóng, but the need to get the measure of his daughter's death. In other words, what comes together in the bringing together of Cox and Qiánlóng is mortality and immortality, or the human and the inhuman, the essence of each being a relationship to the ends and endlessness of time. Overall, the novel pursues the questions: how can we map human death and human lived time against the backdrop of the inhuman scale of time? How can human time be granted its proper, measured dignity?

The answer to these questions lies in the instruments that measure – here, the clocks. *Cox* contrasts the indifference of the perpetuum mobile to the events and lives it measures, with those clocks that seek to measure the lived experience of time from the human perspective. These clocks seek to give expression to the difference between a child's experience of time, a condemned man's experience of time, a lover's experience of time, a griever's experience of time, and so on. As instruments, in other words, they try to represent human time in all its complexity and unevenness. In representing, they try to reveal and to carry, to extend rather than hide. An example of this is the clock mounted on Abigail's grave. It is secretly powered by the tiniest, invisible, but measurable movements of decay within the grave itself. For Cox, the clock extends Abigail's life into its own

---

8 The links between justice and measurement are manifold. Justice is done, as the symbolism of scales suggests, when a matter is correctly weighed in relation to other matters. It is the task of the law, therefore, to get the measure – the relative measure – of things and people.
9 Christoph Ransmayr, *Cox oder Der Lauf der Zeit*, 213. All further references are marked Cox and page number in the text.

afterlife where it participates in the great circular narrative of organic matter; but it also represents the fact that Cox's own remaining time on earth is measured solely in relation to his daughter:

> An der Verwandlung der Anmut Abigails in die Urbausteine des Lebens, der Verwandlung!, nicht am Zerfall, nicht an der Verwesung, wollte Cox das Verfliegen seiner eigenen Lebenszeit ablesen (Cox, 221).

If clocks have to be read, if their task is to carry the singularity of the things they measure and represent, then in some respects they are like words that carry and measure and imprint. And words, too, may struggle to express what lies behind and beneath them, because...

> die Verwandlung von etwas in Worte – [...] die Verwandlung des dramatischsten Geschehens im Leben eines Menschen in zweisilbige Worte wie Geburt oder Sterben – zu den vielfältigsten und ungeheuerlichsten Verwandlungen gehört, die in unserer Welt möglich sind (UB, 8).

Only words stretched into stories can render present, that is to say, readable, the human dimensions of what falls to be measured in the world. Only in storytelling are the *Schichten* of lived experience done their unique justice.

The name of the material that powers Cox's perpetuum mobile is mercury. For his Chinese hosts, however, mercury is not a metal, it is a "lichtloser Stern, schwarz wie das Meer in einer mondlosen Nacht" (Cox, 226). If the cartographer is to map the world in all its human and inhuman dimensions properly, that is to say, in accordance with the experience of the individuals who inhabit it, he must, in every mark registered on his page, be mindful of the transposition of what is lived into the impersonal sign of a word inscribed. Words are only ever accorded their complexity, their plurality, their Babylonian capacity for justice, in the presence of a translator. The translator and the traveller, between languages and places, know that signs may mislead and hide, but they are also the only path to knowledge. The knowledge towards which they point is of places understood in a given time, of time understood in a given place, of time and space understood only in the context of their human and inhuman dimensions. These dimensions are experienced in lives accorded their proper measure, attending to their human smallness, but mindful of cosmic matters, mindful that the question "what is the stars?" belongs firmly mapped on all human horizons, in all human stories.

The beginning, middle and end of the story

On 16th June – Bloomsday – 2016, the day that annually celebrates James Joyce's great literary mapping of Dublin in *Ulysses*, a motley bunch of *Gefolge* gathered in Trinity College Dublin to map the work of Christoph Ransmayr. We walked some of the city, we walked some pubs, we walked some Dublin hills. We listened to Ransmayr reading; we listened to one another speaking of our readings. We turned the screw of interpretation and wrote ourselves into the story of storytelling and its followers – the important ones and the not so important ones – Homerians, Joyceans, Ransmayreans. Our author had already woven himself into Homeric narrative six years previously, with *Odysseus, Verbrecher. Schauspiel einer Heimkehr*, a play about ends; about what ends and what doesn't, about "Allzeit" and "Unzeit".[10] It was also, implicitly and explicitly, a play about collaboration, about the collaborations born of reading and seeing, and that happen within and around literature and other artforms. *Odysseus* was originally performed as part of a set of six plays, by six different authors, commissioned as part of the *European Capital of Culture* project. Each of the plays responded to and rewrote Homer, adapting, extending, echoing, repeating, transposing. In the essays of Gilbert Carr and Doren Wohlleben in this volume, the centrality of such echoes and transpositions within Ransmayr's work, from beginning to end, is brought home. These transpositions are mapped within a narrative about the endlessness of literature itself that is driven by the engine of reading – that is to say, by *Verwandlung*. Brought home in and to Dublin, too, was the city's one time resident and maker of many Irish stories, Christoph Ransmayr. Stories of Odysseus and Eamon's mother, of the stonemason from Ballydehob and the fisherman from Baltimore,[11] of Pad and Liam and their flying mountain, made of flying sentences. The map that houses these stories is a living one; its meridians connect people rather than places, and they do so along the pathways of stories heard and recounted. The flying mountain stands (or does not stand), in uprooted sentences, at a point on the map that is yet unmarked. The story of Pad and Liam is the story of how maps become populated with signs of our having been there. How? By doing like Christoph Ransmayr: by trekking the globe, staring at the stars and bringing home stories. Those stories people our worlds and stretch our horizons. For that we are all grateful.

---

10 Christoph Ransmayr, Odysseus, Verbrecher. Schauspiel einer Heimkehr, 8.
11 Christoph Ransmayr, Atlas eines ängstlichen Mannes.

Worldmaking and worldmapping: the poetical and geographical dimensions of Christoph Ransmayr's work

Ähnlich wie in Christoph Ransmayrs *Reviergesang* aus dem *Atlas eines ängstlichen Mannes* (AM) nach einem unerwarteten Zusammentreffen auf der chinesischen Mauer der Protagonist und Mr. Fox aus Swansea „jeder in der Spur des anderen" (AM, 27) den eigenen Weg fortsetzen, so gibt es an dieser Stelle der Einleitung ein Treffen – im Folgenden allerdings ein Fortschreiten auf noch unbegangenen Pfaden. Danke, Caitríona, ich setze fort.

Im Fokus steht nun der ‚Horizont' der Ransmayr'schen Texte und die Idee des *worldmapping* in einem sehr wörtlichen Sinn. Denn obwohl der vorliegende Band einem breiten Verständnis des Mapping-Begriffs verpflichtet ist, nämlich dem ‚Mapping' als einem „allgemeinen (metaphorisierten) Ordnungsmuster" (Bachmann-Medick 2014, 300), einem kulturwissenschaftlichen „Werkzeug der Kartierung von Repräsentationen" sowie „zur Dekonstruktion und Rekonstruktion von Kartierungen" (Gottschling 2018, 33), so ließe sich ein Band mit dem Titel *Mapping Ransmayr* eine Gelegenheit entgehen, würde man den Begriff nicht auch in seiner engeren Bedeutung aufgreifen. Ransmayrs Oeuvre wurde nämlich trotz der Bedeutung und Menge geografischer Bezüge kaum systematisch literaturgeografisch ‚gemappt'. Das soll sich im Folgenden ändern – wenn auch nur in bescheidenen Ansätzen und mit Fokus auf Ransmayrs *Atlas eines ängstlichen Mannes*.

Mapping Ransmayr for real: Karten *sind* und *tun*

In der Literaturkartografie bzw. verwandten Ansätzen, wie geocriticism, geopoetics, literary geography, spatial humanities etc. (s. etwa Hones 2018) ist stets zu reflektieren, dass literarische Karten „Geschichten erzählen" und nicht nur Werkzeuge sind:

> Beyond simply referring, literary maps primarily *are* and *do*. They are expressions (more than just information and communication) and they enable the familiar to be conceived and experienced differently [...]. (Luchetta/Ridanpää 2019, 13)

Interessanter Weise waren die Ersten, die Karten fiktionaler Räume erstellt haben, nicht etwa Literaturwissenschaftler, sondern Autoren, die etwa während des Entstehungsprozesses Handskizzen anfertigten, oder Verleger, die Büchern teils aufwändig gestaltete Orientierungskarten beigaben. Zu denken ist in diesem Zusammenhang etwa an Thomas Morus' *Utopia* (1516), Robert Louis Stevensons *Treasure Island* (1883), J. R. R. Tolkiens Mittel-Erde-Karte zu *Lord of the Rings* (1954/55) bis hin zu Reif Larsens *The Selected Works of T. S. Spivet* (deutsch 2009:

Die Karte meiner Träume) (Piatti[12] 2013, 271). Und auch bei Christoph Ransmayr sind Hinweise auf Geografie und Geologie, Karten und kartografische Instrumente allgegenwärtig.

Doch der Ort der Literatur ist ein ontologisch anderer als der Ort der ‚Wirklichkeit' und so sind „Georaum [...], der Real- oder Erstraum [...], die Welt, in der wir uns alle bewegen" vom erst durch den Text hervorgebrachten „Textraum" zu unterscheiden, um nicht „der Literatur in naivster Weise ein mimetisches Verhältnis zur Wirklichkeit [zu] unterstellen" (Piatti 2007, 251).

Auch in allgemeinen Fiktionstheorien wird das Verhältnis zwischen ‚Georaum' und ‚Textraum' reflektiert. Das Konzept der ‚fiktiven Welt' etwa (auch ‚Erzählwelt', ‚Realitätssystem' etc., engl. ‚fictional world') beschreibt gleichsam den ‚Hintergrund' der Handlungen fiktiver Ereignisträger und formuliert das für jeden Text spezifische ‚Regelwerk'. Ist etwa von einer Kutschenfahrt die Rede, so darf in den meisten fiktionalen Kontexten davon ausgegangen werden, dass auch Pferde Teil der ‚fiktiven Welt' sind, selbst wenn sie nicht direkt angesprochen werden. Ähnlich verhält es sich mit den räumlichen Gegebenheiten in Texten: Wird in einem Text etwa eine Flugreise von Murmansk nach Cork beschrieben (*Der Tenor*, AM, 357–364), ist davon auszugehen, dass die Reisenden dabei auch die Irische See überqueren. (Der Frage des ‚Fiktionalisierungsgrades' des *Atlas* wird hier nicht weiter nachgegangen.)

Grundsätzlich haben sich – rezeptionsorientiert – das sogenannte Realitätsprinzip (‚reality principle'/‚principle of minimal departure'; eine fiktive Welt ist so nah wie möglich an der realen Welt zu denken) und das Prinzip der allgemeinen Überzeugungen (‚mutual belief principle'; Bedachtnahme auf das Wirklichkeitsverständnis im Produktionszusammenhang) etabliert, um zu erklären, was es alles in der Welt eines Textes ‚gibt' (‚ontologische Verpflichtungen'), ohne dass es im Text angesprochen wird. Theoretisch schwer fassbar erweist sich der Umgang mit ‚realen Entitäten' in fiktiven Geschichten (‚native objects', ‚immigrant objects', ‚surrogate objects'), oft weiter erschwert durch den Einfluss unzuverlässiger Erzählinstanzen. Generell scheint sich zu zeigen, dass das Problem der ‚fiktiven Welten' nicht allein durch textstrukturelle, semantische oder an der fiktionalen Rede orientierte Ansätze (‚pretense'-Theorien, fiktionale Rede als Rede ohne Anspruch auf Referenzialisierbarkeit, Fiktions-Produktion als Sprechakt bzw. als intentionale Sprachhandlung, das Konzept des ‚makebelieve') zu klären ist, sondern dass deren Konstitution eng mit dem Rezeptionsvorgang verbunden ist.

---

12 Barbara Piatti war Projektleiterin eines zentralen Referenzpunkts literaturgeografischer Forschung im deutschsprachigen Raum, dem Projekt *Ein Literarischer Atlas Europas* (www.literaturatlas.eu; 2006–2014).

Viele primär *rezeptionsorientierte* Fiktionstheorien widmen sich daher der Frage, warum Rezipienten auf fiktionale Darstellungen ähnlich reagieren wie auf aktuale (Emotionsforschung), obwohl diese wissen, dass nicht Nicht-Faktuales erzählt wird („make-belief' als spielerisches Für-Wahr-Halten, Fragen des ‚imagining' und der ‚imagination'). Auf den amerikanischen Psychologen R. Gerring zurückgehende Ansätze („willing construction of disbelief") gehen allerdings davon aus, „dass das Für-Wahr-Halten von Propositionen eine natürliche Haltung des Menschen darstelle, Rezipienten also sprachliche Darstellungen in Anwendung des Grice'schen Kooperationsprinzips, d. h. als den Standard-Maximen der Konversation (und damit der Existenz-Präsupposition oder den Behauptungsregeln) folgende Kommunikationsbeiträge verarbeiten, und erst in einem zweiten Schritt entscheiden, ob sie diese ‚natürlichen' Voraussetzungen der Kommunikation (teilweise) ausschalten können/müssen" (Zipfel 2013, 54). „Referenz vorauszusetzen", ist nach Zipfel (ebd., 58), „die natürliche und für alle Sprachverwendungen in erster Näherung aktualisierte Rezeptionshaltung gegenüber Texten", weshalb die Rezeption fiktionaler Darstellungen mit der Rezeption faktualer Darstellung in gewissem Sinn parallelisiert werden könne.

In diesem Band widmen sich vor allem die Beiträge von Jill Thielsen und Anna-Lena Eick dem Verhältnis von Fakt und Fiktion sowie der Rolle der Erzählinstanz bei Christoph Ransmayr. Und auch Christoph Ransmayr selbst hat sich wiederholt zum Verhältnis der ‚erfundenen' zur ‚realen' Welt geäußert. Man denke nur etwa an seine Ausführungen in seinem Text *Die Erfindung der Welt. Fragen, Anworten* im Band *Die Verbeugung des Riesen* (Ransmayr 2003, 15–22) oder in *Unterwegs nach Babylon* (Ransmayr 2013b). In Kurzform formuliert er seine Position in dem bekannten *Bericht am Feuer* im Gespräch mit Insa Wilke:

> Wenn ich mich etwa entscheide, für die Kulissen meines Romans Erinnerungen, Bilder aus der Realität meines Heimatortes mit den Stufen eines tatsächlich existierenden Steinbruchs heranzuziehen, dann sieht es in meiner Geschichte eben so oder so ähnlich wie in den Kulissen meine persönlichen Geschichte aus, weil ich dort die meisten Erfahrungen gesammelt habe mit einer Landschaft, die für diese bestimmt Erzählung brauche. Aber das ist ein Prozeß der Verwandlung, nicht der Abbildung. (BaF, 47–48)

Mapping Ransmayr for real: ‚Sehen' und ‚Gehen', ‚Ort' und ‚Raum'

Orte sind im Werk Ransmayrs also oft ‚verwandelte Wirklichkeit'. Und als solche werden sie wirkmächtige Bedeutungsträger. Sie kennzeichnen Machtverhältnisse, markieren Geschichte, charakterisieren Figuren. Ransmayr neigt bei diesen ‚Verwandlungen' „zur Universalität, er neigt dazu, die Welt, die in unserem Inneren und im Äußeren zwar zersplittert existiert, durch das Erzählen in den

Wahrnehmungen des Lesers doch wieder zu kompilieren, zusammenzusetzen" (Wernitzer 2015, 309).

Ein zentrales in diesem Zusammenhang – und das zentrale Motiv des *Atlas* – ist die Reise. In einem Interview mit Renate Langer und Manfred Mittermayer (Langer/Mittermayer, 2009, 19) erinnert sich Christoph Ransmayr an seine „allererste Reise", die „sogenannte *Firmungsreise* von Gmunden zur Festung Hohensalzburg". Diese Autofahrt habe bereits alles gehabt, was man sich von einer Reise erhoffen und wünschen könne:

> Zunächst eine gewisse ambivalente, freudige, aber gleichzeitig auch bange Erwartung, was einem jenseits der Grenze begegnen, einen vielleicht bedrohen könnte. [...] Und selbst den für jeden Reisenden so wichtigen Gefährten gab es damals schon, weil mein Firmpate darauf bestand, meinen um drei Jahre jüngeren Bruder Stefan mitzunehmen. Durch den Gefährten wird in der Fremde ja nicht nur vieles leichter bewältigbar, sondern noch wichtiger ist es, sich mit ihm über das Faszinierende, das Neue, Exotische, Unerhörte zu verständigen, sich gegenseitig darauf aufmerksam zu machen und die Welt dadurch noch größer und rätselhafter, vielleicht aber auch schrecklicher oder schöner als je zuvor erscheinen zu lassen. (ebd.)

Für viele Leserinnen und Leser ist das Faszinierende, das Neue, Exotische, Unerhörte, die Größe und Räselhaftigkeit und der Schrecken und die Schönheit der Welt – oft geknüpft an bestimmte Orte und Räume, an Geografien – Anlass für die Begeisterung für Ransmayrs Schreiben. Kiraly (2015, 156) hält das Reisen in Ransmayrs Werk auch deshalb für ein so wichtiges Modell, weil ihm ein erzählerischer Gestus inhärent sei und weil „die Erzählung von Reisen immer auch jene Grenze aufzeichnet, die zwischen Texten und Erfahrungen liegt". Und Erzählungen sind nach Fetz (2009, 36) für Christoph Ransmayr „eng an die Utopie einer Gemeinschaft von Zuhörern und Erzählern gebunden, die für eine gewisse Zeitspanne sich an einem öffentlichen Ort versammeln, um sich dann wieder zu zerstreuen, jeder mit der gehörten Geschichte im Kopf wieder seinen eigenen Tätigkeiten, seinen eigenen Geschichten nachgehend."

Das Reisen bzw. das Durchmessen und Durchschreiten des Raumes wird im raumtheoretischen Diskurs traditionell vor allem mittels Dichotomien und Dualismen gefasst (s. Gottschling 2018). „So spricht Michel de Certeau von ‚Sehen' und ‚Gehen' als einander entgegengesetzten Praktiken der Raumaneignung, Tim Ingold entwickelt sein raumtheoretisches Linienkonzept anhand oppositionärer ‚Fußgängerlinien' und ‚Transportlinien' und Juri M. Lotman verhandelt in seiner Semiosphärentheorie den Gegensatz von ‚Zentrum' und ‚Peripherie'." (ebd., 25)

All diese Begriffe und Oppositionen sind auch für das Werk Ransmayrs und für Ransmayrs Poetik prägend und wurden in der Forschung vielfach aufgegriffen. Die „Struktur des Reiseberichts" sei nach Certeau (Certeau 1988 [1980], 222) geradezu bedingt durch „Geschichten von Wanderungen oder von Gebärden", die „durch die ‚Zitierung' von Orten markiert" werden. Der Raum entstehe als „ein Geflecht von beweglichen Elementen", und sei „gewissermaßen von der Gesamtheit der Bewegungen erfüllt, die sich in ihm entfalten [...]." Pointiert formuliert: „Insgesamt *ist der Raum ein Ort*, mit dem man etwas macht." (ebd., 218) Nach Gottschling (2018, 47; Bezug nehmend auf Certeau 1988 [1980], 197) werde so für Certeau das

> Sehen [...] paradigmatisch für die Erzeugung eines Ortes, das Gehen wird zum Emblem für die Erzeugung eines Raums. [...] Weil Gehen Räume eröffnet, in dem es bedeutet, ‚den Ort zu verfehlen', negiert es jegliche Praxis topographischer Aufzeichnung; in dem man also den Raum per ‚Route' erschließt, eliminiert man den Ort als Punkt und stärkt die Bahn oder Linie, die den Raum eröffnet. Der Gehende erzeugt einen „*Nicht*-Ort", der nicht aus der Distanz betrachtet, nicht ver-ortet, nicht kartographiert werden kann – und damit auch nicht gelesen.

Dieses Misstrauen in die Kartierbarkeit ist vor dem Hintergrund der 1980er Jahre verständlich, in denen Karten aufwändig hergestellte statische Gebilde waren. So definiert Certeau (1988 [1980], 222) die „Karte" (wenn auch nicht primär im Sinn einer herkömmlichen topographischen Karte) gar als „eine totalisierende Planierung der Beobachtungen." Der eigentlichen topografischen Karte diagostiziert er, sich im Lauf der historischen Entwicklung „langsam von den Routen abgelöst" zu haben, „die die Bedingung ihrer Möglichkeit waren" (ebd., 223).

Gedruckte Karten haben allerdings wenig mit den agilen Visualisierungstools moderner Literaturgeografie gemein, oder z. B. mit Google Maps, also jener Software, die etwa den Verkehr der Welt in Echtzeit wahrnimmt und darstellt. Heute könnte man sagen: Der Gehende (oder Schreibene oder Beschriebene) produziert permanent Positionen (Daten) woraus sich (technische höchst aufwändig, für den modernen Nutzer aber völlig unkompliziert und vergleichbar mit der Abfolge vieler Einzelbilder im Film) Routen (Zusammenhänge von Einzeldaten) generieren lassen (eine Frage der Datengranularität bzw. von diskreten und kontinuierlichen Größen), die aus der Distanz (z. B. per Satellit oder mittels Software wie OCR, Optical Character Recognition, oder NER, Named-entitiy Recognition) betrachtet, verzeichnet/ver-ortet/kategorisiert und kartografiert/visualisiert – und damit auch (in mannigfaltigem Sinne) „gelesen" werden können. Diese neuen Möglichkeiten sind Ausgangspunkt der Auseinandersetzung mit Literaturgeografie in den Digital Humanities. Freilich ändern auch sie nicht die begriffliche Verschiedenheit von ‚Ort' und ‚Raum', von ‚Position' und ‚Bewegung'.

Bei Ransmayr sind Reisen, Erzählen und Schreiben ineinander verwoben. In seinen *Geständnisse[n] eines Touristen* gibt er zu Protokoll:

> Auf Formularen, gebe ich zu, schreibe ich der Einfachheit halber gelegentlich *Autor*, aber das könnte ja auch der Verfasser von Gebrauchsanweisungen sein. Auf Formularen

sind mir die Felder am liebsten, in die sich einfach *Tourist* setzen läßt, denn Ahnungslosigkeit, Sprachlosigkeit, leichtes Gepäck, Neugier oder zumindest die Bereitschaft, über die Welt nicht bloß zu urteilen, sondern sie zu erfahren, sie zu durchwandern, von mir aus: zu umsegeln, erklettern, durchschwimmen, notfalls zu erleiden, gehören wohl zu den Voraussetzungen des Erzählens. (Ransmayr 2004, 10–11)

Und so scheint es vor dem Hintergrund literaturgeografischer Theoriebildung, fiktionstheoretischer Ansätze, Ransmayrs eigener Position zur „Verwandlung" des Faktualen ins Fiktionale und der Neugier als Handlungsantrieb bei aller Skepsis aufgrund „totalisierender Planierungstendenzen" von Karten nicht allzu vermessen, sich dem literarischen Ouevre Ransmayrs auch mit dem Instrument der Literaturkarte zu nähern.[13]

Mapping Ransmayr for real: eine exemplarische Kartierung

Folgende Karte zeigt den ‚Horizont' des *Atlas*. Sie kann unter https://wickm.github.io/Ransmayr-Map/[14] bzw. per QR-Code abgerufen werden; die zugrundeliegende Exceltabelle ist hier zugänglich: https://github.com/WickM/Ransmayr-Map. Die 70 einzelnen Texte des *Atlas* sind über die Schaltfläche oben rechts an- und abwählbar.

Wie kommt diese Karte zustande? In einem ersten Schritt wurden alle erwähnten geografischen Entitäten im *Atlas eines ängstlichen Mannes* markiert (händisch, per *close reading* und Bleistift – und damit, zugegeben, technisch wenig elaboriert und wenig nachvollziehbar). Im einleitenden Abschnitt des Textes *Fernstes Land* (AM, 11–19) zum Beispiel …

> Ich sah die Heimat eines Gottes aus **26° 28' südlicher Breite und 105° 21' westlicher Länge**: eine menschenleere, von Seevögeln umschwärmte **Felseninsel** weit, weit draußen im **Pazifik**. Mehr als dreitausendzweihundert Kilometer waren es von diesen umbrandeten, baum- und strauchlosen Klippen ohne Süßwasser, ohne Gras, ohne Blütenpflanzen und Moos bis zur **chilenischen Küste**, von wo mein Schiff vor einer Woche mit Kurs auf **Rapa Nui, die Osterinsel**, ausgelaufen war. (Kennzeichnung nachträglich)

---

13 Literaturkarten als zentrales heuristisches Instrument der Literaturgeografie wurden bis dato meist dazu verwendet, um Karten zu einzelnen Texten zu erstellen, oder aber Merkmalsbündel zur „literarischen Geografie eines Autors (bzw. seines Gesamtwerks), eines Genres, eines Motivs, einer Epoche" fassbar zu machen (Piatti 2013, 272). Für einen Überblick über Forschungstradition und theoretische Herangehensweisen s. etwa Piatti (2008) und Döring (2009) bzw. http://www.literaturatlas.eu/forschungsmaterial/bibliography/index.html.

14 An dieser Stelle sei Manuel Wick, Salzburg, sehr herzlich gedankt, der die Exceldaten mittels Leaflet (https://leafletjs.com) visualisiert hat. Alle Interessierten seien an dieser Stelle dazu ermutigt, die Daten für eigene Arbeiten zu verwenden – und/oder weiter zu ergänzen bzw. zu verbessern.

… wurden also etwa die Entitäten „Felseninsel" (hier von Ransmayr sogar mit Koordinaten versehen), „Pazifik", „chilenische Küste" und „Rapa Nui, die Osterinsel" gekennzeichnet und die entsprechenden Koordinaten in einer Excel-Tabelle eingetragen. Von einer extra Kennzeichnung der „baum- und strauchlosen Klippen" wurde in diesem Fall aufgrund der geringen Größe und Unbelebtheit der Insel abgesehen.[15]

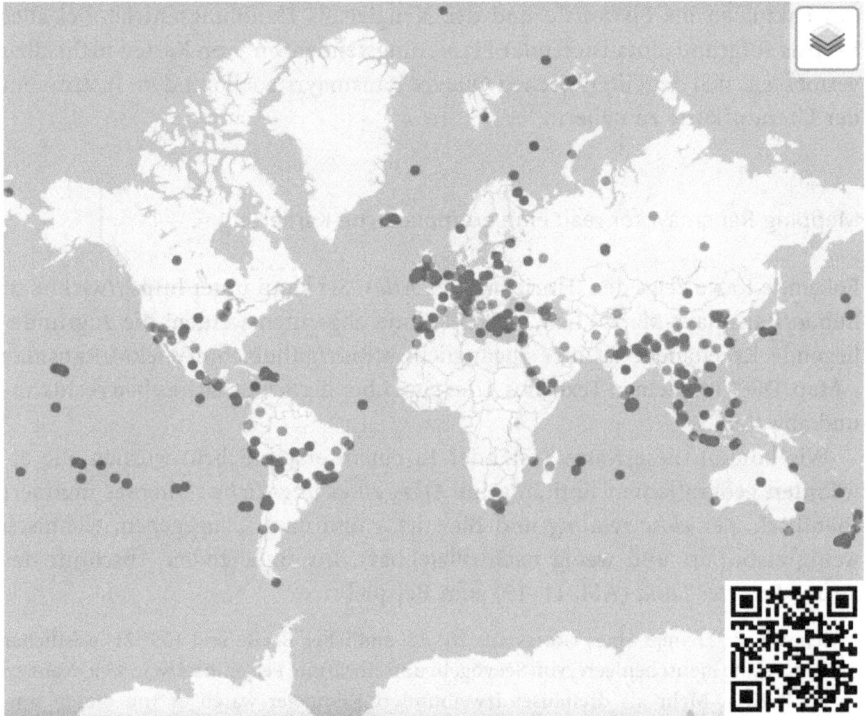

Abb. 1: Mapping the Atlas: Verzeichnis aller bereisten und erwähnten Orte in Christoph Ransmayrs *Atlas eines ängstlichen Mannes* (eigene Darstellung basierend auf Leaflet und OpenStreetMap)

Am Beispiel „chilenische Küste" lässt sich schon eine Unschärfe dieses Vorgehens ansprechen: Dort, wo es im Text genauere Angaben zu Orten gab oder wo es aufgrund der geografischen Begebenheiten einfach war, die gemeinten Orte zu ermitteln (etwa die zum Meer abfallende „Südwestflanke" eines „Vulkans" dessen „Caldera" von einem „Schilfsee" bedeckt ist; *Im Schatten des Vogelmannes*, AM, 406), wurden die geografischen Entitäten genau verzeichnet. Dort,

---

15 Ransmayrs Darstellung der Geschichte der Rapa Nui folgt übrigens stark der fatalistischen Perspektive von Thor Heyerdahl oder Jared Diamond, ein völlig anderes und positiveres Bild zeichnet etwa Boersema (2015).

wo eine längere Recherche notwendig gewesen wäre, wie in obigem Fall („chilenische Küste") wurden grob geschätzte Bezugspunkte angenommen. Bei generellen Verweisen auf Länder oder Ozeane bzw. bei der Erwähnung von geografischen Entitäten in Form von Adjektiven („andalusische Reitkunst", *Tod in Sevilla*, AM, 44) wurde der geografische Mittelpunkt der Entität verzeichnet (meist laut https://geohack.toolforge.org/). Und noch eine Setzung wurde vorgenommen: Bei Formulierungen wie „Taifunschutzhafen in Kowloon" (*Ein Weltuntergang*, AM, 392) wurde in der Regel nur *eine* geografische Entität, nämlich in diesem Fall der Taifunschutzhafen in Kowloon, und nicht zwei Punkte, nämlich 1) der Taifunschutzhafen in Kowloon und 2) zuätzlich das geografische Zentrum von Kowloon verzeichnet.[16] Referenzen auf Sterne etc. wurden für dieses Mapping ebenfalls nicht berücksichtigt (wenngleich ein Mapping des Ransmayr'schon Kosmos freilich reizvoll und möglich wäre).

Mehrfachnennungen geografischer Entitäten innerhalb eines Textes (etwa von Rapa Nui in *Fernstes Land*) wurden nicht gesondert gezählt, jedoch wurde jede erneute Nennung in einem anderen Text des *Atlas* wiederum verzeichnet.

Um auch Erkenntnisse auf übergeordneten geografischen Ebenen quantifizierbar machen zu können, wurde jeder Ort schließlich laut der im Text vorkommenden Bezeichnung registriert, einem bestimmten Land bzw. einer passenden übergeordneten Entität und schließlich einem Kontinent oder Ozean zugeordnet (etwa: „Pfarrkirche von Roitham" laut *Blut*, AM, 260 – Österreich – Europa). Nebenmeere (etwa: „Südchinesisches Meer" laut *Ein Weltuntergang*, AM, 388) wurden in diesem Schritt bis auf wenige Ausnahmen den übergeordneten Meeren zugeordnet (hier: Pazifik).

Außerdem wurden folgende ‚Kategorien der Verortung' unterschieden: Verortung des Textes laut Inhaltsverzeichnis; Das ‚Ich' hält sich an diesem Ort auf; Das ‚Ich' sieht diesen Ort, ist aber nicht dort; Das ‚Ich' war zuvor an jenem Ort; Das ‚Ich' wird später an jenem Ort sein; Das ‚Ich' war zuvor an jenem Ort und wird später wieder an jenem Ort sein; Das ‚Ich' erwähnt diesen Ort. Innerhalb eines Textes wurde dabei folgendermaßen verfahren: Wird ein Ort am Anfang des Textes (etwa als Reiseziel) erwähnt und im Laufe des Textes erreicht, wurde der Ort nur in der Kategorie ‚Das ‚Ich' hält sich an diesem Ort auf' verzeichnet (‚aufhalten' „schlägt" in diesem Mapping-Beispiel sozusagen ‚wird dort sein'). Wird ein Ort am Anfang des Textes (etwa als Reiseziel) erwähnt, im Laufe des

---

16 Genauere Einblicke in Datenmodelle und konkrete Herausforderungen bei Fragen der Verortbarkeit s. etwa Reuschel/Hurni (2011) sowie Porter, Milligan & Lilley (2020): „acknowledging the difficulties of where to map and untangling the disambiguation of toponyms is also essential. [...] How does one choose the 'centre' of such an area and assign coordinates to the toponym?" (ebd., 103). s. auch: http://www.literaturatlas.eu/forschungsmaterial/glossary/index.html.

Textes aber nicht erreicht, wurde er der Kategorie ‚Das ‚Ich' wird später an jenem Ort sein' zugewiesen usw.

Insgesamt wurden für den *Atlas* nach diesem Prozedere 817 geografische Entitäten verzeichnet. Abzüglich der Mehrfachnennungen in verschiedenen Texten (z. B. „Österreich") bleiben 619 disjunkte geografische Einheiten. Die am häufigsten genannten Begriffe waren Österreich und Deutschland, mit jeweils 11 Texten, in denen sie erwähnt wurden. Dann folgten Pazifik (10), Amerika, Chile, China, England, Europa, und Indien (8), Atlantik, Griechenland, Spanien (7) sowie Brasilien (6).

Fokussiert man darauf, wie viele Staaten bzw. geografische Entitäten vergleichbarer Größe und wie viele verschiedene örtliche Bezüge generell in den einzelnen Texten des *Atlas* (unabhängig von ihrer Kategorie der Verortung) zur Sprache kommen, so ergibt sich folgendes Bild:

Text	Staaten	Orte	Text	Staaten	Orte
Fernstes Land	5	11	Ein Schatten der Rettung	6	13
Reviergesang	4	16	Der Untote	2	12
Herzfeld	5	20	Parlamentsbesucher	3	7
Sternenpflücker	1	4	Nackter im Schatten	1	6
Die Himmelsbrücke	1	4	Ein Hai in der Wüste	3	10
Tod in Sevilla	1	6	Blut	1	6
Gespenster	1	9	Lichtbogen	1	8
Das Erlöschen einer Stadt	1	9	Zweiter Geburtstag	7	17
Am Rande der Wildnis	3	8	Der Eisgott	2	9
Flugversuche	6	19	Der Prediger	19	26
Der Pfau	1	10	Ein Fotograf	1	3
Das Attentat	3	9	Pacífico, Atlántico	5	14
Luftangriff	9	18	Love in vain	2	6
Wilder Strand	2	6	Weißer Sonntag	1	3
Mann am Fluß	2	7	Anglerin	2	5
Der Beherrscher der Heroen	4	18	Die Drohung	5	9
Ein Kreuzweg	3	16	Unter Verdacht	3	10
Besuch aus großer Ferne	2	8	Die chinesische Vase	2	5
Umbettung	7	15	Kalligraphen	1	13
Beifang	2	9	Wallfahrer	2	21
In der Tiefe	6	13	Trost der Betrübten	6	17
Die Königin der Wildnis	3	10	Der Tenor	5	18
Die Übergabe	10	21	Mann ohne Sonne	3	15
Abschied	3	12	Zeitlupe	2	6
Im Weltraum	1	10	Der Waranjäger	1	7
Abschlag vom Nordpol	8	21	Sturmschaden	1	6
Heimkehr	3	6	Ein Weltuntergang	4	25
Strömung	4	16	Der Hirtenhund	1	6
Die Arbeit der Engel	2	8	Im Schatten des Vogelmannes	11	27
Im Säulenwald	5	13	Jagdszenen	6	9
Die Schönheit der Finsternis	5	10	Der Schreiber	2	19
Sturz aus der Nacht	4	9	Gesetzesbruch	1	7

(Fortsetzung)

Text	Staaten	Orte	Text	Staaten	Orte
Der Pianist	1	4	Stille Nacht	2	10
Das Glück und der Stille Ozean	3	14	Mädchen im Wintergarten	3	6
Die Regeln des Paradieses	19	38	Die Ankunft	2	9

Tabelle 1: Anzahl aller bereisten und erwähnten Orte in Ransmayrs *Atlas* nach Texten

Auf Ebene einzelner Länder bzw. geografischer Entitäten vergleichbarer Größe führt das Mapping zu folgendem Mengengerüst:

Orte nach Staat bzw. Gebiet	Anzahl	Orte nach Staat bzw. Gebiet	Anzahl	Orte nach Staat bzw. Gebiet	Anzahl
China	52	Polen	7	Burma	1
Österreich	52	Tschechien	7	China, Mongolei	1
Chile	45	Französisch-Polynesien	6	Haiti	1
USA	41	Karibik	6	Himalaya	1
Russland	36	Bolivien	5	(Ho-Chi-Minh-Pfad)	1
Griechenland	32	Japan	5	Indien, Pakistan, China	1
Irland	32	Anden	4	Indonesien, Osttimor	1
Sri Lanka	28	Dominikanische Republik	4	Isle of Man	1
Brasilien	25	Kanada	4	Israel	1
Indien	25	Marokko	4	Kasachstan	1
Deutschland	21	Paraguay	4	Kaukasus	1
Indonesien	21	Thailand	4	Kirgisistan	1
Neuseeland	21	Holland	3	Kolumbien	1
Tibet/China	20	Malaysia	3	Madagaskar	1
Nepal	19	Norwegen	3	Mittelmeer	1
Türkei	17	Polynesien	3	Mittlerer Osten	1
Australien	15	Südamerika	3	Moldawien	1
Pazifik	15	Georgien	2	Nepal, Tibet/China	1
Großbritannien	14	Guatemala	2	Ostafrika	1
Kambodscha	14	Indischer Ozean	2	Österreich-Ungarn	1
Costa Rica	13	Lettland	2	Paraguay, Brasilien	1
Spanien	12	Mongolei	2	Persien	1
Europa	11	Philippinen	2	Phönizien	1
Pitcairn/Großbritannien	11	Schwarzes Meer	2	Portugal	1
Laos	10	Südsee	2	Rotes Meer	1
Arktis	9	Vietnam	2	Sowjetreich	1
Island	9	Afghanistan	1	Sowjetunion	1
Südafrika	9	Alpen	1	Thailand, Malaysia	1
Atlantik	8	Antillen	1	Tonga	1
Jemen	8	Arabien	1	Tschetschenien	1

(Fortsetzung)

Orte nach Staat bzw. Gebiet	Anzahl	Orte nach Staat bzw. Gebiet	Anzahl	Orte nach Staat bzw. Gebiet	Anzahl
Mauritius	8	Argentinien/Chile	1	Ukraine	1
Mexiko	8	Armenien	1	USA, Mexiko	1
Frankreich	7	Aserbaidschan	1	Weißrussland	1
Italien	7	Bolivien, Peru	1		
Peru	7	Bosnien und Herzegowina	1		

Tabelle 2: Anzahl aller bereisten und erwähnten Orte in Ransmayrs *Atlas* nach Staaten bzw. Gebieten

Betrachtet man alle im *Atlas* erwähnten Orte in Bezug auf die Kategorie Kontinent bzw. Ozean, ergeben sich folgende Zahlen (man lese z. B. „in 251 Fällen befindet sich der erwähnte Ort – im ‚realen' ‚Georaum' – in Europa").

Orte nach Kontinent bzw. Ozean	Anzahl	Orte nach Kontinent bzw. Ozean	Anzahl
Kontinent/Gebiet: Europa	251	Kontinent/Gebiet: Arktis	14
Kontinent/Gebiet: Asien	244	Kontinent/Gebiet: Ozeanien/Europa	11
Kontinent/Gebiet: Südamerika	97	Kontinent/Gebiet: Karibik	10
Kontinent/Gebiet: Nordamerika	54	Ozean: Atlantik	8
Kontinent/Gebiet: Ozeanien	33	Ozean: Indischer Ozean	2
Kontinent/Gebiet: Afrika	23	Ozean: Karibisches Meer	2
Kontinent/Gebiet: Europa, Asien	19	Ozean: Schwarzes Meer	2
Kontinent/Gebiet: Australien	15	Ozean: Mittelmeer	1
Kontinent/Gebiet: Zentralamerika	15	Ozean: Rotes Meer	1
Ozean: Pazifik	15		

Tabelle 3: Anzahl aller bereisten und erwähnten Orte in Ransmayrs *Atlas* nach Kontinenten und Ozeanen

In Bezug auf die verschiedenen Kategorien der Verortung lautet die Verteilung wie folgt (Anmerkung: Orte können in unterschiedlichen Texten unterschiedlichen Kategorien zugeordnet und daher mehrfach gezählt werden):

Kategorie der Verortung	Anzahl
Verortung laut Inhaltsverzeichnis	70
Das ‚Ich' hält sich an diesem Ort auf.	204
Das ‚Ich' sieht diesen Ort, ist aber nicht dort.	35
Das ‚Ich' war zuvor an jenem Ort.	64
Das ‚Ich' wird später an jenem Ort sein.	39
Das ‚Ich' war zuvor an jenem Ort und wird später wieder dort sein.	5
Das ‚Ich' erwähnt diesen Ort.	400

Tabelle 4: Anzahl aller bereisten und erwähnten Orte in Ransmayrs *Atlas* nach Kategorien der Verortung

Fokussiert man in dieser Auflistung nur auf staatliche Gebilde, so lässt sich feststellen, dass im *Atlas* 72 der aktuell 194 Nationen der Erde zumindest Erwährung finden und sich das ‚Ich' der Texte in 37 unterschiedlichen Ländern aufhält.

Mapping Ransmayr for real: Wozu?

Literaturkartografie macht sichtbar, was im Produktions- und Rezeptionsprozess ohnehin stattfindet, indem sie räumliche Bezüge systematisiert und zu Interpretationen anregt. Und im Geschäft „der Interpretation literarischer Texte ist schließlich alles erlaubt, was zur Erhellung des Inhalts beiträgt. Man muss nur sehr genau wissen, *was* man tut, und sagen, *dass* man es tut" (Piatti 2013, 276, Bezug nehmend auf Moretti, 2005). Welche Schlüsse bleiben nun nach einer ersten und sehr unvollkommenen Kartierung eines einzelnen Werkes von Christoph Ransmayr?

Technisches:
Die Lust, eine bessere Datenstruktur zu entwickeln, um auch ein Prozedere für die fiktional(er)en Texte des Autors zu haben, detailreicher und umfassender zu kartieren und alle Ransmayr'schen Texte mit allen Bewegungen und allen zeitlichen Referenzen darzustellen, um in den Karten der Lebhaftigkeit und historischen Dichte des Ransmayr'schen Werkes gerecht zu werden. Denn der Raum wird bei Ransmayr „von zeitlichen Entwicklungen überlagert: Die Natur verändert sich, Geschwindigkeiten tierischer, pflanzlicher und geologischer Entwicklung variieren, neue Berge, Landschaften entstehen. Ähnlich wie in der Welt der Fiktion" (Wernitzer 2015, 309–310).

Dann die Gewissheit, das als Einzelner schwerlich leisten zu können – und wie so oft in den Digital Humanities das Vertrauen auf die Community, die Zeit und bessere Software. Digitale Maps können nämlich – im Gegensatz zu ihren älteren gedruckten Geschwistern – im Kollektiv und über einen langen Zeitraum sehr einfach angereichert und verbessert werden. Und: Die Vorstellung einer Welt, in der viele Arbeitsschritte dieses literaturgeografischen Mappings per OCR, NER und AI automatisiert durchgeführt werden können (die Zukunft von Google Books?) – um sich dann als Literaturwissenschaftler ganz der Interpretation widmen zu können.

Inhaltliches:
Die Erkenntnis, dass, so umfangreich der Horizont des *Atlas* auch ist, dennoch fünf Sechstel der Staaten der Erde darin unbereist bleiben (allerdings nur etwas mehr als die Hälfte unerwähnt).

Die Erkenntnis, dass – obwohl Ransmayr als Darsteller des ‚Peripheren' gilt – fast ein Drittel aller geografischen Bezüge im *Atlas* in Europa zu verorten sind. Und: dass Afrika, vor allem Subsahara-Afrika, als einziger Kontinent im *Atlas* kaum eine Rolle spielt. Und: dass die oft wiederholte Diagnose der Forschung, Ransmayr konzentriere sich in seinen Texten auf das Periphere, zumindest vor dem Hintergrund seiner neueren Arbeiten bis zu *Cox oder Der Lauf der Zeit* (Ransmayr 2016) und *Arznei gegen die Sterblichkeit* (Ransmayr 2019, mit dessen zweitem Text *Mädchen im gelben Kleid* Ransmayr übrigens daran arbeitet, den weißen Fleck auf seiner Landkarte, Afrika, zu füllen), immer weniger gilt und vielleicht immer mehr einfach eigenen Eurozentrismus spiegelt – und dass jemand, der die vermeintliche ‚Exotik' dieser Orte so oft erlebt hat wie Christoph Ransmayr, diese wohl viel weniger als solche empfindet und literarisch inszeniert, als man als wenig(er) umtriebige Person meinen mag. Ransmayr formuliert das Wesen dieses Gedankens in einer von ihm häufig paraphrasierten Wendung treffend so: „Im Dorf denkt man ja, hier und nur hier liege das Zentrum der Welt, und Städte wie Wien, Paris, London, New York seien gewiß groß, sehr groß, vielleicht blendend schön, – aber eben sehr abgelegen." (BaF, 71) Etwa ebenso abgelegen wie die im *Atlas* erwähnten ‚exotischen' und ‚peripheren' Geografika Bahia in Brasilien (etwa 15 Millionen Einwohner), Hubei in China (etwa 57 Millionen Einwohner) oder Rajasthan in Indien (ca. 69 Millionen Einwohner) etc.

Die (nun durch zählbare Daten verstärkte) Erkenntnis, dass eine Vielzahl der Geografika im *Atlas* zur Beschreibung von Figuren (und damit von Nähe, Ferne, Migration, Globalisierung, Kolonialisierung etc.) dient („Mr. Fox aus der walisischen Grafschaft Swansea", AM, 22; „Senhor Herzfeld, Sohn eines Nähnadelfabrikanten aus Brandenburg", AM, 50; „Der Essenbringer kam aus Tubuan", AM, 63; „mit einem Biologen aus Bayern und seiner Freundin [...] aus dem italienischen Postoia", AM, 82 etc.).

Die Erkenntnis über die Verteilung von geografisch ‚statischen' und ‚dynamischen' Texten (16 Texte des *Atlas* spielen in einem einzigen Land, andere thematisieren bis 19 Staaten) – und deren unterschiedliche Poetik. Die Markierung des interessanten Texts *Die Regeln des Paradieses*, der die Mitte des Bandes bildet und der deutlich länger ist als alle anderen Texte und eine Vielzahl an Geografika beinhaltet – und im Anschluss an diesen Text Gedanken an die bekannte Kritik, Ransmayrs Darstellung des „Gegensatz[es] von Zivilisation und Wildnis [...] bediene nur die oberflächlichen Bedürfnisse gebildeter Leser nach einer ‚Abenteuerurlaubs-Welt'", sodass „keine Aufklärung des Gegenwärtigen statt[finde], sondern bloße Verklärung des Abgelebten" (Fetz 2009, 35). Gerade der letztgenannte Text macht genau das Gegenteil, indem er das bewegte Erbe der *Bounty* und der Nachfahren ihrer Besatzung kritisch beleutchtet.[17]

Der Gedanke, dass ‚klassische' theoretische Ansätze wie Certeaus (1988 [1980]) angesichts digitaler Möglichkeiten nachgeschärft werden können, und der Gedanke, dass Fiktion im Allgemeinen bzw. Orte in literarischen Texten im Speziellen rezeptionsästhetisch anders zu denken sind, wenn Karten und Fotos bzw. Videos heute immer mehr in eins fallen und unmittelbaren Zugang zu den ‚georäumlichen' Bezugspunkten von Literatur eröffnen. Denn man kann heute Orte und Wege ganz einfach und mit einer endlosen Anzahl an Layern und Filtermöglichkeiten kartieren/visualisieren. Die oben dargestellte Karte basiert zwar auf OpenStreetMap, man könnte allerdings auch andere Kartengrundlagen wählen und etwa per Google Street View die in Ransmayrs Texten beschriebenen Reisen bis zu einem gewissen Grad nachvollziehen (was zur Recherche vieler Ortsangaben bei der Erstellung obiger Karte auch getan wurde). Plötzlich weiß man, wie der „marmorne[] Pavillon[] […], den die Kaiserwitwe Tsi Hsi, die China fast fünfzig Jahre lang beherrscht hatte, in der Form eines Raddampfers in den See hatte setzen lassen" aus dem Text *Kalligraphen* (AM, 333) aussieht (und dass sich vor dem Pavillon viele Touristen tummeln). Plötzlich weiß man, wie es sich mit den örtlichen Rahmenbedingungen des kambodschanischen Wasserfestes „auf den Stufen jener Freitreppe, die aus den Palmpromenaden vor dem Königspalast zu den Landstegen am Stromufer hinabführte" in *Strömung* (AM, 168) verhält (und dass sich vor dem Palast viele Touristen tummeln). Plötzlich weiß man, wie sich das Pilgertum am Adam's Peak aus *Wallfahrer* (AM, 341 ff.) gestaltet (und dass sich auf dem Weg viele Touristen tummeln), oder wie die Glowworm Cave aus *Im Weltraum* (AM, 153 ff.) am Lake Te Anau aussieht und vermarktet wird (und dass sich …). Und selbst der See Phoksundo aus *Die Ankunft* (AM, 451) ist fotografisch per Google Maps (wenn auch nicht per Google Street View) gut dokumentiert (allerdings nicht touristisch erschlossen).

Allein durch diesen Abgleich ‚Textraum'-‚Georaum' kann sich das Verständnis für Ransmayrs Poetik weiter vertiefen: Vieles (Moderne) muss unerwähnt und unbeschrieben bleiben, um jene Wirkung zu erreichen, die der *Atlas* erreicht. Poetisierung des Raumes qua Exklusion des Profanen. Oder alternativ: Poetisierung des Profanen qua Exklusion des Raumes (etwa in der Schlussszene von *Luftangriff*, AM, 87–88).

Die Erkenntnis, dass zahlreiche der Ransmayr'schen Reiseerfahrungen wohl zum Teil tatsächlich touristisch waren – wie von Ransmayr nie geleugnet, man

---

17 Berhard Fetz bezieht sich hier u. a. auf das *Kritische Lexikon zur deutschsprachigen Gegenwartsliteratur* (Eintrag Christoph Ransmayr; Bockelmann und Wohlleben, online aktuell 2019), in dem man denn Ransmayr etwa auch die in *Die letzte Welt* dargestellte Opposition höfische Macht vs. *Poesie* übelnimmt („Ransmayr vermeidet nicht den abgenutzten Begriff").

denke an die *Geständnisse eines Touristen* (Ransmayr 2004). Und die Erkenntnis, dass die schiere Menge des Versammelten, die Menge der von Ransmayr tatsächlichen bereisten oder zumindest bedachten Orte höchst außergewöhnlich ist und dass sich eine Literatur des Kosmopolitischen – durch das tatsächlich Kosmopolitische ergibt. Um als Wissenschaftler diese Menge an Bezügen überschaubar zu machen und ihr nicht einfach zu erliegen und Wichtiges zu übersehen – auch dafür kann ein literaturgeografischer Zugang hilfreich sein.

Mindestens ebenso sind die Beiträge von Hermann Dorowin und Atilla Bombitz in diesem Band, von denen sich ersterer dem journalistischen Schaffen Ransmayrs und den frühen Reisereportagen widmet, während letzterer einen chronologischen Überblick über Ransmayrs Schaffen gibt. Die dynamische Auffassung von Eigenem und Fremdem bei Ransmayr beleuchtet in diesem Band Arno Herberth, das ins Unendliche strebende *perpetuum carmen* einer Kunst des Möglichen reflektiert Doren Wohlleben. Andreas Stuhlmann folgt dem reisenden Ransmayr und widmet sich Karten, Historiografie und Pilgertum. Und Gilbert Carr bespricht das zweifellos Abgelegene: die Polarregionen und deren Funktionen im Werk von Christoph Ransmayr und Ernst Weiß.

Mit dem Anwachsen von Ransmayrs Ouevre lässt sich jedenfalls konstatieren, dass – um ein Diktum Marcel Reich-Ranickis zu variieren – der „Apokalyptiker" Ransmayr immer mehr dazu übergeht, „das Leben zu preisen". Und obwohl sich Ransmayr allen verklärten Ansprüchen entzieht, der Öffentlichkeit „als Figur des Gewissens und Gedächtnisses seiner ganzen Nation" (Ransmayr 2013, 87) zur Verfügung zu stehen, tritt seine humanistische Poetik immer deutlicher hervor, da seine Beschäftigung auch mit dem Allerfernsten, mit den „dramatischen Prozesse[n] der Einsicht in Entstehung und Auflösung jeder Existenz [...] Hilfsmittel und Beispiele [sind], um auch jeweils benachbarte und nächstliegende Prozesse besser zu verstehen" (BaF, 32).

Der wechselseitigen Erläuterung existenzieller Antonyme von Welterfahrung und Menschsein widmet sich in diesem Band Günther Schaunig, während Daniela Henke aufzeigt, wie Symbolen im Werk Ransmayrs die Funktion zukommt, den Menschen in der Geschichte zu verorten, „um das Menschliche umso exponierter reflektieren zu können" (ebd.).

Für viele verdankt sich die Faszination von Ransmayrs Texten dieser Fokussierung auf existenzielle menschliche Erfahrungen, der Weite seines ‚Horizonts' und der Größe der ‚Welt', die durch sie erfahrbar wird. Die Kritikerin Felicitas von Lovenberg (2009, 85) sieht besonders in „globalisierten Zeiten, wo alle Welt glaubt, per E-Mail und YouTube immerzu überall sein zu können" in der Ransmayr-Lektüre daher „eine höchst luxuriöse Erfahrung: die Freiheit, aufzubrechen, wohin man will". Und womöglich gibt auch folgende Aussage Ransmayrs Einblick in einen zentralen Aspekt seiner Poetik:

Die meisten Wege führen über kurz oder lang doch wieder zurück zu den Menschen. Wenn ein Weg nicht wieder in die Welt der Menschen führt und diese Welt wie ihre Bewohner in einem andren, vielleicht noch nie gesehenen Licht zeigt, bleibt er eine Sackgasse. (BaF, 77)

Dieser Band will ebenso neue Blicke und Perspektiven eröffnen. Er ist ein Kartierungsversuch mit einem vermessenen Ziel: Mapping Ransmayr.

Literatur

Bachmann-Medick, Doris (2014) [2006]: Cultural Turns. Neuorientierungen in den Kulturwissenschaften. 5. Auflage. Reinbeck bei Hamburg: Rowohlt.

Boersema, Jan J. (2015). *The Survival of Easter Island. Dwindling Ressources and Cultural Resilience.* Cambridge: University Press.

Bombitz, Attila (Hrsg.) (2015). *Bis zum Ende der Welt. Ein Symposium zum Werk von Christoph Ransmayr* (Österreich-Studien Szeged 8). Wien: Praesens.

Certeau, Michel de (1988) [1980]: *Kunst des Handelns.* Berlin: Merve.

Döring, Jörg: Zur Geschichte der Literaturkarte (1907-2008). In *Mediengeographie. Theorie – Analyse – Diskussion,* hrsg. v. Jörg Döring und Tristan Thielmann, S. 247-290. Bielefeld: Transcript.

Fetz, Bernhard (2009). Das lange Gedächtnis der Erzählung oder: Christoph Ransmayrs poetische Landnahme. *Die Rampe – Hefte für Literatur* 3 (*Porträt Christoph Ransmayr,* hrsg. v. Manfred Mittermayer und Renate Langer): 32-28.

Fetz, Bernhard (2015). Schauen und Starren. Zu einer Poetik des Starrens im Werk von Christoph Ransmayr. In *Bis zum Ende der Welt. Ein Symposium zum Werk von Christoph Ransmayr,* ed. Attila Bombitz, 19-27. Vienna: Praesens.

Gottschling, Markus (2018): *Verloren Gehen in den Polargebieten der Literatur. Subjekt und Raum bei Edgar Allan Poe und Christoph Ransmayr.* Bielefeld: transcript.

Hones, Sheila (2018): Literary Geography and Spatial Literary Studies. *Literary Geographies* 4/1: 1-5.

Király, Edith (2015). Zeitfallen, Enklaven. Inszenierungen und Demaskierungen des Authentischen in Christoph Ransmayrs frühen Reportagen und Reden. In *Bis zum Ende der Welt. Ein Symposium zum Werk von Christoph Ransmayr,* hrsg. v. Attila Bombitz, 153-163. Wien: Praesens.

Langer, Renate und Manfred Mittermayer: Ein Apokalyptiker, der das Leben preist. Christoph Ransmayr im Gespräch mit Renate Langer und Manfred Mittermayer. *Die Rampe – Hefte für Literatur* 3 (*Porträt Christoph Ransmayr,* hrsg. v. Manfred Mittermayer und Renate Langer): 10-19.

Lovenberg, Felicitas von (2009). Die Freiheit, aufzubrechen, wohin man will. *Die Rampe – Hefte für Literatur* 3 (*Porträt Christoph Ransmayr,* hrsg. v. Manfred Mittermayer und Renate Langer): 85.

Luchetta, Sara und Juha Ridanpää (2019): The More-Than-Representational Lives of Literary Maps. *Literary Geographies* 5/1: 11-15.

McLaughlin, David (2018): Thinking (about Literary) Spaces: Ideas from der Cambridge Literary Geographies Conference. *Literary Geographies* 4/1: 1-5.
Mittermayer, Manfred und Renate Langer (Hrsg) (2009). *Porträt Christoph Ransmayr* (*Die Rampe - Hefte für Literatur* 3). Linz: Trauner.
Moretti, Franco: *Graphs, Maps, Trees. Abstract Models for a Literary Theory*. London: Verso.
O'Casey, Seán (1980). Juno and the Paycock. In *Seán O'Casey: Three Plays*, 1-74. London: Pan Macmillan.
Piatti, Barbara (2008). *Die Geographie der Literatur. Schauplätze, Handlungsräume, Raumphantasien*. Göttingen: Wallstein.
Piatti, Barbara (2007): „Das Hotel von Edward und Florence [...] gibt es nicht." Von den Möglichkeiten der Literatur, unsichtbare Schauplätze zu schaffen. *Hermeneutische Blätter* 1/2: 250-260 (Sonderheft *Unsichtbar*).
Piatti, Barbara (2013): Vom Text zur Karte - Literaturgeographie als Ideengenerator. In *Kartographisches Denken*, hrsg. v. Christian Reder, 269-279. Wien: Springer/Edition Transfer.
Porter, Catherine, Milligan, Rebecca & Lilley, Keith D. (2020): Hidden Geographies and Digital Humanities: Analysing and Visualising the Literary Corpus of Humphrey Llwyd. *Literary Geographies* 6/1: 96-118.
Ransmayr, Christoph (1997). *Die dritte Luft oder Eine Bühne am Meer*. Frankfurt a. M.: Fischer. (= DdL)
Ransmayr, Christoph (2000). *Strahlender Untergang. Ein Entwässerungsprojekt oder Die Entdeckung des Wesentlichen*. Frankfurt a. M.: Fischer. (= SU)
Ransmayr, Christoph (2002). *Der Ungeborene oder Die Himmelsareale des Anselm Kiefer*. Frankfurt a. M.: Fischer. (= DU)
Ransmayr, Christoph (2004). *Geständnisse eines Touristen. Ein Verhör*. Frankfurt a. M.: Fischer.
Ransmayr, Christoph (2010). *Odysseus, Verbrecher. Schauspiel einer Heimkehr*. Frankfurt a. M.: Fischer.
Ransmayr, Christoph (2012). *Atlas eines ängstlichen Mannes*. Frankfurt a. M.: Fischer. (= AM)
Ransmayr, Christoph (2013a). Die Erfindung der Welt. Fragen, Antworten. In Christoph Ransmayr: *Die Verbeugung des Riesen. Vom Erzählen*, 15-22. Frankfurt a. M.: Fischer.
Ransmayr, Christoph (2013b). Unterwegs nach Babylon - Notizen zu einer Poetik in eigener Sache. In Christoph Ransmayr and Raoul Schrott, *Unterwegs nach Babylon. Spielformen des Erzählens. Tübinger Poetik-Dozentur 2012*, 7-22. Künzelsau: Swiridoff. (= UB)
Ransmayr, Christoph (2014). Verriegelte Orte, luftige Räume. Zur Kunst der Übersetzer. In *Gerede. Elf Ansprachen*, 29-33. Frankfurt a. M.: Fischer. (= VO)
Ransmayr, Christoph (2016). *Cox oder Der Lauf der Zeit*. Frankfurt a. M.: Fischer. (= Cox)
Ransmayr, Christoph (2019). *Arznei gegen die Sterblichkeit*. Frankfurt a. M.: Fischer.
Reuschel, Anne-Kathrin and Hurni, Lorenz (2011). Mapping literature: Visualisation of spatial uncertainty in fiction. *The Cartographic Journal* 48/4: 293-308.
Wernitzer, Julianna (2015). Lauernde Welten. Christoph Ransmayr und die ungarische Gegenwartsprosa. Atlas einer ängstlichen Wissenschaftlerin. In *Bis zum Ende der Welt.*

Ein Symposium zum Werk von Christoph Ransmayr, hrsg. v. Attila Bombitz, 300–313. Wien: Praesens.

Wilke, Insa (2014). Das Menschenmögliche zur Sprache bringen. Ein Gespräch mit Christoph Ransmayr über die Durchmusterung des Himmels und die äußersten Gegenden der Phantasie. In *Bericht am Feuer. Gespräche, E-Mails und Telefonate zum Werk von Christoph Ransmayr*, hrsg. v. Insa Wilke, 13–98. Frankfurt a. M.: Fischer. (= BaF)

Wilde, Oscar (1966). Lady Windermere's Fan. In *The Complete Works of Oscar Wilde*, intro. Vyvyan Holland, 385–430. London and Glasgow: Collins.

Zipfel, Frank (2013). Imagination, fiktive Welten und fiktionale Wahrheit. Zu Theorien fiktionsspezifischer Rezeption von literarischen Texten. In *Fiktion, Wahrheit, Interpretation. Philologische und philosophische Perspektiven*, hrsg. v. Eva-Maria Konrad, Thomas Petraschka, Jürgen Daiber und Hans Rott, 38–64. Münster: mentis.

Hermann Dorowin (Perugia)

Der Reporter und die Kunst. Zu Christoph Ransmayrs Anfängen in der Zeitschrift „Extrablatt"

Ransmayrs Prosa, seine sinnliche, plastische Beschreibungskunst, seine erzählerische Phantasie seien – so wurde oft behauptet – charakteristische Phänomene einer postmodernen Ästhetik, einer über alles Zitierbare, über Natur, Geschichte und Mythos souverän und willkürlich verfügenden Kombinatorik. Zumal die Romane der Achtziger- und Neunzigerjahre, *Die Schrecken des Eises und der Finsternis* (Ransmayr 1984), *Die letzte Welt* (Ransmayr 1988) und *Morbus Kitahara* (Ransmayr 1995), wurden durch diese vorschnelle Zuordnung des Autors einer bestimmten, m. E. reduktionistischen Lesart unterworfen und in manchen Literaturgeschichten in einer Schublade mit der Etikette „Postmoderne" abgelagert (Barner 1994, 820–21; Sørensen 2002, 404; Rath 1997, 321; Zeyringer 1999, 484). Doch die in diesen Texten enthaltene Welterfahrung und -ergründung, ihre anthropologischen, historischen, politischen, ethischen Implikationen wurden dadurch weitgehend reduziert auf Epiphänomene einer alles beherrschenden ästhetischen Struktur. Es wäre sicher interessant, den Prämissen einer solchen Literaturkritik nachzugehen, die das „Postmoderne" so weit definiert, dass sie es zuletzt überall dort findet, wo sie es sucht.[1] Dies würde uns jedoch von unserer Fragestellung abbringen: Woher kommt, wo entsteht Ransmayrs Schreibweise? Denn, wenn sie nicht aus dem luftleeren Raum des beliebig Verfügbaren unerklärlicher Weise herabgestürzt ist, dann muss sie aus Historie, aus lebensgeschichtlichen Zusammenhängen herleitbar sein. Und irgendwo muss sie einen Anfang haben.

Wiederholt hat der Autor, meist indirekt, auf die Bedeutung mancher Kindheitserfahrungen, auf das prägende Element der oberösterreichischen Voralpenlandschaft, des Dorflebens, der Familienstruktur hingewiesen, und auch in dem *Atlas eines ängstlichen Mannes* (Ransmayr 2012) finden sich einige wun-

---

[1] Zur Diskussion um den Begriff der „Postmoderne" und seine Anwendung auf die Texte Ransmayrs vgl. u. a. Burger (1994), Vogel (1997), Kunne (2005), Schuster (2009), Dorowin (2012). Ransmayr selbst spricht in den *Geständnissen eines Touristen* von „trostloser postmoderner Willkür" (Ransmayr 2004, 93).

derbar poetische Abschnitte über diese frühe Phase. Aus der sinnlichen Erfahrung der bäuerlichen Lebenswelt nähren sich viele Szenen und beschreibende Passagen aus Ransmayrs Erzählwerk. Zugleich wird deutlich, dass die Landschaft der Kindheit auch von den Schatten der Geschichte verdüstert war, zumal von der weitgehend verdrängten Präsenz des Konzentrationslagers Ebensee, das zum Modell für Moor, den deprimierenden Schauplatz von *Morbus Kitahara*, werden sollte. Licht und Schatten dieser oberösterreichischen Kindheit reichen also weit in die Produktion des Autors hinein.[2]

Was nun seine Erfahrung mit der Großstadt Wien betrifft, so verdanken wir besonders einer Rede wichtige Hinweise, die Ransmayr bei der Verleihung des Goldenen Verdienstzeichens der Stadt im Jahr 2007 gehalten hat. Ironisch evoziert er hier den Kulturschock, den der junge Lambacher Stiftszögling im Dschungel der Metropole erfuhr, den überwältigenden Eindruck des Westbahnhofs, der Straßenbahnen und Autobusse und der prachtvollen Paläste, aber auch die Verwirrung, die eine Kino-Aufführung im Künstlerhaus bei ihm hinterließ, ein Film aus Andy Warhols *Factory*, der „so viele nackte, masturbierende und vögelnde Darsteller zeigte, daß ich das Kino am Ende mit rotem Kopf in der Überzeugung verließ, mit diesem Lichtspieltheaterbesuch ein Geheimnis für alle Ewigkeit bewahren zu müssen" (Ransmayr 2014, 53). Erst langsam wird er sich, im Lauf dieser zunächst mühsamen, dann aber belebenden und befreienden Sekundärsozialisation, den Wiener Urwald „vertraut, ja lieb" machen, wie er sagt. In einer feuchten Souterrainwohnung wird der nun an der Universität inskribierte Student der Philosophie und Völkerkunde hausen, wird sich den Unterhalt durch Ferienjobs und Gelegenheitsarbeiten verdienen, und zugleich davon träumen, einmal vom Schreiben leben zu können, was ihm noch als reine Utopie erscheint.

Als „allzu freier, weil unbezahlter Berichterstatter" wird er nun bei dem 1977 in Wien gegründeten „Extrablatt" mitarbeiten, einem linksintellektuellen „Magazin für Politik und Kultur"[3], das in den fünf Jahren seines Bestehens, auch dank der Mitarbeit von Autoren wie Elfriede Jelinek, Peter Turrini, Erich Fried, Franz Schuh, Robert Menasse, Thomas Rothschild, Konrad Paul Liessmann und anderen, einen wichtigen Beitrag zu öffentlichen Debatten in Österreich leistete: „Nächte am Schreibtisch, Tage am Schreibtisch, am Ende erst recht kein Honorar und die Zeitschrift im Konkurs ...", so klagt Ransmayr in seinen *Geständnissen eines Touristen* (Ransmayr 2004, 84–85). Doch im Blick zurück erscheint diese

---

2 Als Beispiele seien nur die Reportage „Der Totengräber von Hallstatt" (Ransmayr 1997, 63–74) und einige Kapitel aus dem *Atlas eines ängstlichen Mannes* erwähnt: „Mann am Fluß", „Abschied", „Blut" und „Sturmschaden".

3 Im Editorial der Null-Nummer vom Mai 1977 erklärt der Herausgeber Karl Heinz Pfneudl die Absicht, mit dem „Extrablatt" die „Kehrseite der verwalteten Welt" offenzulegen und den „fortschrittlichen Menschen" in Österreich ein liberales Diskussionsforum zu bieten.

Klage eher ungerecht; denn die kontinuierliche und qualitativ hochwertige Mitarbeit des Autors beim „Extrablatt" sollte ihm die Bahn zu „TransAtlantik", Karl Markus Michel[4], Hans Magnus Enzensberger, dem Greno-Verlag[5] und damit letztlich zum Weltruhm ebnen. Zunächst aber bot sie ihm Gelegenheit, zu Fragen der Literatur, Musik und bildenden Kunst, zu Geschichte, Völkerkunde und Kulturpolitik öffentlich Stellung zu nehmen und sich im Schreiben von Rezensionen, Glossen, Interviews und Reportagen zu üben. Die Lektüre dieser Texte ist faszinierend, erlaubt sie uns doch, uns in die kulturellen und politischen Debatten jener Jahre zurückzuversetzen, und zugleich die Entwicklung von Ransmayrs Stil, seiner sinnlichen Vorstellungskraft, seiner erzählerischen Empathie, aber auch seiner analytischen Intelligenz und seiner oft unterschätzten ironisch-satirischen Tendenz, zu verfolgen.

Der erste Beitrag des vierundzwanzigjährigen Studenten ist dem slowenischen Dichter Ivan Cankar gewidmet (Ransmayr 1978/1, 64–67), den Ransmayr einerseits als sozialistischen Rebellen gegen das habsburgische Regime, andererseits als innerlich zerrissenen, unglücklichen Dichter und Bohémien darstellt. Geldnot und Existenzangst konnten jedoch Cankars Glauben an sein Talent und die Sehnsucht nach literarischer Anerkennung nicht abtöten. In dem materialreichen, mit deutlicher Sympathie verfassten Aufsatz steht das Verhältnis von Kunst und Macht im Mittelpunkt, ein Thema, das Ransmayr immer wieder abwandeln und schließlich auch in Romanen wie *Die letzte Welt* und *Cox oder Der Lauf der Zeit* (Ransmayr 2016) darstellen wird. Einem anderen verfolgten Schriftsteller, und zwar Jura Soyfer, widmet er zwei Jahre später ebenfalls im „Extrablatt"(Ransmayr 1980/6, 67–70) ein eindrucksvolles Porträt, das der Genialität dieses Autors ebenso gerecht wird wie der Tragik seines frühen Todes, mit 26 Jahren im KZ Buchenwald. Ransmayr verfasst diesen Beitrag genau in demselben Alter, und es fällt auf, dass er gerade einen Aspekt von Soyfers Schreiben unterstreicht, der seine eigene Produktion, zumal in den ersten Jahren, kennzeichnen wird, nämlich die Langsamkeit:

> Die Arbeit an diesem Roman wird ihm mühselig. Ganz im Unterschied zu seinen früheren Arbeiten, die er meist schnell und leicht niedergeschrieben hat, beginnt er plötzlich wieder und wieder umzuschreiben. Liest – ganz ungewohnt – seinen Freunden oft Stellen vor. Fragt. Diskutiert. Verändert. Streicht. (Ransmayr 1980/6, 70)

---

4 Über die Begegnung mit Karl Markus Michel und die Mitarbeit bei der Zeitschrift „TransAtlantik" vgl. den schönen Nachruf *Ach, Carlos. In Memoriam* (Ransmayr 2003, 70–83), sowie den Abschieds-Artikel unter dem Titel *Das Ende der Bescheidenheit* aus der letzten Nummer der Zeitschrift (Ransmayr 1991).

5 Die Veröffentlichung von *Die letzte Welt* in der von Hans Magnus Enzensberger herausgegebenen „Anderen Bibliothek" des Greno-Verlags brachte Ransmayr den Durchbruch zum Erfolg.

Liebevoll beschreibt Ransmayr die bohèmehaften Züge in Soyfers Charakter, seine Schlampigkeit und Regellosigkeit, zugleich aber seinen leidenschaftlichen Kampfeswillen und seine Tapferkeit. Einen wichtigen Teil des Artikels widmet er der Zwangsarbeit im KZ Dachau, der Soyfer ja sein berühmtes *Dachau-Lied* gewidmet hat, in Bildern, die zweifellos in die Darstellung des Lagers Moor in Ransmayrs *Morbus Kitahara* mit eingeflossen sind:

> Im damals noch relativ „milden" KZ Dachau fährt bereits der „Moorexpress" – jener riesige Wagen, der von etwa dreißig Menschen unter Peitschenhieben gezogen werden mußte, in Dachau gehen bereits Menschen unter ihren steinernen Lasten zugrunde, als Soyfer sein Lied auf dieses Lager schreibt: „Heb den Stein und zieh den Wagen,/ Keine Last sei dir zu schwer./ Der du warst in fernen Tagen,/ Bist du heut schon längst nicht mehr./ Stich den Spaten in die Erde, / Grab dein Mitleid tief hinein./ Und im eignen Schweiße werde/ Selber du zu Stahl und Stein..."

In dem Soyfer-Porträt wird, neben dem literarischen, auch ein lebhaftes politisch-historisches Interesse deutlich, das viele Beiträge Ransmayrs kennzeichnet, wie beispielsweise seine scharfe polemische Glosse über die Hindernisse, die dem Projekt einer Ausstellung zur Arbeiterkultur in den Weg gelegt werden, und zwar paradoxerweise von Seiten der Arbeiterkammer und der Gewerkschaften, denen es an historischem Bewusstsein gänzlich zu mangeln scheine und deren Kulturpolitik vom Karl-Marx-Hof stracks in der Hofreitschule gelandet sei (Ransmayr 1980/8). Diese Ausstellung über die kulturellen und sozialen Leistungen des „Roten Wien" wurde dann unter dem Titel „Mit uns zieht die neue Zeit" (Maimann 1981) von anderen Sponsoren getragen erfolgreich veranstaltet, und zwar in der Remise Koppensteinerstraße anstatt, wie geplant, im Künstlerhaus. Sie hat sicher im Geschichtsbewusstsein von Ransmayrs Generation Epoche gemacht.

Zu Fragen kulturpolitischer Art nimmt der Autor immer wieder Stellung, wobei er sich gegen bürokratische Bevormundung und Reglementierung der Kreativität wendet, zugleich aber eine Umverteilung öffentlicher Fördergelder von der repräsentativen „Hochkultur" hin zu alternativen Projekten befürwortet. Genüsslich zitiert er die bekannten Verse des aufmüpfigen Ministerialbeamten Fritz Herrmann[6]: „Das Volk, gewohnt ein Nichts zu sein,/ zahlt den Betrieb, doch geht's nicht rein,/ im Halbschlaf nur fragt's ab und zua:/ wos isn dees, die Hochkultur?" (Ransmayr 1980/4). Und mit einem treffenden Polgar-Zitat zieht er gegen den „Schimmelpilz" des kulturellen Lebens ins Feld, gegen Provinzialismus und elitäre Beschränkung. Das Modell der „Arena", des selbstverwalteten

---

6 Der anarchisch inspirierte Sozialdemokrat Fritz Herrmann, der 1949 über Jura Soyfer dissertiert hatte, kämpfte als Funktionär des Unterrichtsministeriums gegen die bevorzugte Förderung der „Hochkultur", sprich Staatsoper, Burgtheater, Salzburger Festspiele. Von seinen berüchtigten Spottversen fühlte sich u. a. Herbert von Karajan so schwer beleidigt, dass er drohte, nie wieder in Wien aufzutreten. In der Folge kam es zum Bruch zwischen Herrmann und seinem Chef, dem Minister Sinowatz.

Kulturzentrums im besetzten Auslandsschlachthof von Sankt Marx, ist noch frisch im Gedächtnis und dient als Vergleichsmaßstab bei der Beurteilung innovativer Projekte, wie z. B. des „Achz'gerhauses" im Rahmen der Wiener Festwochen. In einem Interview befragt der Autor den Unterrichtsminister Fred Sinowatz über dessen sozialdemokratische Kulturidee (Ransmayr 1980/5). Ein Jahr später wird er das von Sinowatz ins Leben gerufene „Kulturservice" als mögliches „Scharnier zwischen dem Volk und seinen Kulturträgern", ja als Beginn einer „Öffnung des Elfenbeinturms, in dem der Sage nach die Köpfe der Nation Inzucht treiben", mit Interesse betrachten (Ransmayr 1981/5).

Eine Öffnung des kulturellen Lebens der Hauptstadt fordert Ransmayr in allen Bereichen, wobei sein besonderes Interesse, neben der Literatur, auch Musik und bildender Kunst gilt. Mit Bedauern berichtet er vom Abgang des Jazzpianisten Peter Ponger in Richtung New York und widmet dem Künstler ein einfühlsames, poetisches Porträt. Auffallend an diesem Text ist die surreal-bildliche Umsetzung der Musik, bzw. der Versuch, ihre Entstehung aus visueller Erfahrung gewissermaßen synästhetisch herzuleiten, wobei Ransmayr, wie so oft, Zitate einmontiert.

> Wer die Augenblicke jener ungeheuren Konzentration in seinem Gesicht kennt, das – über die Tastatur gebeugt wie ein Totem – filigranen, zum Zerreißen gespannten Tonfolgen nachhorcht, wird vielleicht wissen, wovon ich spreche. Da löst sich manchmal unvermutet die Wirklichkeit auf. Wird sogar heiter. „Wächst da nicht eine Kokospalme aus dem Aktenschrank? Brüllend bricht ein kleines Nashorn durch die Polstertür des Chefzimmers und verschwindet stampfend im Nebenraum". (Ransmayr 1979/3, 68)

Mit ebenso bewundernder Empathie schreibt der Autor über den Schweizer Musiker Mathias Rüegg, den Idealisten und Wehrdienstverweigerer, der mit dem „Vienna Art Orchestra" eine der „originellsten Formationen der europäischen Jazzszene" ins Leben gerufen habe, dabei aber persönlich immer näher an die Armutsgrenze herangerückt sei. Während das Ensemble bei den Wiener Festwochen auftritt, haust sein Begründer in einer winzigen Zimmer-Küche-Wohnung, „in der ein Konzertflügel selbst unter Verzicht auf jedes andere Mobiliar keinen Platz gefunden hätte. Gerade das Fließwasser konnte sich noch ins Innere der Wohnung retten. Klo und ähnlicher Luxus blieben schon am Gang". „Viel gespielt, wenig verdient" – so lautet die Bilanz dieses Künstlers, dem Ransmayr hier ein Denkmal zu Lebzeiten setzt (Ransmayr 1980/3, 73).

Schwärmer, Utopisten, Sonderlinge, Außenseiter sind unter den bildenden Künstlern diejenigen, die Ransmayr am meisten faszinieren. Freilich interessiert er sich auch für die Öffnung der Wiener Museumslandschaft gegenüber der internationalen Avantgarde und begrüßt die Ausstellung des New Yorker „Museum of Modern Art", zu Gast im „Zwanz'gerhaus". Kenntnisreich ist seine Darstellung der verschiedenen Strömungen, von der Erbschaft der Surrealisten über den abstrakten Expressionismus bis zur Pop Art, doch scheint auch eine unvermeidliche Skepsis gegenüber der radikalen Kommerzialisierung dieser Kunst durch:

> Der Kunstmarkt konnte zwar alles kaufen: Bilder, Künstler, „Bedeutung" und Museen – die manchmal aufsässigen Ideen, die diese Kunst in den Köpfen der Betrachter auslöste, blieben aber dabei doch außerhalb käuflicher Reichweite. (Ransmayr 1979/4, 76)[7]

Anlässlich einer Skulpturen-Ausstellung auf dem Josephsplatz und den angrenzenden Plätzen unter dem Motto „Kunst im öffentlichen Raum" (Ransmayr 1981/6) amüsiert sich Ransmayr über die Begegnung nicht kunstgewohnter Passanten mit diesen menschlichen Körpern aus Stein oder Bronze. Neben allen Arten mehr oder weniger erotischer Berührung kam es schließlich sogar zur Umkreisung der Figuren durch einen Motocross-Staatsmeister. Nach einer Bestimmung des zuständigen Beirates, der sich – so Ransmayrs Vermutung – unzählige Male in Wiener Kaffeehäusern getroffen haben musste, betrug übrigens die Mindestgröße der Skulpturen zwei Meter, so dass de facto der Mensch als Maß aller Dinge nicht in Frage kam; denn er war etwas zu klein – ein subtiler Triumph altösterreichischer Bürokratie über die Natur in den Köpfen moderner Künstler und Kunstfachleute.

Die Ernennung Arnulf Rainers zum Professor an der Akademie für Bildende Kunst nimmt Ransmayr zum Anlass, den genialen, als anti-akademisch bekannten Avantgarde-Künstler über seine neue Funktion zu interviewen (Ransmayr 1981/2). Auf den klug formulierten Fragebogen antwortet Rainer mit einem faszinierenden Manifest seiner Ästhetik und Kulturkritik. Die Akademie bezeichnet er als einen Laufstall, den möglichst bald wieder zu verlassen das Ziel jedes Schülers sein müsse, sobald er die Quellen seiner Begabung gefunden habe. Die Aufgabe des Lehrers bestehe darin, durch „gezielte Ekelhaftigkeit" diesen Abgang zu beschleunigen. Ohne Besessenheit sei Kunst wertlos, am meisten könne man daher von den psychiatrisch Kranken lernen. „Die Kunst ist ein offenes System, deswegen kann sie ohne weiteres die sogenannten ‚geisteskranken' Outsider integrieren", sagt Rainer und gesteht seinem Interviewer, er verrate ihm gegenüber seine Theorien und Vorstellungen zum ersten Mal, obwohl er noch gar nicht offiziell von der Akademie ernannt sei. „Vielleicht hätte ich mit meinen Erklärungen noch einige Monate warten sollen, damit mein Weg als Professor nicht nur ein ganz kurzer wird."

---

7 In diesem und ähnlichen Urteilen ist die Nähe Ransmayrs zur Ästhetik und Kulturkritik des von ihm studierten Max Horkheimer und anderer Vertreter der Frankfurter Schule wie Adorno oder Marcuse greifbar. Vgl. auch die Artikel über das Projekt eines „Museums Moderner Kunst" (Ransmayr 1979/1) und über Massenkultur (Ransmayr 1981/4, 68–71), wo aus der *Dialektik der Aufklärung* (Horkheimer/Adorno 1947) zitiert wird.

Trotz dieses Interviews wird Arnulf Rainer dann berufen und wird 13 Jahre am Schillerplatz tätig sein. Über einen seiner Schüler, den aus Gmunden stammenden Hubert Scheibl, wird Ransmayr übrigens im Jahr 1999 einen wunderbaren Text verfassen, der den Wegen künstlerischer Inspiration erzählerisch nachgeht: *Cilaos. Öl auf Leinwand, 200x400 cm oder Nacht über Réunion* (Ransmayr 2003). Doch kehren wir zurück ins Jahr 1980. Bei einem Besuch im „Niederösterreichischen Landeskrankenhaus für Psychiatrie und Neurologie", kurz „Gugging" genannt und heute als ein Zentrum der „Art Brut" weltbekannt (Feilacher 2006), führt der junge „Extrablatt"-Reporter drei Gespräche: mit den Künstlern Johann Hauser und Oswald Tschirtner, sowie mit dem Primararzt Leo Navratil (Ransmayr 1980/1). Nach einer kurzen biographischen Notiz gibt Ransmayr dem aus Bratislava stammenden Zeichner und Maler Hauser das Wort, der in seinem charakteristischen Tonfall, sprunghaft Erinnerungsmaterialien assoziierend, seine Lebenssituation als Patient und als Künstler beschreibt.

> EB: *Verstehen Sie sich gut mit den Menschen hier?*
> Hauser: Fost olle. Den net (zeigt auf jemanden), der is taubstumm.
> EB: *Möchten Sie gleich jetzt fort von hier?*
> Hauser: Na, boid wül i fort. Boid.
> EB: *Warum?*
> Hauser: I wiar jo nu a Noarr do. A Noarr wiar i do.

Der humanistisch gebildete, religiöse Oswald Tschirtner gesteht Ransmayr gegenüber, er freue sich sehr über die gerade laufende Ausstellung seiner Bilder im Zwanz'gerhaus. „Bilder von Menschen", betont er.

> Tschirtner: [...] Schad is.
> EB: *Was ist schade?*
> Tschirtner: Um die Menschen. Um alle.
> EB: *Warum?*
> Tschirtner: Sie leben nicht richtig.
> EB: *Was machen die Menschen falsch?*
> Tschirtner: Sie haben keinen Frieden.

Tschirtners sanfter, friedliebender Charakter kommt auch zum Ausdruck, wenn er über seine Freundschaft mit Hauser sagt: „Ich spreche nicht. Freundschaft ist: der Hauser spricht, und ich höre zu. Er ist der Ältere."

Leo Navratil, der Entdecker und Anreger der Gugginger Künstler, nimmt das Interview mit Ransmayr zum Anlass, den absurden Vorwurf aus der Welt zu schaffen, er beute seine Patienten aus und manipuliere sie. Die Entstehung der Bilder werde in keiner Weise beeinflusst, der Erlös aus dem Verkauf aber werde von einem unabhängigen Kurator im Interesse der Künstler verwaltet. Auf die Frage nach seinem Verhältnis zur Antipsychiatrie betont der Arzt seine Nähe zu dieser Bewegung, jedoch auch die Differenz, die in seinem Versuch bestehe, sich in die „wahnhafte schizophrene Welt" der Patienten hineinzubegeben, „um ihre Einsamkeit, ihre Isolation zu durchbrechen, und das ist, glaube ich", sagt Navratil, „ein sozialer Akt".

Die Interviews mit Rainer, Hauser, Tschirtner, Navratil, aber auch diejenigen mit Ministern und Funktionären, sind Beispiele einer besonderen maieutischen Kunst Ransmayrs, einer Fähigkeit des richtigen Fragens, vor allem aber des Zuhörens, die er in zahlreichen Reportagen sozialer und kulturanthropologischer Art weiterentwickelt und verfeinert hat. Schließlich werden ja auch in vielen der Reisebilder aus dem *Atlas eines ängstlichen Mannes* (Ransmayr 2012) Menschen über ihre Lebensgeschichte oder über die Existenzbedingungen in einer bestimmten Landschaft befragt und werden so zu den eigentlichen Protagonisten dieses Buches. Gewiss handelt es sich um eine besondere individuelle Disposition des Autors, doch lässt sich vermuten, dass die Schule der Ethnologie, in der ja das Befragen von Menschen verschiedenster Herkunft zum Handwerkszeug gehört, zur Entwicklung dieser Technik beigetragen hat. Das besondere Interesse für die Kreativität psychiatrisch Kranker wird auch in anderen Texten, wie *Ein Nachmittag im Narrenhaus* (Ransmayr 1980/10) oder *Am Rand der Wildnis* (Ransmayr 2012, 60–66) deutlich.

Einen wahrhaft von seiner Idee „besessenen" Künstler besucht Ransmayr in Begleitung des Photographen Jörg Huber in der Steiermark: den Bauern Franz Gsellmann, der seit Jahrzehnten an einer „Weltmaschine" arbeitet (Ransmayr 1980/9). Das Resultat seiner außerordentlichen technischen und erfinderischen Bemühungen, ein aus Gusseisen, Glas und Schläuchen zusammengesetztes, von innen elektrisch erleuchtetes und belebtes, klirrendes Gebilde, das von geistesverwandten Künstlern wie Jean Tinguely und Bernhard Luginbühl bewundert wurde, steht in der Stube des Gsellmannschen Bauernhofes. Ransmayrs Reportage über diese „Junggesellenmaschine" und ihren Erfinder basiert auf dem Wechselspiel von technischer Beschreibung und biographischer Erzählung, wobei der gezielte Einsatz von Zitat und erlebter Rede den Leser unmerklich in die Gedankenwelt des Künstlers hineinbegleitet. „Nicht um viel Geld tät er sie hergeben: ‚Net beleidigt sein...' – aber das wär ja geradeso, als ob er sich selber hergeben müsste." Jahre später, nach Gsellmanns Tod, wird Ransmayr noch einen Bericht über diesen außergewöhnlichen Künstler und Utopisten in der Zeitschrift „TransAtlantik" veröffentlichen (Ransmayr 1985/1). Dass er für den leidenschaftlichen Motorenbastler Bering in *Morbus Kitahara* ein Modell abgab, kann meines Erachtens kaum bezweifelt werden. Darüber hinaus ließen sich auch Gemeinsamkeiten mit dem genialen Uhrmacher Cox und seinem Projekt einer unendlichen Uhr nachweisen (Ransmayr 2016).

Ein eigenes Kapitel verdienen die Alltags- und Sozialreportagen Ransmayrs, in denen sein ethnologisches, kulturanthropologisches Interesse noch stärker hervortritt und sich mit dem Hang zum Erzählen und zum Dramatisieren verbindet. Sieht man von einem frühen Bericht aus Süditalien ab (Ransmayr 1979/2), so entwickelt sich die Kartographie des Autors vereinfacht gesagt in konzentrischen Kreisen, beginnend mit dem 2. Wiener Gemeindebezirk über die in ganz Wien verstreuten Beisl, danach in einem weiten Bogen über die Dörfer des Alpenvorlandes, um dann im wörtlichen Sinn das Weite zu suchen: die Nordsee, Spitzbergen und schließlich die Orte, die zu bereisen und zu erwandern er sich erst als erfolgreicher Autor wird leisten können.

An der Leopoldstadt fasziniert den vierundzwanzigjährigen Reporter eine Mischung aus intellektuellem Judentum, Prater-Prostitution, rebellischen Volksbewegungen und jeder Menge von Außenseiterexistenzen. Die „Insel der anderen" hat in diesem ganz frühen Beitrag (Ransmayr 1978/2) noch einen gewissen romantisch-exotischen Anstrich, macht aber schon das erzählerische Talent Ransmayrs deutlich. Zwei Jahre später studiert der heranwachsende Schriftsteller und Ethnologe auf erhellende und kreative Weise die Wiener Beisl (Ransmayr 1980/2). Er erfasst deren zwiefache Rolle, einerseits als „einzige nennenswerte städtische Institution gegen Isolation und Einsamkeit", andererseits als Archiv und Dokumentationsstelle kollektiver gesellschaftlicher Prozesse und Befindlichkeiten. Der sympathische, witzige Plauderton, der den Berichterstatter mit in die Handlung einbezieht, weicht stellenweise dramatischen Momenten, in denen das Leid der Kreatur, soziales und familiäres Elend, sowie die Unerträglichkeit des Daseins als solches hervortreten.

Auch die eindrucksvollen Dorfreportagen, von denen einige durch die Wiederveröffentlichung in den Bänden *Im blinden Winkel, Die Erfindung der Wirklichkeit* und *Der Weg nach Surabaya* einem weiteren Leserkreis bekannt sind, entstammen teilweise dem „Extrablatt". Die sozial- und kulturwissenschaftlichen Forschungen des Wiener Volkskundeprofessors Helmut Paul Fielhaber regen Ransmayr zu einem Bericht über die marginalisierte slowakische Minderheit im niederösterreichischen Marchfeld an (Ransmayr 1980/7), wobei der Autor mit seiner Kritik an latent rassistischen Tendenzen im Umgang mit Minoritäten insgesamt, wie z. B. auch mit den Kärntner Slowenen, nicht hinter dem Berg hält. Subtil ironisch und sozialkritisch ist das *Andachtsbild* aus dem oberbayrischen Habach (Ransmayr 1982/1). Ransmayr beschreibt hier eine Dorfstruktur, die auf dem Mitmachen und Dazugehören basiert und in ihren Ausschließungsmechanismen gnadenlos verfährt. Der Anabaptist Josef Werwein, der weder in der Freiwilligen Feuerwehr, noch in der Blasmusikkapelle und schon gar nicht im Kirchenchor gern gesehen ist, führt ein Außenseiterdasein. Die in verschiedenen Gesprächen dokumentierte archaische Mentalität der älteren Dorfbewohner koexistiert jedoch mit den Errungenschaften und dem Planungswahn der technologischen Moderne, eine Ungleichzeitigkeit, die emblematisch von der Bäuerin Erna formuliert wird: „Es gibt koa Leben ohne unsern Herrgott", aber „ohne den Fernseher da mecht i aa net leben".

Das Zusammen- oder besser Nebeneinanderleben mentaler und materieller Strukturen, die de facto verschiedenen Epochen angehören, war ja für Ernst Bloch einer der Gründe für den Siegeszug des Nationalsozialismus und als solcher eine „Erbschaft dieser Zeit" (Bloch 1973 [1934], 104–125). Ungleichzeitigkeit durchzieht die Dorfgemeinschaften von Habach über das Salzkammergut bis an die ungarische Grenze, doch sie lebt in den Köpfen städtischer Eliten genauso wie in den Bauernhöfen und ländlichen Gaststätten. Angesichts der fortschreitenden Globalisierung wird sie zu einem universellen soziokulturellen Phänomen. Die Anachronismen in der *Letzten Welt*, die verrosteten Bushaltestellen, Mikrophone und flimmernden Filmprojektoren des Augustäischen Zeitalters, zumeist als postmodernes Spiel etikettiert und missverstanden, haben hier ihren tieferen Realitätsbezug.[8]

Wo wäre, lässt sich fragen, auf der Zeitachse eine Gruppe von Intellektuellen und Würdenträgern zu verorten, die sich in der Kapuzinergruft, zwischen kaiserlichen und erzherzöglichen Sarkophagen zu einem Symposium versammeln, um über das Thema „Der Tod als österreichisches Phänomen" zu verhandeln? Was die Erfindung eines boshaften Satirikers zu sein scheint, hat tatsächlich im Jänner 1981 in Wien stattgefunden, und Christoph Ransmayr hat sich die Gelegenheit nicht entgehen lassen dabei zu sein. Dem Ereignis verdanken wir einen seiner witzigsten Texte (Ransmayr 1981/1). Von einem Trauerrand umgeben, nach Art eines Partezettels, präsentiert sich die Reportage, die so anhebt:

> Bei den Bantus sei alles ein bißchen anders – der Ahnenkult, die Totenverehrung und überhaupt. Der Moraltheologe verweist auf eine diesbezügliche Doktorarbeit irgendeines Afrikaners und gibt das Wort weiter.
>
> Ein Burschenschafter aus der dritten Reihe zeigt seine Bildung vor wie eine Trophäe: Die Römer! Die Römer mit ihren Totenmasken – „imagines", wie der Lateiner sagt –, sie hätten doch auch genügend Beispiele für ein überaus natürliches Verhältnis zum Tod geliefert. Nicht wahr?
>
> Wie sonderbar nimmt sich doch dagegen die Verwahrlosung englischer Friedhöfe aus, von der ein dritter Diskussionsteilnehmer berichtet. Er beschreibt die verwilderten Gräber Britanniens und setzt sich wieder.
>
> Alles in allem – in der Debatte wird es deutlich: der Mensch der Gegenwart hat ein falsches, zumeist unchristliches Bewußtsein von Tod und Sterben. Mehr noch: der moderne Mensch verbannt nachgerade jeden Gedanken an seine Nichtigkeit aus seinem Denken.
>
> Dem soll abgeholfen werden. Hier und heute an einem Samstagvormittag in Wien. Am Diskussionstisch flackern Grablichter.

---

[8] Vgl. hierzu das Interview „...*eine Art Museum lichter Momente*". Gespräch mit Volker Hage über *Die letzte Welt* (Hamburg 1991). In Wittstock 1997, 205–212, hier 209.

Ausgiebig wird nun über das Sterben von Exponenten des Kaiserhauses berichtet, doch dann kommen die Literaten, zumal die Selbstmörder unter ihnen, zuerst mit einer Lesung ausgewählter Texte und dann mit der Auflistung ihrer Todesarten an die Reihe: „Tod durch Strick, Messer, Kokain, Schlaftabletten, Kugel, Fenstersturz und Gas. Nach diesen Schlußnachrichten ziehen sich die Künstler zurück." Die nun folgende Podiumsdiskussion deutet Ransmayr als ein Mysterienspiel, in dem auch Unruhe, Bestürzung und wuchtige Monologe Platz haben. Zuletzt verlässt die Oberschicht wieder die Unterwelt: „Altherren, Jungfüchse, Kapuziner, Professoren" steigen aus der Gruft. „Jeder ein Lazarus."

Auch in diesem satirischen Text operiert der Autor also mit Innensicht und Außensicht, Zitat und erlebter Rede. Zwar vergönnt er den Protagonisten dieses grotesken Totentanzes nicht jene Empathie, welche die meisten seiner Reportagen belebt; doch auch in dieser distanzierten, ironischen Variante seiner Kunst wird die Lust am Erzählen, am Vergegenwärtigen und Evozieren konkreter Situationen greifbar. In manchen „Extrablatt"-Texten wird das Erzählen auch zum Gegenstand der Reflexion, wie etwa in der Foto-Reportage *Landschaftsansichten mit blauer Mauer und Truthühnern* (Ransmayr 1981/7, 56–61), wo Ransmayr aus den eindrucksvollen Bildern von Willy Puchner Geschichten entwickelt und zugleich über deren Entstehungsprozess berichtet. „Aber Geschichten, dachte der Schreiber und steckte einige Diapositive in seine Tasche, entstehen dort, wo sie auch wieder verschwinden: im Kopf" (Ransmayr 1981/7, 59). Sie gehorchen einem Anspruch auf Wahrheit, der sich den „wirtschaftlichen, politischen oder ganz einfach physikalischen Gesetzen" entzieht, unter denen sich das zu erzählende „Material" krümmt. Aus der Überzeugung, dass Bilder nicht einfach für sich selbst sprechen, folgert der Autor: „deshalb müssen Geschichten her".

Während Ransmayr in solchen und ähnlichen Passagen schon die Reflexion über das Erzählen aufnimmt, die er dann in Reden und Interviews entwickeln wird[9], können andere Reportagen aus dem „Extrablatt" als regelrechte Keimzellen seiner späteren Prosawerke gelten. So ist das zentrale Karnevals-Kapitel aus der *Letzten Welt* mit dem wilden, bedrohlichen und befreienden Maskenumzug von Tomi, wo manche Figuren aus den *Metamorphosen* erkennbar sind und wo Ovid selbst plötzlich aufzutauchen und wieder zu verschwinden scheint, in der eindrucksvollen Fotoreportage über die Faschingsbräuche in Bad Aussee vorgebildet (Ransmayr 1981/3, 16–23). Schon der Titel dieses Feuilletons, *Liberté in Bad Aussee*, spielt auf die saturnalische Umkehrungsfunktion an, die die Narrenfreiheit einst besaß und teilweise noch besitzt:

---

9 Z. B. in Die Erfindung der Welt. Rede zur Verleihung des Franz-Kafka-Preises. In Wittstock 1997, 198–202.

> Denn unter den Bienenkörben, Kübeln und Schachteln steckten früher einmal nur die Dienstboten und Kleinhäusler, die im Schutz der Narrenfreiheit während der Faschingstage endlich aufsässig und wild und böse sein durften.

Auch im Reich der Narren besteht freilich eine Hierarchie; doch alle Maskenkategorien bringen jenes Unbehagen zum Ausdruck, das selbst auf dem Grunde „wohlgeordneter Gemeinden" rumort. „Jetzt wird abgerechnet", in Spottgedichten und szenischen Darstellungen werden Missstände und Fehlleistungen der Reichen und Mächtigen angeprangert und verlacht. Das Bad Ausseer „Rügenbrauchtum" (so der Fachausdruck) „sei die größte Freiheit des alpinen Raumes", versichert ein Volkskundler, „der während der Umzüge das Geschrei der Prozessionen mit Mikrofon und Tonbandgerät nach altem Volksgut abhorcht". Ransmayrs lebhafte Erzählung, in der viele Stimmen, Meinungen, Kommentare aus allen Narrenkategorien widerhallen, endet mit dem grotesken Leichenzug der Aschermittwochs-Nacht:

> Die letzten Narren haben einen Betrunkenen unter lautem Jammern in weiße Tücher gewickelt und begraben ihn jetzt als „Fasching" unterm Schnee. Oder einem Zelt aus Tischtüchern und Stühlen der Gaststube. Dort liegt er jetzt, der Fasching und lallt, daß die Welt ein Jammertal, das Leben hart und der Wirt ein Arschloch sei.

Wollte man Bachtin bemühen, so wäre dieser Text nicht nur als „karnevalistisch", sondern auch als dezidiert „dialogisch" zu bezeichnen. Vor allem aber meldet sich hier ein Erzähler von Rang zu Wort, der das Genre der Reportage als literarische Gattung ernst nimmt und durch seinen besonderen Stil anreichert.[10]

Dass der Romancier Ransmayr gerade im „Extrablatt" seine Geschichten schrittweise entwickelt, ja dass er wichtige Passagen seiner Texte hier gleichsam probeweise vorausschickt, wird besonders deutlich an der historischen Reportage über die österreichisch-ungarische Nordpol-Expedition, die unter dem Titel *Des Kaisers kalte Länder* in zwei Teilen in den Heften vom März und April 1982 erschien (Ransmayr 1982/4, 16–25, und 1982/5, 60–63). Die dem Roman *Die Schrecken des Eises und der Finsternis* (Ransmayr 1984) zugrunde liegenden Dokumente, vor allem die Tagebücher und Berichte der Kommandanten Payer und Weyprecht, werden hier bereits vorgestellt, erzählerisch entfaltet und durch eine Fotoreportage von Rudi Palla ergänzt[11]. Freilich ist der Italiener Mazzini noch nicht erfunden; doch der Autor verbirgt sich in der dritten Person hinter einem namenlosen, heutigen „Verfolger der Expedition", der in Tromsö nach Spuren der k.u.k. Polarforscher sucht und schließlich von Longyearbyen aus Kurs nimmt auf das Franz-Joseph-Land. Die Grundstruktur des zwei Jahre später

---

10 Zur Karnevals-Thematik vgl. auch den Bericht *Prozessionen durch eine Spielzeugschachtel. Karneval in Venedig* (Ransmayr 1982/3).
11 Vgl. hierzu auch die Analyse von Edith Király (2015).

erschienenen Romans, zumal was die Collage authentischer Materialien und die Verdoppelung der Zeitebenen betrifft, ist also in diesem „Extrablatt"-Bericht schon vorhanden. Dem aufmerksamen Leser wird die ironische Anspielung auf das „Wiener Illustrierte Extrablatt" von 1875 nicht entgehen, das an der grassierenden Nordpolmode jener Jahre mitwirkte. Der Hinweis mag als liebevolle Hommage an das moderne „Nachfolgeorgan" gelesen werden, das kurz vor seiner Schließung stand.

Auch die lange Reihe der Pilgerfahrten, die Christoph Ransmayrs Prosa, nicht zuletzt den *Atlas eines ängstlichen Mannes*, durchzieht und auf die Renate Langer hingewiesen hat (Langer 2015), nimmt im „Extrablatt" ihren Anfang. Als „Weg in den Himmel" und zugleich als „nachösterliche Strapaze" kündigt der Autor den „Vierbergelauf" an, jene außerordentliche Wallfahrt, „eine der ältesten der Welt", die sich jedes Frühjahr rund um das Kärntner Glantal wiederholt und an der er gemeinsam mit dem Fotografen Dieter Sattmann teilgenommen hat (Ransmayr 1982/6). An diesem Tag, auch „Dreinagelfreitag" genannt, gedenkt die Pilgergemeinde der Marterwerkzeuge Christi und nimmt die Mühsal eines 50 Kilometer langen Berg- und Tallaufes auf sich. Ransmayr berichtet von den historischen Ursprüngen dieses Brauches im XIV. Jahrhundert und von den modischen, aber unbewiesenen Theorien einer älteren, keltischen, sogar Menschen opfernden Tradition, die in „verschiedenen Winkeln der Wissenschaft" doziert wurden. Doch was den Bericht faszinierend macht, ist nicht die kulturanthropologische Analyse und Interpretation, sondern das Eintauchen des Erzählers in die sinnliche Erfahrung dieses wilden, leidenschaftlichen, anarchisch ausufernden Laufes.

> Wehe, wer jetzt ohne Licht ist. In Scharen steigen, springen und stürzen Wallfahrer den Steilhang hinab in die Dunkelheit. Kaum einer, dem noch Atem bleibt, um in den vom Vorbeter hinausgekeuchten Schmerzensreichen Rosenkranz einzufallen. Eine rasende Prozession und kein Weg. Steine und Strünke. Bäume.
> So sind selbst hunderte Fackeln und Lampen, die das Unterholz wie böse Funken durchtanzen, nicht genug. Viele Talläufer verschwinden fackellos in der Mitternacht. Ihr Weg ist die mühsame Verfolgung davonspringender Lichter. Wer fällt, bleibt allein. (Ransmayr 1982/6, 19)

In diesem atemlosen Bericht kündigt sich eine Stimme an, diejenige des Erzählers der *Letzten Welt*. Diese Stimme ist so markant und unverkennbar, dass sich die Kärntner Berge vor unserem inneren Auge in die Steilhänge von Trachila verwandeln wollen. Und auch die genaue Erfassung der Flora des Ortes ist schon vorhanden; denn von Berg zu Berg werden verschiedene Pflanzen gesammelt und mitgetragen:

> Am Magdalenenberg Bärlapp; auf dem Weg zur Kirchenruine am Ulrichsberg Efeu oder „Karfunkellaub", aber auch Immergrün und Buchsbaum; und auf dem Veitsberg und Lorenziberg stets Wacholder und Fichtenzweige. (Ransmayr 1982/6, 25)

Der achtundzwanzigjährige „Extrablatt"-Reporter Christoph Ransmayr hat also schon das deutliche Profil eines Erzählers, der Teilnahme und Distanz, Empathie und Satire wohl zu dosieren versteht, der menschliches Verhalten, zumal in Extrem- und Ausnahmesituationen beobachtet und eindringlich beschreibt und die uns umgebende Welt der „Dinge" mit sinnlicher Suggestivität und großer sprachlicher Präzision erfasst. Auch werden in dieser frühen Produktion schon die großen Themen des Autors deutlich, seine Passionen und Obsessionen, seine immer wieder neu gestellten Fragen.

Eines dieser Themen, die Ransmayr im „Extrablatt" behandelt und die in den folgenden Jahren immer wieder Anlass zu Reflexion und erzählerischer Durchdringung geben werden, ist gewiss dasjenige der Zeit. Diesem, das menschliche Denken seit den Anfängen beschäftigenden Faszinosum, das auch der modernen Physik noch ein solches geblieben ist, nähert sich Ransmayr auf dem „Umweg" über die bildende Kunst, die für ihn so oft scheinbar verstellte Zugänge freilegt. In den Installationen des Malers Tom Barth, der mittels digitaler Uhren die weit verzweigten Höhlen in der Bodensee-Gegend in „Zeit-Katakomben" verwandelt, wird das Verbindende und Auflösende, Gestaltende und Vernichtende der Zeit sinnlich fassbar. Für Ransmayr liefert die Durchwanderung dieser Höhlen den Anlass, den rätselhaften, widersprüchlichen, irritierenden, vielleicht sogar aporetischen Charakter der Zeit zu beschreiben (Ransmayr 1982/2). Denn während in den Katakomben, von Digitalchronometern festgehalten, die Tiefe der Jahrhunderte ruht, stehen die Menschen im „Verkehrsstau zwischen Irschenberg und dem Hofoldinger Forst", wo sich die Zeit mehr und mehr zu dehnen scheint. Und doch ist sie ihnen kostbare Mangelware und nur in Geld oder Arbeitsleistung auszudrücken. Als „Mühle des Teufels" bezeichneten denn auch, nach einem Bericht Pierre Bourdieus, algerische Bauern die Uhr. Ein ironisch gehaltener, doch wohl durchdachter Exkurs über die Geschichte des Zeitproblems, von Augustinus über Newton und Kant bis zu Einstein, macht deutlich, wie intensiv Ransmayr sich mit dieser Thematik befasste, die dann sein gesamtes Erzählwerk durchziehen sollte: von der Zeitwahrnehmung der Gefangenen unter der Wüstensonne oder im Polareis über den Satz des Pythagoras von der Wandelbarkeit alles Seienden bis hin zu den utopischen Projekten einer das individuelle und kollektive Leben erfassenden und übersteigenden, unendlichen Zeitmessung, die zuletzt paradoxer Weise die grandiose Statik totaler Macht verherrlichen soll[12].

---

12 Ich beziehe mich jeweils auf *Strahlender Untergang, Die Schrecken des Eises und der Finsternis, Die letzte Welt* und *Cox oder Der Lauf der Zeit*, wobei auch in den anderen Romanen, Reportagen und Reisebildern das Zeit-Problem zentral ist.

Christoph Ransmayr ist hier auf der Spur eines der großen Themen der Weltliteratur, und es ist wahrscheinlich, dass der Autor und wir als seine Leser dieser Spur auch weiterhin folgen werden.

Literatur

Quellen

N.B. Die Publikationen innerhalb desselben Jahres sind durchnumeriert. Die Zahlen beziehen sich nicht auf die jeweilige Nummer des „Extrablatt"-Heftes.

Ransmayr, Christoph (1978/1). Rebell zu Laibach. Ivan Cankar – der Dichter der Slowenen. *Extrablatt*, Mai: 64–67.
Ransmayr, Christoph (1978/2). Die Insel der anderen. Die Wiener Leopoldstadt. *Extrablatt*, Juni: 16–25.
Ransmayr, Christoph (1979/1). Kulturelle Hofreitschule. Museum Moderner Kunst. *Extrablatt*, Mai.
Ransmayr, Christoph (1979/2). Chiara – Szenen aus Süditalien. *Extrablatt*, November: 50–55.
Ransmayr, Christoph (1979/3). Die Architektur der Pausen. Der Jazzpianist Peter Ponger. *Extrablatt*, Dezember: 68–69.
Ransmayr, Christoph (1979/4). Was die bösen Buben malen. Das New Yorker „Museum of Modern Art" zu Gast in Wien. *Extrablatt*, Dezember: 74–77.
Ransmayr, Christoph (1980/1). Drei Gespräche in Gugging. Kunst von Geisteskranken. *Extrablatt*, März: 78–83.
Ransmayr, Christoph (1980/2). Eine Art Wohnzimmer. Das Wiener Beisl. *Extrablatt*, April: 64–69 (Fotos: Herwig Palme).
Ransmayr, Christoph (1980/3). Tango from Obango. Das „Wiener Art Orchestra". *Extrablatt*, April: 72–73.
Ransmayr, Christoph (1980/4). Was heißt'n hier Kultur? Wiener Festwochen. *Extrablatt*, Mai: 68–72.
Ransmayr, Christoph (1980/5). Gespräch mit Unterrichtsminister Sinowatz. *Extrablatt*, Mai: 72–73.
Ransmayr, Christoph (1980/6). „Zeit ist Blut, Genossen!" Der Dichter Jura Soyfer. *Extrablatt*, Juni: 67–70.
Ransmayr, Christoph (1980/7). Die verschwundene Minderheit. Slowaken im Marchfeld. *Extrablatt*, Juli: 74–78.
Ransmayr, Christoph (1980/8). Bilder keiner Ausstellung. Arbeiterkultur. *Extrablatt*, Juli: 79–81.
Ransmayr, Christoph (1980/9). Mit Müch und Blarg. Die „Weltmaschine" des Franz Gsellmann. *Extrablatt*, August: 16–25 (Fotos: Jörg Huber).

Ransmayr, Christoph (1980/10). Ein Nachmittag im Narrenhaus. Christoph Ransmayr besuchte am Steinhof einen Lichtbildervortrag über Hawaii. *Extrablatt*, Dezember: 76–77.
Ransmayr, Christoph (1981/1). Ein zutiefst österreichischer Ort. Christoph Ransmayr besuchte ein Todessymposium in der Kapuzinergruft. *Extrablatt*, Jänner: 76–77.
Ransmayr, Christoph (1981/2). Verfluchung aus ganzem Herzen. Ein Fragebogen für Arnulf Rainer. *Extrablatt*, Februar: 72–74.
Ransmayr, Christoph (1981/3). Liberté in Bad Aussee. Fasching im Salzkammergut. *Extrablatt*, März: 16–23 (Fotos: Lilian Birnbaum).
Ransmayr, Christoph (1981/4). Rotierendes Fossil. Massenkultur. *Extrablatt*, März: 68–71.
Ransmayr, Christoph (1981/5). Unterbrochene Schulstunde. Vereinsmitteilungen. *Extrablatt*, Juni: 82.
Ransmayr, Christoph (1981/6). Keiner entkommt. *Anthropos* im öffentlichen Raum. *Extrablatt*, August: 82–85 (Fotos: Dieter Sattmann).
Ransmayr, Christoph (1981/7). Landschaftsansichten mit blauer Mauer und Truthühnern. Versuch über die Entstehung von Geschichten. *Extrablatt*, September: 56–61 (Fotos: Willy Puchner).
Ransmayr, Christoph (1982/1). Heftige Beschwörung eines Andachtsbildes. Nachrichten aus Oberbayern. *Extrablatt*, Jänner: 16–23 (Fotos: Willy Puchner).
Ransmayr, Christoph (1982/2). Von Zeit zu Zeit. Notizbuch einer Reise zu den unterirdischen Stationen neuester Kunst. *Extrablatt*, Jänner: 44–47 (Fotos: Willy Puchner).
Ransmayr, Christoph (1982/3). Prozessionen durch eine Spielzeugschachtel. Karneval in Venedig. *Extrablatt*, Februar: 16–25 (Fotos: Anna Blau).
Ransmayr, Christoph (1982/4). Des Kaisers kalte Länder. Eine historische Reportage in zwei Teilen (I). *Extrablatt*, März: 16–25 (Fotos: Rudi Palla).
Ransmayr, Christoph (1982/5). Des Kaisers kalte Länder. Eine historische Reportage in zwei Teilen (II). *Extrablatt*, April: 60–63 (Fotos: Rudi Palla).
Ransmayr, Christoph (1982/6). Der Weg in den Himmel. Eine nachösterliche Strapaze. *Extrablatt*, März: 16–25 (Fotos: Dieter Sattmann).
Ransmayr, Christoph (1984). *Die Schrecken des Eises und der Finsternis*. Roman. Wien: Brandstätter.
Ransmayr, Christoph (1985/1). Nach dem Ebenbild der Welt. Eine Schöpfungsgeschichte. *TransAtlantik*, H. 2: 73–76, Nachdruck in Wittstock (1997), 139–147 (Fotos: Martin Pollack).
Ransmayr, Christoph (Hrsg.) (1985/2). *Im blinden Winkel. Nachrichten aus Mitteleuropa.* Wien: Brandstätter.
Ransmayr, Christoph (1988). *Die letzte Welt*. Roman. Mit einem Ovidischen Repertoire. Nördlingen: Greno.
Ransmayr, Christoph (1991). Das Ende der Bescheidenheit. *TransAtlantik*, H. 3.
Ransmayr, Christoph (1995). *Morbus Kitahara*. Roman. Frankfurt a. M.: Fischer.
Ransmayr, Christoph (1997). *Der Weg nach Surabaya. Reportagen und kleine Prosa.* Frankfurt a. M.: Fischer.
Ransmayr, Christoph (2003). *Die Verbeugung des Riesen. Vom Erzählen.* Frankfurt a. M.: Fischer.
Ransmayr, Christoph (2004). *Geständnisse eines Touristen. Ein Verhör.* Frankfurt a. M.: Fischer.

Ransmayr, Christoph (2012). *Atlas eines ängstlichen Mannes.* Frankfurt a. M.: Fischer.
Ransmayr, Christoph (2014). *Gerede. Elf Ansprachen.* Frankfurt a. M.: Fischer.
Ransmayr, Christoph (2016). *Cox oder Der Lauf der Zeit.* Roman. Frankfurt a. M.: Fischer.

Sekundärliteratur

Anz, Thomas (1997). Spiel mit der Überlieferung. Aspekte der Postmoderne in Ransmayrs Roman Die letzte Welt. In *Die Erfindung der Welt. Zum Werk von Christoph Ransmayr*, hrsg. v. Uwe Wittstock, 120–132. Frankfurt a. M.: Fischer.
Barner, Wilfried (1994). *Geschichte der deutschen Literatur von 1945 bis zur Gegenwart.* München: Beck.
Bloch, Ernst (1973). *Erbschaft dieser Zeit* [1934]. Frankfurt a. M.: Suhrkamp.
Bombitz, Attila (Hrsg.) (2015). *Bis zum Ende der Welt. Ein Symposium zum Werk von Christoph Ransmayr* (Österreich-Studien Szeged 8). Wien: Praesens.
Burger Rudolf (1994). Das Denken der Postmoderne. Würdigung einer Philosophie für Damen und Herren. In *Jenseits des Diskurses. Literatur und Sprache in der Postmoderne*, hrsg. v. Albert Berger und Gerda Elisabeth Moser, 29–40. Wien: Passagen.
Dorowin, Hermann (2012). Ransmayr postmoderno? *CoSMo Comparative Studies in Modernism* 1: 71–81.
Dorowin, Hermann (2020). Christoph Ransmayrs Poetik des Tagtraums. In *Traumtexte. Zur Literatur und Kultur nach 1900*, hrsg. v. Isolde Schiffermüller, 209–221. Würzburg: Königshausen & Neumann.
Feilacher, Johann (2006). *Gugging – ein Ort der Kunst. Gugging – Grounds for Art.* Wien: Brandstätter.
Horkheimer, Max und Theodor W. Adorno (1947). *Dialektik der Aufklärung.* Amsterdam: Querido.
Király, Edith (2015). Zeitfallen, Enklaven. Inszenierungen und Demaskierungen des Authentischen in Christoph Ransmayrs frühen Reportagen und Reden. In *Bis zum Ende der Welt. Ein Symposium zum Werk von Christoph Ransmayr*, hrsg. v. Attila Bombitz, 153–163. Wien: Praesens.
Kunne, Andrea (2005). *Postmoderne contre coeur. Stationen des Experimentellen in der österreichischen Literatur.* Innsbruck, Wien, Bozen: Studien-Verlag.
Langer, Renate (2015). Probeweise Amen? Religiöse Motive im Werk von Christoph Ransmayr. In *Bis zum Ende der Welt. Ein Symposium zum Werk von Christoph Ransmayr*, hrsg v. Attila Bombitz, 53–65. Wien: Praesens.
Maimann, Helene (Hrsg.) (1981). *Mit uns zieht die neue Zeit. Arbeiterkultur in Österreich 1918–1934* (Austellungskatalog). Wien: Habarta & Habarta.
Mittermayer, Manfred und Renate Langer (Hrsg) (2009). *Porträt Christoph Ransmayr (Die Rampe – Hefte für Literatur 3).* Linz: Trauner.
Rath, Wolfgang (1997). Romane und Erzählungen der siebziger bis neunziger Jahre (BRD). In *Deutsche Literatur zwischen 1945 und 1995*, hrsg. v. Horst Albert Glaser, 309–328. Bern, Stuttgart, Wien: Haupt/UTB.

Schuster, Marc-Oliver (2009). Christoph Ransmayr und die Postmoderne. *Die Rampe – Hefte für Literatur* 3 (*Porträt Christoph Ransmayr*, hrsg. v. Manfred Mittermayer und Renate Langer): 126–133.

Sørensen, Bengt Algot (2002). *Geschichte der deutschen Literatur. Bd. 2: Vom 19. Jahrhundert bis zur Gegenwart*. München: Beck.

Vogel Juliane (1997). Letzte Momente/Letzte Welten. Zu Christoph Ransmayrs ovidischen Etüden. In *Jenseits des Diskurses. Literatur und Sprache in der Postmoderne*, hrsg. v. Albert Berger und Gerda Elisabeth Moser, 309–321. Wien: Passagen.

Wilke, Insa (Hrsg.) (2014). *Bericht am Feuer. Gespräche, E-Mails und Telefonate zum Werk von Christoph Ransmayr*. Frankfurt a. M.: Fischer.

Wittstock, Uwe (Hrsg.) (1997). *Die Erfindung der Welt. Zum Werk von Christoph Ransmayr*. Frankfurt a. M.: Fischer.

Zeyringer, Klaus (1999). *Österreichische Literatur 1945–1998. Überblicke, Einschnitte, Wegmarken*. Innsbruck: Haymon.

Doren Wohlleben (Marburg)

Carmen perpetuum. Zur Idee der Vollendung in Ovids Metamorphosen und Christoph Ransmayrs Romanen *Die letzte Welt* sowie *Cox oder Der Lauf der Zeit*

Iamque opus exegi – und schon habe ich ein Werk vollendet (Ov., Met., XV, 871). Mit dieser performativen Beschwörungsformel der Vollendung lässt Ovid sein 250 Verwandlungssagen umfassendes episches Meisterwerk ausklingen, und zwar in einer Sphragis, einem Siegel in Form eines Nachworts, das einen selbstbewussten Hinweis auf das epische Ich enthält. Dieses Ende bildet in deutscher Übersetzung (ICH HABE EIN WERK VOLLENDET, LW, 50) als Inschrift auf Basaltsäulen zugleich eine Anfangsszene von Christoph Ransmayrs bekanntestem Werk: von seinem 1988 erschienenen Roman *Die letzte Welt* (LW), der in der Literaturwissenschaft lange Zeit als Inbegriff postmoderner Endzeitvisionen gegolten hat (vgl. Anz 1997, 120–132; Mosebach 2003, 18–42). Ransmayr, so einige frühe kritische Stimmen (vgl. auch Glei 1994, 423–427), habe das Mythenwerk Ovids mit seiner Beschreibung der „Unausweichlichkeit des Endes" (Preusser 2003, 92) zu einem quasi gewaltsamen Ende gebracht – dies jedoch in formvollendeter Sprache. Letztere wurde teils als Ästhetizismus gerügt, teils als Wiederkehr des Erzählens (vgl. Förster 1999) in der deutschsprachigen Literatur der achtziger Jahre gefeiert. Stets fand das paradoxe Spannungsverhältnis zwischen formaler Abgeschlossenheit einerseits und inhaltlicher Unabgeschlossenheit andererseits Beachtung.

Die Rhetorik und Ästhetik der Vollendung ist bei Ovid vielfach thematisiert worden (vgl. Brandes 2009, 36–43). Auf Ransmayr scheint sie zunächst weniger gut zuzutreffen: Frühe Werktitel wie *Strahlender Untergang*, *Die Schrecken des Eises und der Finsternis* oder *Die letzte Welt* suggerieren radikale Enden. Christoph Ransmayrs im Jahr 2016 erschienener Roman *Cox oder Der Lauf der Zeit* (Cox) lässt die Frage nach der (Form-)Vollendung eines Kunstwerks nun jedoch stark thematisch werden und verschränkt sie auf produktive Weise mit dem Unendlichkeitsdiskurs:

Ransmayrs – durchaus auch poetologisch konzipierte – Idee des *perpetuum mobile*, einer Maschine also, die, einmal in Gang gesetzt, ohne Energiezufuhr ewig in Bewegung bleibt, soll im Folgenden rückgebunden werden an das *perpetuum carmen*, das fortwährende Gedicht, im Vorwort von Ovids *Metamorphosen* (Ov., Met. I, 4). Hierzu ist ein Rückblick auf Ransmayrs bekanntesten

Roman *Die letzte Welt* unabdingbar, in dem von Anfang an trotz aller Endzeitvisionen das Bedürfnis nach einer perpetuierlichen Kunst literarisch gestaltet wird.

Eine Leitfrage lässt sich dabei sowohl an das Ovidische als auch an das Ransmayrsche Werk stellen: Wie verhält sich die Idee der Vollendung (als ein nicht-mehr-zeitliches, dynamisches Konzept) zu dem Erzählprinzip der Verwandlung (als ein zeitliches, dynamisches)? Oder anders formuliert: Wie kann ein *perpetuum carmen* Unendlichkeit konstruieren und somit die Kunst des Ewig-Möglichen inszenieren und gleichzeitig an der Idee der Vollendung als ästhetisch abgeschlossener Form festhalten?

Den Ausgang nehmen die Überlegungen von den ersten vier und letzten neun Versen der *Metamorphosen* des römischen Dichters Publius Ovidius Naso: Michael von Albrecht überschreibt sie in seiner Übersetzung jeweils mit „Vorwort des Dichters" und „Nachwort des Dichters" und markiert sie somit als Paratexte (von Albrecht 1998, 6–7/848–849). Das paradoxale Verhältnis zum Binnenteil, den Verwandlungsgeschichten, wird dadurch besonders deutlich: die Vollendung des Verwandlungsprinzips erteilt dem Prinzip der Verwandlung eine Absage (was vollendet ist, wird sich nicht weiter verwandeln), die Verwandlung des Vollendungsprinzips dem Prinzip der Vollendung (was sich nach der Vollendung noch einmal verwandelt, war nicht endgültig vollendet).

Zunächst einen genaueren Blick auf das Ende von Ovids *Metamorphosen*:

> Nun habe ich ein Werk vollendet (*opus exegi*), das nicht Iuppiters Zorn, nicht Feuer, nicht Eisen, nicht das nagende Alter wird vernichten (*edax abolere vetustas*) können. Wann er will, mag jener Tag, der nur über meinen Leib Gewalt hat, meines Lebens ungewisse Frist beenden (*incerti spatium mihi finiat aevi*). Doch mit meinem besseren Teil werde ich fortdauern und mich hoch über die Sterne emporschwingen; mein Name wird unzerstörbar sein (*nomenque erit indelebile nostrum*), und so weit sich die römische Macht über den unterworfenen Erdkreis erstreckt, werde ich vom Mund des Volkes gelesen werden (*ore legar populi*) und, sofern an den Vorahnungen der Dichter auch nur etwas Wahres ist, durch alle Jahrhunderte in Ruhm fortleben (*fama vivam*).
> (Ov., Met., XV, 871–879)

Der Epilog setzt ein mit einer Überbietungsgeste, einem intertextuellen Querverweis auf das dritte Odenbuch von Horaz, in der Horaz sein Mahnmal (*monumentum*) als dauerhafter als Erz rühmt: *exegi monumentum aere perennius* (Dauerhafter als Erz vollendete ich ein Ehrmal...) (Hor., carm. III, 30, 1). Ovids ‚Vollendung' des Werks (*opus exigere*) konnotiert im Lateinischen etwas anderes als die drei Verse später thematisierte ‚Beendigung' der Lebensfrist (*spatium aevi finire*): Während letztere eine endgültige Grenze setzt – das lateinische Verb *finire* meint in seiner Erstbedeutung ‚begrenzen, abgrenzen' – impliziert die Werkvollendung ein initiatives Moment: Erst das quasi gewaltsame Hinaustreiben (*exigere*: heraus-, treiben, weg-, vertreiben) in die Welt lässt das Werk zu einem solchen werden (vgl. auch Brandes 2009, 39–40). Zwar erhebt Ovid wie Horaz den Anspruch auf Vollendung, betont aber nicht die Dauerhaftigkeit eines Monuments, sondern die Unendlichkeit eines mündlichen Kommunikationsprozesses: *ore legar populi* (Ov., Met., XV, 878) – ich werde vom Mund des Volkes gelesen werden. Die Popularisierung des Werks, das in die Öffentlichkeit dringt, ist von Anfang an mitgedacht, der Rezeptionsprozess am Ende wichtiger als der Schaffensprozess. Als unzerstörbar (*indelebile*) wird nicht das Werk (*opus*) beschrieben, sondern der Name (*nomen*), das poetische Urwort, von dem ausgehend sich Mythen immer wieder neu erzählen lassen. Der mündlich tradierte Name, nicht das schriftlich fixierte Werk ist es schließlich, der für das Weiterleben des epischen Ich (*vivam*) in ‚Ruhm' (*fama*) sorgt. Mit diesem vom epischen Ich nicht mehr steuerbaren Ruhm wird das demnach nur vermeintlich vollendete Werk subvertiert, das Ende suspendiert: *fama* meint nicht nur ‚Ruhm', sondern zunächst einmal ‚Sage, Gerücht, Gerede', was Ovid im 12. Buch seiner Metamorphosen versinnbildlicht, wenn er Fama als ein Haus aus tönendem Erz allegorisiert: als ein hypertrophes, unheimliches Stimmengewirr, bei dem „das Maß an Erfundenem wächst" (*mensura [...] ficti crescit*, Ov., Met. XII, 57–58). Fama wird bei Ransmayr zum mythologischen Erzählprinzip schlechthin (Wohlleben 2005, 257–258), von dem aus auch Ransmayrs Konzeption des Romans *Die letzte Welt* ihren Anfang genommen hat. Worum geht es?

Cotta, ein Bewunderer Ovids (als fiktive Romanfigur trägt er den Namen Naso), reist nach Tomi ans Schwarze Meer, um das Gerücht (*fama*) zu untersuchen, dass der Dichter dort verstorben sei. Er stößt auf eine Stadt, die mit Figuren aus den Metamorphosen, u. a. der Krämerin Fama bevölkert ist. Zwar findet er Spuren des Dichters, nicht aber ihn selbst. Zunächst versucht er noch das Werk der Metamorphosen in einem „Spiel mit der Überlieferung" (LW, 269) wissenschaftlich zu rekonstruieren und zu edieren. Allmählich geht er jedoch selbst in diese Welt der Metamorphosen ein, nachdem er „*jede* Geschichte bis an ihr Ende erzählte" (LW, 287). Diesem „Ende" wird im Schlusssatz der „eigene Name" (LW, 288) entgegengesetzt, der nach der Entstehung eines neuen Olymp als dialogisches Echo und poetisches Urwort widerhallt.

Doch zuvor zu dessen Entstehungsbedingungen des Romans: Es handelte sich zunächst um eine Auftragsarbeit von Hans Magnus Enzensberger, dem der Roman unter dessen Pseudonym, Andreas Thalmayr, gewidmet ist. Enzensberger bat den damaligen Kulturredakteur Ransmayr, der gerade mit einem ersten Roman *Die Schrecken des Eises und der Finsternis* in Erscheinung getreten war, um eine Neuübersetzung von Ovids *Metamorphosen* für die *Andere Bibliothek*, deren Herausgeber er war. Ransmayr ließ sich auf diese Arbeit ein, doch schon bald metamorphisierten sich die *Metamorphosen* unter seiner Feder. Aus dem Jahr 1985 gibt es einen vierseitigen Brief Ransmayrs an Enzensberger, der als bislang einziges Dokument Ransmayrs im Deutschen Literaturarchiv (DLA) liegt. Bereits in diesem frühen, drei Jahre vor dem Erscheinen des Romans entwickelten Konzeptpapier werden viele Grundideen deutlich.

Drei Passagen aus den insgesamt vier Manuskriptblättern:

> Angenommen Publius Ovidius Naso wäre noch vor der Veröffentlichung seiner Metamorphosen an die Schwarzmeerküste verbannt worden, hätte sein Werk mit sich genommen und in Rom nichts hinterlassen als Gerüchte über die Virtuosität seiner Erzählkunst... Angenommen, in jenem aktenkundigen Feuer, das der Verbannte aus Verzweiflung und Wut in seiner Schreibstube entfachte, wäre nicht bloß Ersetzbares, sondern auch das Manuskript der Verwandlungen verbrannt [...].
> [vier Manuskriptblätter, Brief Ch. Ransmayrs an H.M. Enzensberger vom Nov. 1985, Original im DLA, Blatt 1]

Das anaphorische „Angenommen" lässt von Anfang an Ransmayrs *Philosophie des Als Ob* erkennen, so der Titel von Hans Vaihingers 1911 erschienenem Standardwerk: Nicht eine historische Rekonstruktion der Vergangenheit ist sein Interesse, kein historischer Roman seine Gestaltungsidee. Vielmehr interessieren ihn die Leerstellen der Geschichte, ist es doch bis heute unbekannt, wann genau und aus welchem Grund Ovid nach Tomi verbannt worden ist (vgl. von Albrecht 1998, *Nachwort*, 961–962 sowie Glei 1994, 410):

> GROB GESPROCHEN führen die fünfzehn Bücher der Metamorphosen den Leser vom Mythos zur Aufklärung, von der Beschreibung der vier Weltalter im ersten, bis zur großen Rede des Pythagoras im letzten Buch; dazwischen entfaltet sich die verwunschene, grausame Pracht der Mythologie. Aber welchen Weg und welche Ordnungen findet Posides [später umbenannt in Cotta, D.W.]? Posides dreht alles um: Er beginnt mit der Aufklärung. Schon sein erster Zeuge heißt Pythagoras und der deutet an: Es gibt keine Götter. Aber am Ende des Weges der Aufklärung, dort, wo endlich Klarheit herrschen soll, steckt Posides wieder tief in den Mythen – seine letzten Zeugen berichten ihm von Goldenen und Eisernen Zeitaltern und einer verlassenen, blutgetränkten Erde; das verschollene Buch – sollte es eine Geschichte über die Herrschaft der Welt gewesen sein? [vier Manuskriptblätter, Brief Ch. Ransmayrs an H.M. Enzensberger vom Nov. 1985, Original im DLA, Blatt 3]

Der Weg von der Aufklärung zurück zum Mythos lässt Ransmayrs Auseinandersetzung mit Horkheimers und Adornos *Dialektik der Aufklärung* erkennen, mit der sich Ransmayr im Zuge eines Dissertationsvorhabens auseinandersetzte. Horkheimer und Adorno unterziehen den Vernunft-Begriff einer radikalen Kritik und sprechen vom Herrschaftscharakter der Vernunft, der die Aufklärung in den Mythos habe zurückschlagen lassen:

> schon der Mythos ist Aufklärung, und: Aufklärung schlägt in Mythologie zurück. (Horkheimer/Adorno 1947, 10)

> Seit je hat Aufklärung im umfassendsten Sinn fortschreitenden Denkens das Ziel verfolgt, von den Menschen die Furcht zu nehmen und sie als Herren einzusetzen. Aber die vollends aufgeklärte Erde strahlt im Zeichen triumphalen Unheils. Das Programm der Aufklärung war die Entzauberung der Welt. (Horkheimer/Adorno 1947, 13)

Ransmayrs Geschichtskonzeption wurde im Rückgriff auf seine Selbstaussage oft als anti-teleologisch und anti-chronologisch bezeichnet – von der Aufklärung zurück zum Mythos. Hier wurde ein scharfer Kontrast zu Ovid gezogen, der „vom Ursprung der Welt" (*ab origine mundi*) bis zu seiner Zeit (*ad mea tempora*) erzählt: Interessanter ist jedoch, dass sowohl bei Ovid als auch bei Ransmayr die Erzählordnung nicht der historischen Ordnung folgt (weder vorwärts noch rückwärts), sondern dass beide „zeitgenössische Versatzstücke in die poetische Eigenlogik ihrer literarischen Texte" (Harzer 2000, 182) integrieren: Anachronismen und chronologische Unstimmigkeiten arbeiten einer universalgeschichtlichen Teleologie entgegen (ebd., 62). Auch das Erzählen in Episoden verhält sich einer dezidierten Zielorientierung gegenüber widerständig – die Gegenwart (*mea tempora*) wird schon bei Ovid nicht epochal bezeichnet, z.B. als Goldenes oder Augusteisches Zeitalter, sondern bleibt rückgebunden an das individuelle Ich (*mea*). Potentiell kann das Epos über sein aktuales, kontingentes Ende (das Ich als individuelle Existenz im Jetzt) fortgeführt werden (*perpetuum carmen*) und entspricht so dem epischen Erzählen, bei dem Episoden aus einem unendlichen Erzählkontinuum frei wählbar sind (vgl. auch Glei 1994, 412).

Ein letzter Blick auf den *Entwurf des Romans*, in dem Ransmayr auch seinen Protagonisten Posides, später umbenannt in Cotta, kurz charakterisiert und das Ovidische Leitmotto seines Romans benennt:

> Er kann vorläufig Posides heißen – jener ehrgeizige junge Mann, der nun im Auftrag einer Akademie an die Schwarzmeerküste reist, um dort nach dem verschollenen Werk des Publius Ovidius Naso zu suchen. Die Rehabilitierung des Dichters scheint unaufhaltsam; auf einer Fassade an einem dämmrigen Plätzchen der Residenz prangt eine erste Gedenktafel: Nec species sua cuique manet. Keinem bleibt seine Gestalt. [vier Manuskriptblätter, Brief Ch. Ransmayrs an H. M. Enzensberger vom Nov. 1985, Original im DLA, Blatt 2]

Das „Keinem bleibt seine Gestalt" (Ov., Met., XV, 252) entstammt bei Ovid der Pythagoras-Rede. Ransmayr wendet es auf den Dichter selbst an, den Protagonisten in absentia, dessen leibliche „Rehabilitierung" scheitert.

Zu einer Anfangsszene (Kap. 3) der *Letzten Welt*, deren Grundidee im *Entwurf* enthalten ist: Der aus Rom im tristen Tomi gelandete Cotta begibt sich in das kleine Örtchen Trachila, wo er erstmals mit einem Bewohner der letzten Welt ins Gespräch tritt: mit Pythagoras, einem verwirrten, dementen Knecht Nasos, der dessen Werk mittels Steininschriften zu archivieren versucht: Wie ein verzweifelter Aufklärer will Pythagoras Licht in die verwilderte Dunkelheit von Nasos verlassenem Haus bringen: „Jetzt blieb Pythagoras stehen und schrieb mit dem Windlicht einen langsamen Bogen in die Dunkelheit", und kurz darauf – in der für Ransmayr stiltypischen *enumeratio*, der Aufzählung:

> Pythagoras schrieb mit seiner Lampe an dem Bogen weiter, vollendete ihn zum Kreis, und im dahinhuschenden Licht sah Cotta Steine, Granittafeln, Menhire, Schieferplatten, Säulen und rohe, wuchtige Quader, aufrecht die einen, andere gestürzt und schon tief in die Erde gesunken, wie von einer großen Gewalt über diese Lichtung verstreut, von Flechten und Moos überwachsen, ein verfallener Skulpturengarten oder ein Friedhof. (LW, 48)

Es folgt eine eindrückliche, surreale Szene: Pythagoras, den Ovid in seinem letzen Buch als natur- und tierliebenden Vegetarier einführt, greift zu einer Essigkaraffe, um seine geliebten, wie man später erfährt, beschrifteten Steine von Schnecken zu befreien. Dieser gewaltsame Tötungsakt wird von Ransmayr ästhetisiert:

> Noch im gleichen Augenblick wich die Stille der Lichtung einem hohen, vielstimmigen und feinen Pfeifen, kaum lauter als das sehr ferne und in der Weite fast unhörbar gewordene Geräusch einer Windharfe, und Cotta begriff, daß dies der Lärm des Sterbens war, das Entsetzen und der Schmerz der Schnecken ... (LW, 49)

Doch geben die sterbenden Schnecken den Blick frei auf die Inschriften, von denen zunächst nur einzelne Wörter aus dem Epilog Ovids sichtbar werden: Feuer/ Zorn/ Gewalt/ Sterne/ Eisen. Auch hier greifen Naturelemente und Gewalt ineinander, wird „die verwunschene, grausame Pracht der Mythologie" (s.o.) offenbar. Cotta nähert sich diesen Bruchstücken als Hermeneut, als einer, der das Entzifferte verstehen will:

> Cotta entzifferte und flüsterte die Worte wie einer, der lesen lernt, zerriß nun mit seinen eigenen Händen die Schneckenmäntel dort, wo er neue Worte vermutete und fügte, was zum Vorschein kam, aneinander, prüfte und verwarf den Sinn und Zusammenhang einmal und wieder, begann das Spiel irgendwo anders und neu, bis ihm schließlich schien, als seien alle Möglichkeiten der Zusammensetzung und Verbindung der Bruchstücke in einer einzigen Nachricht erschöpft:
> ICH HABE EIN WERK VOLLENDET [...]. (LW, 50)

Die im Roman dann zentriert in Majuskeln abgebildete Inschrift ist lediglich ein von einem Leser rekonstruierter Text, den ein Knecht Nasos (nicht Naso selbst!) in Stein gemeißelt hat und der dem Zerfall anheimgegeben ist. Er ist quasi textidentisch mit dem „Nachwort des Dichters" von Ovids *Metamorphosen* – mit einem entscheidenden Unterschied: Die Inschrift endet mit der Unzerstörbarkeit des Namens: „und mein Name/ wird unzerstörbar sein" (LW, 51). Die letzten drei Verse, also der „Mund des Volkes" sowie der „Ruhm des Dichters" (*fama*), fehlen bei Ransmayr.

Fama findet sich bei Ransmayr nämlich nicht im Monument, auf beschrifteten Basaltsäulen, sondern als Figur mündlichen Erzählens in der letzten Welt selbst. Inspiriert von der „Göttin des Gerüchtes" (LW, 298), so Ransmayrs Charakterisierung der antiken Vorlage in seinem *Ovidischen Repertoire*, erscheint sie als Krämerin von Tomi, bei der alle Figuren zusammenkommen. Nach der Versteinerung ihres fallsüchtigen Sohnes Battus wird sie, so Ransmayr im Repertoire, „geschwätzig und süchtig nach Trost und Zuhörern" (LW, 298). Anlass ihrer Geschichten über Naso, aus denen die anderen Einwohner Tomis später die *Metamorphosen* zu rekonstruieren versuchen, ist der Tod von Battus: Kunst entsteht demnach aus einer existentiellen Verlustgeschichte – analog übrigens zum *Cox*-Roman, in dem zwar nicht ein *perpetuum carmen*, aber doch ein künstlerisch ästhetisiertes *perpetuum mobile* über den Tod einer fünfjährigen Tochter hinwegtrösten soll.

Fama als das Prinzip literarischer Verwandlung und Aneignung steht in der *Letzten Welt* der Vollendung konträr entgegen: Sie versinnbildlicht die mythische Struktur selbst, die, mit Hans Blumenberg (1996), *Arbeit am Mythos*, das „Spiel mit der Überlieferung" (LW, 269):

> Wovon die Krämerin auch sprach und worüber sie auch klagte – das meiste davon glaubte er im Verlauf dieser labyrinthischen Wanderungen durch die Seilerei auf den bekritzelten Fetzen wiederzuerkennen [...]. Und auch wenn ihm vieles an diesen Inschriften unverständlich blieb, kam er an einem dieser Abende doch zu dem Schluß, daß die Steinmale von Trachila nicht viel mehr enthielten als das Getratsche der Krämerin, Schicksale, Legenden und Gerüchte dieser Küste, von Naso und seinem griechischen Knecht gesammelt, ins Gebirge getragen und aufgezeichnet in einem kuriosen, kindischen Spiel mit der Überlieferung. Was hier so fleckig und zerfranst an seinen Wäscheleinen hing und jenseits der Baumgrenze an Steinmalen im Wind flatterte, war das Gedächtnis der eisernen Stadt. (LW, 268–269)

Fama hat eine doppelte Funktion inne: einerseits stiftet sie mit ihrer unabgeschlossenen „Chronik eines Unglücks" (LW, 275) ein kollektives Gedächtnis und vergegenwärtigt – im Modus des Mündlichen – die unendlichen Geschichten Nasos, andererseits verweist ihre Anwesenheit auf die Abwesenheit eines vollendeten Werks (zur Fama-Figur vgl. Wohlleben 2005, 239–268).

Neben Fama gibt es drei weitere poetologische Leitfiguren: Echo, Geliebte Cottas und Allegorie für die Stimme im Modus der Wiederholung (auch hier lebt das Ovidische *ore legar populi* weiter), und Arachne, die taubstumme Weberin, die alle Geschichten Famas und Echos im ‚Text' (lt. *textum*: Gewebe) zu materialisieren und zu visualisieren versucht. Doch auch ihr geht es nicht, wie man zunächst denken könnte, um die Vollendung unendlicher Geschichten. Über einen Besuch Cottas in ihrem Leuchtturm heißt es vielmehr:

> Es mußten dreißig, vierzig oder mehr Rollen sein, die Arachne hier achtlos wie morsche Prügel verwahrte; allein Echo wäre imstande gewesen, die Erklärung dafür zu verstehen und dem Römer zu übersetzen, daß für die Taubstumme ein Teppich nur so lange von Wert war, so lange er wuchs und eingespannt blieb in das Gerüst der Bäume und Schäfte ihres Webstuhls. Was dann vollendet in diesen modernden Raum geriet, wurde daraus nur noch einmal hervorgezogen, wenn ein Erzkocher oder Bauer seine verrußten Wände mit einer schönen Landschaft schmücken wollte und dafür ein Schaf hergab, dem Arachne doch nur den Fesselstrick von den Läufen schnitt, um es auf den steinigen Terrassen ihrer Klippe verwildern zu lassen. (LW, 195)

Der Akt des Webens ist wichtiger als das Gewebe, eine Erkenntnis allerdings, die allein der Leser von einem olympischen Erzähler mit Querverweis auf Echo suggeriert bekommt und die dem Protagonisten Cotta verwehrt bleibt. Erst ganz am Ende des Romans unter Aufopferung seiner Vernunft – Cotta wird von dem Tomianer Phineus als „verrückt" (LW, 286) bezeichnet – löst sich Cotta endgültig von seinem Bedürfnis, ein vollendetes Werk auch nur suchen zu wollen:

> Über Arachnes Klippe rauschte ein ungeheurer Möwenschwarm auf; befreit von den Kettfäden verschimmelter Webbilder stürzten die Vögel in einen Himmel, dessen Blau wolkenlos war.
> Erfüllt von einer Heiterkeit, die mit jedem Schritt wuchs und manchmal kichernd aus ihm hervorbrach, stieg Cotta durch wüstes Geröll den Halden von Trachila entgegen, dem neuen Berg. (LW, 286)

Oft ist die apokalyptische Dimension dieser Schlussszene betont worden, wobei Apokalypse zumeist nur mit Untergang, nicht aber, wie in der *Offenbarung des Johannes*, auch mit Neu-Anfang („Siehe, ich mache alles neu!", Offb 21,5) gleichgesetzt wurde (vgl. auch Wohlleben 2016, 72–73). Über Naso heißt es am Romanschluss: „Und Naso hatte schließlich seine Welt von den Menschen und ihren Ordnungen befreit, indem er jede Geschichte bis an ihr Ende erzählte" (LW, 287). Doch schließt das Romanende nicht mit dem Ende, sondern mit dem Entstehen des neuen mythischen Berges Olymp und mit dem Wort „Namen", dem Inbegriff des schöpferischen *logos*, aus dem Blumenberg zufolge die Arbeit am Mythos ihren Anfang nimmt: „Alles Weltvertrauen fängt an mit den Namen, zu denen sich Geschichten erzählen lassen" (Blumenberg 1996, 41). Der unzerstörbare Name (*nomen indelebile*), der bereits den Schluss der von Cotta rekonstruierten Inschrift bildete, steht auch hier am Ende und hallt als Echo – im dialogischen Wechselspiel – wieder (angespielt ist auf die Geliebte Cottas):

> Wenn er innehielt und Atem schöpfte und dann winzig vor den Felsüberhängen stand, schleuderte Cotta diese Silben manchmal gegen den Stein und antwortete hier!, wenn ihn der Widerhall des Schreies erreichte; denn was so gebrochen und so vertraut von den Wänden zurückschlug, war sein eigener Name. (LW, 287–288)

Der letzte Mensch ist zugleich wieder der erste Mensch, der sich durch Selbstanrufung neu erschafft, das letzte Wort des Romans ist das poetische Urwort: der Name. Die formal abgeschlossene letzte Welt bleibt inhaltlich offen, unvollendet, ein *perpetuum carmen*.

Ein kurzer kulturhistorischer Exkurs vom *perpetuum carmen* zum *perpetuum mobile*: In den 60er Jahren des 18. Jahrhunderts erbaute der berühmte Londoner Uhrenmacher James Cox, der in Ransmayrs Roman zur historischen Vorlage der fiktiven Titelfigur Alister Cox wird, eine Uhr, die ausschließlich von Naturkräften in Bewegung gehalten wurde. Sie kam „dem unerfüllbaren Traum der Mechanik von einem Perpetuum mobile so nahe wie kein anderes" (Cox, 301) Anders als seine Vorgänger nahm James Cox sich nicht vor, Energie zu erzeugen, sondern nutzte eine Energieform, die von der Natur ohne menschliches Zutun unendlich zur Verfügung gestellt wird: die Veränderung des Luftdrucks. Die Art, wie der Uhrmechaniker James Cox sein „Stück Nummer 47 – Perpetuum mobile" in einem Museumskatalog aus dem Jahr 1774 selbst beschreibt, ist auch für Literatur- und Kulturwissenschaftler von Interesse:

> Es handelt sich um einen mechanischen und philosophischen Zeitmesser, der nach großer Mühe, zahllosen Versuchen, unermüdlicher Aufmerksamkeit und immensen Ausgaben schließlich zur Vervollkommnung gebracht wurde; bei diesem Stück wird durch eine Verbindung von mechanischen und philosophischen Prinzipien eine Bewegung erzeugt, die für immer fortdauert; und obwohl die Metalle Stahl und Messing, aus denen es konstruiert ist, mit der Zeit vergehen werden (ein Schicksal, das selbst dem großartigen Erdball und allem, was er hervorbringt, bevorsteht), wird es, weil die Hauptursache seiner Bewegung konstant bleibt und die Reibung an jedem Teil äußerst gering ist, eine längere Funktionsdauer haben als irgendeine bisher bekannte mechanische Errungenschaft. (Ord-Hume 2014, 150–151)

Aufklärung und Mythos, Erfindermut und Demut, Maßlosigkeit und Begrenztheit greifen hier auf eigenartige Weise ineinander: Miteinander verbunden sind sie über einen „philosophischen Zeitmesser", der auf „Vervollkommnung", auf ästhetische Vollendung hin angelegt ist.

In Ransmayrs jüngstem Roman stellt ein derartiger „philosophischer Zeitmesser" einen faszinierenden Gegenstand dar: Die Romanfigur Alister (nicht James!) Cox wird vom Kaiser von China persönlich eingeladen und beauftragt, nicht nur eine ewige Uhr zu bauen, sondern zugleich eine solche, die alle Zeiten existentieller Grunderfahrungen wie Glück, Liebe und Tod vermessen kann. Dieser englische Uhrmacher reist im 18. Jahrhundert nach China, um für den dortigen Kaiser Uhren zu bauen. Die Romanhandlung setzt mit der Ankunft seines Schiffes nach siebenmonatiger Fahrt im Hafen ein:

> Ist er angekommen? Der Engländer. Ist er angekommen?
> Alister Cox, Uhrmacher und Automatenbauer aus London und Herr über mehr als neunhundert Feinmechaniker, Juweliere, Gold- und Silberschmiede, stand an der Reling des Dreimasters Sirius und fror trotz der strahlenden Morgensonne […]. (Cox, 17)

Der Grund für sein Frieren reicht in die fiktive Geschichte – von James Cox ist all dies nicht bekannt – vor der Romanhandlung zurück: Alisters innig geliebte fünfjährige Tochter Abigail starb vor zwei Jahren an Keuchhusten, seine Frau Faye reagierte darauf mit Depression und Verstummen. Seither steht für Alister Cox die Zeit still, und er weigert sich, Uhren zu bauen. Bis ihn eines Tages der Großauftrag des Kaisers von China erreicht, und er sich ohne Frau, nur mit Gehilfen, auf die siebenmonatige Reise in die ihm fremde, letzte Welt begibt.

Doch der wie James Cox global erfolgreiche Geschäftsmann Alister Cox ist nicht nur Uhrmacher, homo faber, sondern auch Künstler: Andernfalls hätte er den kaiserlichen wahnwitzigen Auftrag, das menschliche Seelenleben in existentiellen Grenzsituationen zu vermessen, wohl kaum angenommen. Der Auftraggeber heißt, wie dessen historisches Vorbild, Qiánlóng. Dies ist der Ära-Name des vierten Kaisers der Qing-Dynastie, was so viel meint wie „Überirdische Fülle". Sein Beiname lautet „Herr der zehntausend Jahre", eingeführt wird Qiánlóng als „Himmelssohn und Herr über die Zeit" (Cox, 12). Sogar über die Jahreszeiten verfügt er, indem er in seiner Sommerresidenz festlegt, wann Sommer und wann Winter ist. Zudem herrscht Qiánlóng über ein gewaltiges Heer, zwölf Ehefrauen und mehr als dreitausend Konkubinen. Gleich im ersten Romansatz werden die Gräueltaten „des mächtigsten Mannes der Welt" (Cox, 9) geschildert, der „siebenundzwanzig Steuerbeamten und Wertpapierhändlern die Nasen abschneiden ließ" (Cox, 9): Auch hier macht sich die Dialektik der Aufklärung bemerkbar, Ransmayrs, wie es im Brief-Manuskript über den Roman-Entwurf der Letzten Welt hieß, „Geschichte über die Herrschaft der Welt". Und trotzdem wird der vermeintlich Allmächtige schon bald in seiner Schwäche gezeigt, leidet an „Fieberträume[n]" (Cox, 12). Auch die Uhren-Begeisterung des ewigen Herrschers resultiert also aus einem existentiellen Gefühl: der Todesangst.

Hier deutet sich bereits an, dass die Protagonisten, die zu Beginn als Kontrahenten angelegt sind, so grundverschieden gar nicht sind. Neben der Todesangst verbindet sie noch ihre letztlich unerfüllte, ideale Liebe: Ān, die Lieblingskonkubine des Kaisers, ist für Alister als eine Art Minne- und Mittlerfigur, Projektionsfläche für Frau Faye und Tochter Abigail zugleich. Folglich kann auch die Übergabe eines Silberschiffs, ein von Ransmayr erfundenes Uhrmodell, das dem *perpetuum mobile* vorausgeht, in die Hände Āns als weiterer Schritt der Annäherung zwischen Kaiser (Politiker) und Uhrmacher (Künstler) gesehen werden.

Doch zur endgültigen Assimilation der beiden kommt es erst, als sie sich in surreal anmutender Einsamkeit am Fluss begegnen, dem Zeit-Symbol schlechthin: *panta rhei*, alles fließt. Qiánlóng trägt dort seinen Wunsch, ja seinen Traum – befehlen darf er in der Sommerresidenz, in der die Zeit still steht, nicht – eines ewigen Uhrwerks, eines perpetuum mobile, vor:

> was Qiánlóng nun als seinen Wunsch, nein: als seinen unabweisbar gewordenen Traum vortrug, war so maßlos und gleichzeitig so vertraut, als hätte er in den vergangenen Jahren gemeinsam, ja!, gemeinsam mit Alister Cox und dessen Gefährten geträumt, gemeinsam mit ihnen das Unmögliche gedacht, um es irgendwann über die Grenzen aller Vernunft und Logik hinaus Wirklichkeit werden zu lassen: ein Uhrwerk, das die Sekunden, die Augenblicke, die Jahrhunderttausende und weiter, die Äonen der Ewigkeit messen konnte und dessen Zahnräder sich noch drehen würden, wenn seine Erbauer und alle ihre Nachkommen und deren Nachkommen längst wieder vom Angesicht der Erde verschwunden waren.

Und der sich anschließende Absatz erinnert in seiner Metaphorik schon fast wieder an das „Nachwort des Dichters" aus Ovids *Metamorphosen* (XV, 871–879):

> Denn selbst wenn auch die beständigsten und kostbarsten Metalle und Juwelen, aus denen ein solches Kunstwerk bestehen mußte, in unsagbar fernen Zeiten wieder zu Staub und kleinsten flüchtigsten Bestandteilen der Schöpfung zerfielen, würde dabei doch nur ein Ding zugrundegehen, nicht aber sein physikalische Prinzip, das über alle Endlichkeit hinauswies. (Cox, 213–214)

Herrscher und Künstler assimilieren sich immer stärker: Während der Uhrmacher am Romanende zum maßlosen Konstrukteur des Unendlichen wird, realisiert der gemäßigte Kaiser seine Endlichkeit. Das endgültige Ende, den Zusammenbau einer endlosen Maschine, verweigern beide.

Nun zu der literaturhistorischen Verortung des *Cox*-Romans zwischen (Dialektik der) Aufklärung und (Post-) Moderne: Der Roman spielt in der Aufklärung, durch die geografische Distanz wird allerdings ein Blick in ein absolutistisches, geschlossenes Herrschaftssystem ermöglicht. Gelehrtentum, enzyklopädischer Wissensanspruch und Technikfaszination sind auch dort spürbar. Dennoch ist der Umschlag in den Mythos allgegenwärtig. Gegen die „Rückkehr des Mythischen", wie es in Horkheimers und Adornos *Dialektik der Aufklärung* heißt, ist auch die Aufklärung nicht gefeit – „totalitär wie nur irgendein System" (Horkheimer/Adorno 1947, 37): Die europäischen Uhrmacher werden als gefährliche Magier wahrgenommen. Und die Massenhinrichtung gehört zur Alltagsordnung und wird als notwendiges Übel für die Vollendung eines geschlossenen Systems betrachtet: „Im Schatten jedes Weltwunders lag ein Massengrab" (Cox, 223). Der

Schilderung der Aufklärung ist somit ihre nachmoderne Kritik bereits eingeschrieben.

Hier setzt die Moderne an, die sich im Trauma Alisters, in der Todesangst Qiánlóngs und im Krisendenken beider zu erkennen gibt. Ein Prätext der Moderne und eine weitere wichtige Antikenrezeption ist Hermann Brochs 1945 erschienener Roman *Der Tod des Vergil*, in dem es ebenfalls zu einer surreal entrückten Begegnung zwischen Kaiser und Künstler kommt (zwischen Augustus und Vergil). Auch dort schließen beide nicht einen Teufelspakt, was in der europäischen Literaturgeschichte häufig der Fall ist, wenn Macht und Wissenschaft, respektive Kunst aufeinandertreffen. Vielmehr teilen sie – ebenfalls mit Verweis auf das Rätsel der Ankunft sowie die Schiffsmetaphorik – ihre Todesangst und Unendlichkeitssehnsucht.

Die postmoderne Poetik ist in diesem jüngsten Roman Ransmayrs, anders als in den beiden ersten, deutlich weniger präsent: Zwar vermischen sich Fakt und Fiktion, denn die Figuren sind der Geschichte entnommen, werden aber in neue fiktive Konstellationen gebracht. Und Ransmayrs Liebe zum ästhetischen Formenspiel ist auch hier erkennbar. Aber im Mittelpunkt stehen nun nicht mehr allegorische Text-Figuren wie Fama, Echo oder Arachne, sondern Menschen mit vergänglichem Leib und gebrochenen Herzen. Die über das Problem der Zeit vermittelten existentiellen Themen führen zu einer neuen Ernsthaftigkeit. Das Phantastische wird, so insbesondere in den physikalisch unmöglichen Uhrenbeschreibungen, realitätsgetreu – mit einem *effet de réel* – vermittelt. Doch handelt es sich dabei um einen Realismus zweiten Grades, einen ästhetisch vermittelten Realismus, der mit einer neuen Verantwortung des Künstlers einhergeht: Alister und Qiánlóng, beide hingerissen von der Faszination des absolut Schönen, verzichten letztlich auf diesen letzten Schritt der Vollendung. Die Sorge um ihre Gehilfen, ihre Familie, ihr Volk hält sie davon ab.

Folglich ist die Parabel der Zeit trotz der historischen und geographischen Distanz letztlich auch eine Parabel auf unsere Zeit: Die prekäre, aus einem Gefühl der „Maßlosigkeit" und „Allmachtsansprüche[n]" erwachsene Sehnsucht nach abgeschlossenen Gebilden, seien es ästhetische, kulturelle oder politische, und die Gefahr von deren Totalisierung im Irrglauben eine neue, gar ewige Zeit als Herrscher initiieren und die alte auslöschen zu können.

Die Notwendigkeit der Gleichzeitigkeit des Ungleichzeitigen, eine wichtige Errungenschaft der Moderne, bei der erinnerte und erwartete Gegenwarten gleichermaßen präsent sind, wird in einer autobiografischen Anekdote anschaulich, die Christoph Ransmayr in einem Interview über seinen *Cox*-Roman im Oktober 2016 preisgibt:

> Der Abt im Benediktinerkloster Lambach verlegte in der siebten Klasse seine erste herbstliche Philosophiestunde in den späteren Abend. Wir Schüler standen dann, ein

> Glas mit goldgelbem Kaiserbirnen-Likör in den Händen, in einem der Klosterhöfe unter dem freien Nachthimmel. Er hat uns gefragt, was uns zum Anblick dieses vom Hof gefassten Himmelsrechtecks einfiele. Jeder hat natürlich sofort mehr oder weniger romantische Bemerkungen über die Sterne gemacht. Der Abt sagte dazu nur, dass der Blick zu den Sternen die einzige Möglichkeit sei, nicht nur in eine, sondern unzählige Vergangenheiten zu schauen. Dieses Himmelslicht zum Beispiel, sagte er und deutete auf einen für uns namenlosen Stern, sei zwei Millionen Jahre alt, jenes dort mindestens 20 Millionen, das nächste wieder leuchte seit ‚nur' vier Millionen Jahren. Jeder von uns sollte nun selbst entscheiden, ob der Blick aus dem Klosterhof einer in die Höhe oder hinab in die Tiefe des Raumes sei. Empor oder hinab, eure Entscheidung, sagte er, der Himmel kennt solche Richtungen nicht. (Christoph Ransmayr im Interview mit Wolfgang Paterno, 25.10.2016)

Vielleicht wäre dies auch ein treffendes Gleichnis für den Umgang mit Literaturgeschichte: Jedes Kunstwerk gibt, in geschlossener Form wie ein Himmelsrechteck, jeweils nur einen kleinen Ausschnitt für einen Blick in einen unendlichen Raum frei, in dem „unzählige Vergangenheiten" – man könnte, mit den Sterndeutern, ergänzen: und Zukünfte – zeitgleich, wenn auch mit unterschiedlicher Leuchtintensität, gegenwärtig sind. Vor diesem Horizont erscheint jedes noch so vollendete Menschenwerk endlich.

Zum letzten Mal zurück zu *Cox oder Der Lauf der Zeit*: Im Roman bleibt die Vollendung des eigenen Werks als Idee bis zum Schluss bestimmend. Relativiert wird sie lediglich dadurch, dass Cox die Uhr nicht selbst zusammenbaut, sondern diesen letzten Handgriff mittels einer Bedienungsanleitung mit fünf Handlungsschritten an den Kaiser, den „Vollender des Wunders" (Cox, 292) delegiert. Innerfiktional gibt es – ganz anders als in der *Letzten Welt*, wo sich am Ende alles im Offenen auflöst – keinerlei implizite Kritik an der potentiellen Möglichkeit der Fertigstellung. Und dennoch endet der Roman vor der Vollendung: Der Kaiser setzt das *perpetuum mobile* nicht zusammen, sondern hält „fröstelnd inne und legte den Glaskegel dann behutsam in die seidene Kuhle zurück" (Cox, 298). Mit dem Frösteln ist die Körpererfahrung der Erbauers Cox auf den Herrn der zehntausend Jahre übergegangen, der sich damit seiner eigenen Endlichkeit bewusst wird.

Zusammenfassung

Die Verwandlung ist sowohl bei Ovid als auch bei Ransmayr Erzählprinzip (Ov., Met. XV 252: *nec species suacuique manet*), ohne dass auf die Idee der (Form-)Vollendung als – stets utopische! – Idee verzichtet wird. Zwar bewirken die Paratexte der *Metamorphosen* (Vorwort und Nachwort des Dichters) eine gewisse formale, statische Abgeschlossenheit ('Vollendung', vgl. Ov., Met. XV, 871: *opus exegi*), stellen damit jedoch das Paradoxon des Endens und die erzähltechnische, dynamische Inszenierung der Unendlichkeit ('Verwandlung', vgl. Ov., Met. I, 4 *perpetuum [...] carmen*) überhaupt erst zur Schau. Ransmayr radikalisiert dieses Verfahren, indem er die unendliche Arbeit an der Metamorphose vermeintlich beendet ('die letzte Welt', 'der letzte Mensch') – mit dem Ende als Form die „Erfindung der Wirklichkeit" (LW, 287) jedoch neu präfiguriert und eine neue Mythenwelt, einen neuen Olymp schafft. Der Name (*nomen*) als poetisches Urwort, als Weltvertrauen und Anfang des Erzählens, hat am Ende sowohl bei Ovid als auch bei Ransmayr einen größeren Stellenwert als das Werk (*opus*) – die Göttin des Gerüchts, des mythisch-mündlichen Redens (*Fama*) einen größeren als der Ruhm des Dichters (*fama*), der als episches Ich in den Mund des Volkes (vgl. Ov. Met. XV, 878 *ore legar populi*), bzw. in die Mythenwelt Tomis und Trachilas eingeht.

Das *perpetuum mobile* stellt in Ransmayrs Roman *Cox oder Der Lauf der Zeit* ein hypothetisches Modell für eine ästhetische Zeiterfahrung der polychronen Moderne ('Gleichzeitigkeit des Ungleichzeitigen') dar. Zwei Dimensionen sind dabei von Bedeutung: Erstens die geschlossene Form – Ransmayr spricht von einem „geschlossene[n] System" (Cox, 274), von der „Vollendung" des Werks (Cox, 287) –, das Bedürfnis nach ästhetischen Figuren und Figurationen des Endes und der Vollendung. Sowie zweitens die konstruierte Unendlichkeit, das unerfüllbare Verlangen nach metaphysischer Transzendierung dieses ästhetischen Endes. Ransmayr setzt beide Dimensionen in ein unauflösbares Spannungsverhältnis: Das innerfiktional auf Vollendung angelegte geschlossene Kunstwerk wirft die existentielle, aber auch narratologische Frage nach der Unendlichkeit überhaupt erst auf. Und so wird das, was in der Wirklichkeit Fiktion bleibt, das *perpetuum mobile*, in der Literatur Realität: als *perpetuum carmen* einer Kunst des Möglichen.

Literatur

Anz, Thomas (1997). Spiel mit der Überlieferung. Aspekte der Postmoderne in Ransmayrs Roman *Die letzte Welt*. In *Die Erfindung der Welt. Zum Werk von Christoph Ransmayr*, hrsg. v. Uwe Wittstock, 120–132. Frankfurt a. M.: Fischer.

Blumenberg, Hans (1996). *Arbeit am Mythos*. Frankfurt a. M.: Suhrkamp.

Brandes, Peter (2009). Rhetorik der Vollendung (Ovid, Goethe). In *Finis. Paradoxien des Endes*, hrsg. v. Peter Brandes und Burkhardt Lindner, 35–50. Würzburg: Königshausen & Neumann.

Förster, Nikolaus (1999). *Die Wiederkehr des Erzählens: deutschsprachige Prosa der 80er und 90er Jahre*. Darmstadt: Wissenschaftliche Buchgesellschaft.

Glei, Reinhold F. (1994). Ovid in den Zeiten der Postmoderne. Bemerkungen zu Christoph Ransmayrs Roman *Die letzte Welt. Poetica* 26: 409–427.

Harzer, Friedmann (2000). *Erzählte Verwandlung. Eine Poetik epischer Metamorphosen (Ovid – Kafka – Ransmayr)*. Tübingen: Niemeyer.

Horkheimer, Max und Theodor W. Adorno (1947). *Dialektik der Aufklärung*. Amsterdam: Querido.

Lützeler, Paul Michael, Erin McGlthlin, Jennifer Kapczynski (Hrsg.) (2016). *Gegenwarts-Literatur. Ein germanistisches Jahrbuch / A German Studies Yearbook, 15, Schwerpunkt / Focus: Christoph Ransmayr*. Tübingen: Stauffenburg.

Mittermayer, Manfred und Renate Langer (Hrsg) (2009). *Porträt Christoph Ransmayr (Die Rampe – Hefte für Literatur* 3). Linz: Trauner.

Mosebach, Holger (2003). *Endzeitvisionen im Erzählwerk Christoph Ransmayrs*. München: Meidenbauer.

Ord-Hume, Arthur W. J. G. (2014). *Perpetuum mobile. Die Geschichte eines Menschheitstraums*. Rottenburg: Kopp.

Publius Ovidius Naso (1998). *Metamorphosen*. Lateinisch/Deutsch, übersetzt und hrsg. v. Michael von Albrecht. Stuttgart: Reclam.

Paterno, Wolfgang (2016). Autor Christoph Ransmayr über Zeit, Tod und erste Romansätze. Interview mit Christoph Ransmayr vom 25.10.2016. https://www.profil.at/kultur/autor-christoph-ransmayr-zeit-tod-romansaetze-7657622 (Stand: 25.05.2017).

Preusser, Heinz-Peter (2003). *Letzte Welten. Deutschsprachige Gegenwartsliteratur diesseits und jenseits der Apokalypse*. Heidelberg: Winter.

Ransmayr, Christoph (1984). *Die Schrecken des Eises und der Finsternis*. Wien: Brandtstätter.

Ransmayr, Christoph (1991) [1988]. *Die letzte Welt*. Roman. Frankfurt a. M.: Fischer. (= LW)

Ransmayr, Christoph (2016). *Cox oder Der Lauf der Zeit*. Roman. Frankfurt a. M.: Fischer. (= Cox)

Wittstock, Uwe (Hrsg.) (1997). *Die Erfindung der Welt. Zum Werk von Christoph Ransmayr*. Frankfurt a. M.: Fischer.

Wohlleben, Doren (2005). *Schwindel der Wahrheit. Ethik und Ästhetik der Lüge in Poetik-Vorlesungen und Romanen der Gegenwart. Ingeborg Bachmann, Reinhard Baumgart, Peter Bichsel, Sten Nadolny, Christoph Ransmayr, W.G. Sebald, Hans-Ulrich Treichel*. Freiburg i. B.: Rombach.

Wohlleben, Doren (2016). Trost der Literatur? Transformationen des (guten) Endes bei Christoph Ransmayr. In *GegenwartsLiteratur. Ein germanistisches Jahrbuch / A German Studies Yearbook, 15, Schwerpunkt / Focus: Christoph Ransmayr*, hrsg. v. Paul Michael Lützeler, Erin McGlothlin und Jennifer Kapczynski, 65–82. Tübingen: Stauffenburg.

Wohlleben, Doren (Gasthrsg.) (2018). *Text+Kritik* X/18. Bd. 220: Christoph Ransmayr.

Jill Thielsen (Kiel)

Fakt und Fiktion, Chronist und Dichter. Zur Erzählinstanz in Christoph Ransmayrs *Die Schrecken des Eises und der Finsternis*

Vorbemerkungen

Christoph Ransmayrs Debütroman *Die Schrecken des Eises und der Finsternis* (SEF) aus dem Jahr 1984 – in dem die Erzählinstanz anhand von Tagebucheinträgen und Berichten sowohl die österreichisch-ungarische Nordpolexpedition von 1872–74 unter den Kommandanten Julius Payer und Carl Weyprecht als auch die Nachfahrt dieser Expedition durch den fiktiven Nachkommen eines Matrosen Josef Mazzini im Jahr 1981 rekonstruiert – blieb zunächst von Publikum und Literaturwissenschaft unbeachtet, initiierte doch erst die durch *Die letzte Welt* von 1988 ansteigende Popularität des Autors eine erneute und intensive Auseinandersetzung mit dessen Erstlingsroman (vgl. Petras 2013, 83–84). Seither rubriziert die literaturwissenschaftliche Forschung den Text als eine postmoderne, historiographische Metafiktion – eine Einschätzung, die vor allem auf den selbstreflexiven Elementen und dem von Linda Hutcheon geprägten Begriff der *historiographic metafiction* fußt und zu einer Abgrenzung von realistischen Poetiken führt.[1] Dieser Einordnung kann insofern zugestimmt werden, als der homodiegetische Ich-Erzähler durch selbstreflexive Einschübe die Rekonstruktion sowohl der Expedition als auch der Reise Mazzinis offenlegt und seinen Standort als „Chronist" (SEF, 252), der über die vorliegenden Quellen richtet (vgl. SEF, 209), markiert. So konstatiert Nina Peter, dass Ransmayrs *Die Schrecken des Eises und der Finsternis* anhand der Erzählerfigur das Verhältnis einer vermeintlich faktischen Historiographie und der Erfindung durch Narrationen fokussiert (vgl. Peter 2013, 95). Ansgar Nünning hält für die Kategorie der historiographischen Metafiktion fest, dass sich „solche Romane primär mit Problemen der narrativen Repräsentation vergangener Wirklichkeit [auseinan-

---

[1] Ansgar Nünning weist in seiner umfassenden Typologie zum historischen Roman auf den Umstand hin, dass Hutcheon in ihrem Konzept der *historiographic metafiction* entsprechende Texte mit dem Postmodernismus gleichsetzt (vgl. Nünning 1995, 285ff.). Auch Robin Hauenstein folgt dem Konzept Hutcheons, wenn er Ransmayrs Debütroman als postmodern einstuft und ihn von realistischen Konzepten abgrenzt (vgl. Hauenstein 2014, 57).

dersetzen] und Fragen nach den Gemeinsamkeiten und Unterschieden zwischen Geschichtsschreibung und Fiktion [aufwerfen]" (Nünning 1995, 282). Dabei sei es auch die explizite Standortbestimmung der Erzählerfigur, die diese Textsorte vom metahistorischen Roman abgrenze (vgl. Nünning 1995, 284, 299). Ransmayrs Roman verweist mit seiner sinn- und kohärenzstiftenden Erzählinstanz, die das innerdiegetisch historische und auf Realität referierende Material gezielt anordnet, auf einen Diskurs der Geschichtstheorie, der insbesondere durch Hayden Whites *Metahistory. The historical imagination in Nineteenth-Century Europe* (1973) bestimmt wurde. White problematisiert die Narrativierung historischer Quellenauswertungen mit literarischen Mitteln und stellt den Anspruch der Historiographie auf Objektivität infrage. Impulse für die Fokussierung des reflektierten Umgangs mit historischen Quellen und deren Präsentation liefert darüber hinaus die poststrukturalistische Auseinandersetzung mit der Geschichtsschreibung im Zuge des *linguistic turn* in den 1960er Jahren. So stellt bereits Roland Barthes die Frage danach, ob sich die historische Erzählung „durch irgendeinen spezifischen Zug, durch eine zweifelsfreie Relevanz von der imaginären Erzählung, wie man sie in der Epopöe, dem Roman, dem Drama findet" (Barthes 1968, 172), unterscheidet. Erst die im Kontext der Geschichtstheorie kontrovers diskutierte Einschätzung, dass der Historiograph eine „Referenzillusion (illusion référentielle)" (Barthes 1968, 175)[2] herstellt, sodass das historische Material „ganz allein" zu sprechen scheint, befördert im Kontext der Literatur einen Interdiskurs[3], sodass z. B. Erzählerfiguren modelliert werden, die durch selbstreflexive Kommentare genau diese Referenzillusion unterminieren – mit dem Ergebnis, dass die Gattung seit den 1970er Jahren insgesamt einen Aufschwung und eine Neubewertung erfährt (vgl. Kohpeiß 1993, 12–13).

Inwiefern Ransmayrs Roman als Beitrag zu einem Interdiskurs zwischen Literatur und Historiographie einzuordnen ist, kann nur eine präzise Analyse der

---

2 Hier sei erwähnt, dass bereits Johann Gustav von Droysen *avant la lettre* die Referenzillusion der Historiographie beschreibt. Er weist bereits in seinen Vorlesungen von 1857 (H I) darauf hin, dass aufgrund der sprachlichen Vermittlung Historiographie nie objektiv sein kann: „[J]eder Satz ist ein Urteil, und wie leicht und sachgemäß die Kombination von Tatsachen sein mag, die wir vornehmen, objektiv sind die Einzelheiten ohne diese Verbindung von Ursache und Wirkung […]." (H I, 218) In der letzten Druckfassung seiner *Historik* (H II) von 1882 hält er unter § 91 fest: „Nur scheinbar sprechen [in der erzählenden Darstellung, J. T.] die ‚Tatsachen' selbst, allein, ausschließlich, ‚objektiv'. Sie wären stumm ohne den Erzähler, der sie sprechen läßt." (H II, 446)

3 Nünning hält für die englische Literatur im Anschluss an Jürgen Links Konzeption von Literatur als Interdiskurs fest, dass der historische Roman mit seiner zunehmenden Selbstbezüglichkeit, die Reflexionen über Probleme der Geschichtsschreibung umfasst, als Meta- oder Interdiskurs gegenüber der Historiographie fungiert, da er „nicht nur Themen und Verfahren der Geschichtswissenschaft in sich aufnehmen, sondern auch Probleme der Geschichtstheorie explizit erörtern kann", indem der historische Roman auch den Glauben an die Objektivität und den Wahrheitsgehalt von Geschichtsdarstellungen thematisiert (Nünning 1995, 87).

Erzählinstanz und der textuellen Verfahren zeigen. Festzuhalten ist, dass die vermeintliche Opposition von Geschichtsschreibung und Literatur nicht nur im ersten Roman Ransmayrs thematisiert wird, sondern auch in anderen Werkkontexten zu finden ist. So verweist Ransmayr in seiner Dankrede *Fatehpur. Oder die Siegesstadt* anlässlich der Verleihung des Europäischen Literaturpreises 1996 auf die Grenztilgung zwischen der als faktual klassifizierten Geschichtsschreibung und der fiktional-literarischen Erzählung:

> Ach, diese Biographen, sagen wir, diese Geschichtenerzähler!, die gehören doch zu uns, die tun, was auch wir tun: überführen die wirklichen, unverwechselbaren Menschen und die wirklichen Orte und Städte ins Reich der Erzählung, wo aus einer einzigen plötzlich [...] unzählige!, widersprüchliche Gestalten werden [...]. (Ransmayr 2014, 234)[4]

Ransmayr unterstellt hier der historiographischen Disziplin eine Transformation der chronikalischen Daten in eine Erzählung, die neben anderen potentiellen Erzählmöglichkeiten steht, und verweist so auf den kontingenten Charakter und die Abhängigkeit der Geschichtsschreibung vom erzählenden Subjekt. Neben dem Aspekt der notwendigen Narrativierung historischer Daten im Kontext der Historiographie lotet die Erzählinstanz in *Die Schrecken des Eises und der Finsternis* die Grenzen derselben aus und thematisiert außerdem den Widerstreit zwischen der Rolle des Chronisten und der literarischen Be- und Verarbeitung der historischen Quellen. Während in der späteren Rede *Fatehpur* der literarische Standpunkt respektive die Imagination, die neben einer Integrationsfunktion vor allem eine überdauernde Erzählung generieren kann, favorisiert werden, legt der erste Roman Ransmayrs vor allem die Unvereinbarkeit beider Aneignungsweisen von Geschichte dar.

Vor diesem Hintergrund lassen sich die steten Selbstreflexionen der Erzählinstanz und ihre Motivation zum Erzählen in einen Traditionszusammenhang mit Poetiken des historischen Romans des 19. Jahrhunderts – also zur Zeit der Ausdifferenzierung der Gattung – stellen, wie der folgende Beitrag zu zeigen versucht. Neben der Anschlussfähigkeit für die Genretradition legt das Oszillieren des Erzählers zwischen den Polen des Chronisten und Poeten außerdem nahe, dass die erst später, vor allem im Band *Die Verbeugung des Riesen. Vom Erzählen* (2003)[5] von Ransmayr entwickelte Poetologie bereits im Debütroman

---

4 Mit dem Band *Der Weg nach Surabaya. Reportagen und kleine Prosa*, in dem *Fatehpur* publiziert worden ist, vollzieht Ransmayr selbst eine Grenztilgung zwischen unterschiedlichen Textsorten. So umfasst die Sammlung neben ursprünglichen Dankreden, die aus ihrem Funktionszusammenhang gelöst vor allem als poetologische Schriften gelesen werden können, auch Reisereportagen, denen ein faktualer Status zugesprochen wird.

5 Der Band ist zwar erst 2003 erschienen, versammelt allerdings Texte Ransmayrs, die in den 1990er Jahren entstanden sind. Obwohl die Texte hauptsächlich Reden Ransmayrs zu unterschiedlichen Anlässen sind, löst der peritextuelle Verweis im Untertitel „Vom Erzählen" sie aus

angelegt ist. So ergibt sich neben der Einordnung als historiographische Metafiktion eine weitere Lesart des Debütromans, die die Reflexion literarischer Verfahren im Genre des (historischen) Romans fokussiert.

Der historische Roman als Interdiskurs – Selbstreflexion und Verfahren der Erzählinstanz in *Die Schrecken des Eises und der Finsternis*

Bereits durch die Konstitution der Gattung ‚historischer Roman', deren Minimalkonsens mit Harro Müllers Definition erfasst werden kann[6], eröffnet sich das Problemfeld zwischen Faktualem und seiner fiktionalen Verarbeitung im Kontext der Literatur respektive zwischen ‚objektiver' Historiographie und fiktionaler Literatur. Beatrix van Dam weist in diesem Zusammenhang darauf hin, dass die Zuschreibung der Attribute ‚faktual' und ‚fiktional' für Erzählungen der beiden Bereiche Historiographie und Literatur nur auf einer pragmatischen Kommunikationsebene vollzogen werden kann, die darüber entscheidet, ob den durch (sprachliche) Zeichen fixierten Quellen eine referentielle Funktion zugeschrieben wird oder der inferentielle Aspekt dominiert (vgl. van Dam 2016, 32). So entscheide der Kommunikationskontext darüber, ob eine Erzählung als fiktional/inferentiell oder faktual/referentiell eingeordnet und wie im Anschluss an diese Einordnung mit dem Text umgegangen werde, da es sich um keine absoluten Eigenschaften handele (vgl. van Dam 2016, 34). Für die Gattung des historischen Romans konstitutiv sind die „personale[n], zeitliche[n] und räumliche[n] Referenzen auf geschichtlich belegte Entitäten" (Nünning 1995, 58), sodass das Spannungsverhältnis zwischen fiktionalen Aspekten und historischen Realitätsreferenzen dem Genre inhärent ist. Zwar begleitet die Gattung bereits seit ihrer Etablierung im 19. Jahrhundert die Reflexion über Geschichtsschreibung und die Möglichkeit der Verarbeitung historischer Quellen als Basis für die Produktion literarischer Artefakte, wie Claus-Michael Ort es exemplarisch für Joseph Victor von Scheffels *Ekkehard. Eine Geschichte aus dem zehnten Jahrhundert* (1855) zeigt (vgl. Ort 2013), doch sind es insbesondere die historiographisch-metafiktionalen Romane Ende des 20. Jahrhunderts, die einen Interdis-

---

    dem Funktionszusammenhang und präsentiert sie als poetologisch-programmatische Schriften.

6 „Historische Romane sind dadurch bestimmt, daß sie nicht ohne personale, zeitliche und räumliche Referenz auskommen, d.h. es werden historisch verbürgte Figuren, in Geschichte bzw. Geschichten verstrickt, im Rahmen eines ästhetisch strukturierten Textes präsentiert, der die Anforderung an räumliche und zeitliche *historische* Lokalisierung zumindest partiell erfüllt." (Müller 1988, 11–12)

kurs⁷ zwischen Historiographie und Literatur etablieren. Im Anschluss an Nünnings Präzisierungsversuch der interdiskursiven Funktion historischer Romane, soll im Folgenden geklärt werden, wie sich Ransmayrs Roman mit „Diskursen, die er aufnimmt und reintegriert, auseinandersetzt und welche Funktionen er dabei übernimmt" (Nünning 1995, 88).

Obwohl die Erzählinstanz in *Die Schrecken des Eises und der Finsternis* sich als „Chronist" (SEF, 252) sieht und vermeintlich die Textsorte des „Berichts" (SEF, 209) auf Basis von „Indizienketten" (SEF, 56) bedienen möchte – unterstützt durch authentifizierende Strategien wie der Montage von Auszügen aus Personalakten und Journaleinträgen, Tabellen und Bildmaterial –, machen ihre selbstreflexiven Kommentare schnell deutlich, dass sie notwendig eine nur selektive Rekonstruktion vornehmen kann: „[A]ber weil nie alles gesagt werden kann, was zu sagen ist, und weil ein Jahrhundert genügen muß, um ein Schicksal zu erklären, beginne ich am Meer und sage: […]." (SEF, 9) Bereits mit dieser Äußerung wendet sich der Erzähler, folgt man Hayden Whites Theorie, von einem dem Chronisten eignenden Verfahren ab:

> Die historische *Fabel* zeichnet die von der Eröffnung zum (voraussichtlichen) Schluß von sozialen und kulturellen Prozessen führenden Ereignisfolgen in einer ambitionierteren Weise auf als die *Chronik*. Chroniken haben strenggenommen ein offenes Ende und sind grundsätzlich ohne *Eröffnungsphase*; sie ‚beginnen'; sobald der Berichtende anfängt, Ereignisse festzuhalten. Sie kennen weder Höhepunkte noch Auflösungen und sind endlos fortsetzbar. Dagegen besitzt die Fabel eine genau bestimmte Gestalt (auch wenn sie ein Bild chaotischer Zustände entwirft), welche die in ihr enthaltenen Ereignisse von anderen abgrenzt, die in einer umfassenden Chronik ihrer Entstehungsjahre erscheinen könnten. (White 1991, 20, Hervorhebung im Original)

Zwar sind es nicht die Selektion oder die subjektiv-deutende Standortbestimmung⁸ des Erzählers, die ihn vom Historiographen unterscheiden, doch übertritt er genau mit diesen Verfahren die Grenze von der Chronik zur Fabel.⁹

Doch nicht nur die Selektion determiniert den Umgang der Erzählinstanz mit dem historischen Material, verfolgt sie doch zusätzlich eine kompensatorische,

---

7 Der Begriff ‚Interdiskurs' geht auf Jürgen Link zurück und wird von Ansgar Nünning auf die Gattung des historischen Romans bezogen (vgl. Nünning 1995, 82–83). Dabei handelt es sich laut Nünning um ein reziprokes Verhältnis, kann die Literatur doch Reflexionen über Geschichtsschreibung integrieren und verhandeln, während die Historiographie den analogen Schritt nicht vollziehen kann (vgl. Nünning 1995, 87).

8 „Mein Bericht ist immer auch ein Gerichthalten über das Vergangene, ein Abwägen, ein Gewichten, ein Vermuten […]." (SEF, 209)

9 So hält Hayden White fest, dass „[d]er Historiker […] die Ereignisse der Chronik, indem er ihnen als Bestandteilen der Fabel jeweils unterschiedliche Funktionen beimißt, in einer Bedeutsamkeit [anordnet] und […] so den formalen Zusammenhang eines Ensembles von Ereignissen als verständlichen Prozeß mit erkennbarem Anfang, Mitte und Schluß ans Licht [bringt]" (White 1991, 20–21).

Leerstellen füllende Poetik, die sie explizit markiert: „So ordne ich, was mir an Hinweisen zur Verfügung steht, fülle Leerstellen mit Vermutungen aus und empfinde es am Ende als Willkür, wenn ich sage: So war es." (SEF, 56)[10] Der Erzähler verweist zunächst auf das Verfahren der Kompilation historischer Quellen und eine auf Basis von Interpolationen entwickelte Deutung der „Hinweise". Gleichzeitig thematisiert er das Problem der objektivierenden Aussagen über Vergangenheit anhand von schriftlich fixierten Zeichenkomplexen und deren Deutung, da die Transformation des inferentiellen zu einem referentiellen Status (,so war es') als arbiträrer Akt bezeichnet wird, können doch nur Wahrscheinlichkeiten und keine Wirklichkeiten von Vergangenem sprachlich ausgedrückt werden (vgl. SEF, 56).[11] Der Anspruch auf eine objektive historiographische Darstellung wird des Weiteren durch die narrative Verbindung der im Text durch Kursivierung exponierten und vermeintlich authentifizierten Journaleinträge der Expeditionsteilnehmer aus dem 19. Jahrhundert unterlaufen. So beginnt der Erzähler im Kapitel „Der Flug der bleiernen Zeit" die Ereignisse der Neujahrsnacht von 1872/73 zu rekonstruieren und schildert, wie und mit welchem Lied die Matrosen im Chorgesang den Jahreswechsel begehen. Auf der *discours*-Ebene wird die zunächst als authentisch deklarierte Darstellung, die auch den Abdruck des vermeintlich gesungenen Petrarca-Sonetts umfasst, direkt im Anschluss durch einen selbstreflexiven Kommentar unterlaufen: „Aber nein, *was* sie gesungen haben, ist nicht überliefert, und nicht überliefert auch, was auf jener Fotografie zu sehen war, die sie dann [...] in eine Blechbüchse gesteckt und [...] im Meer versenkt haben." (SEF, 105–106, Hervorhebung im Original) Der Erzähler markiert so explizit sein interpolierendes Verfahren und unterläuft damit sowohl den Anspruch an die Rolle des Chronisten als auch an den Historiographen insgesamt.

---

10 Hayden White bemerkt zwar ebenfalls den Umstand, dass der Historiker nicht nur „seine Geschichten ,finde'" (White 1991, 20), da er den einzelnen Bestandteilen spezifische Funktionen zuweist und sie in einen kohärenten Zusammenhang bringt, doch bleibt das „Ausmaß [der] ,Erfindung'" (ebd.) auf diesem Niveau der Funktionszuschreibung stehen.

11 Dieser sprachpragmatische Aspekt wird auch hinsichtlich der Berichte Julius Payers thematisiert, denen der referentielle Status abgesprochen wird, sind sie – nach Meinung der „gelehrten, feinen Gesellschaft" – „doch wohl ein bißchen sehr fabelhaft, pure Literatur" (SEF, beide Zitate 245). Hinsichtlich der Aufzeichnungen Payers wird noch eine andere Textsorte problematisiert. So steht der Reisebericht, der eine vergangene, subjektive Realitätswahrnehmung mit sprachlichen Zeichen fixiert, ebenfalls unter dem latenten Verdacht der Lüge und ist immer an die Wahrnehmung und Erfahrung der Fremde durch den Autor und dessen sprachliche Umsetzung gebunden. Auch hinsichtlich des Reiseberichts stehen sich eine wissenschaftliche Methodologisierung und eine ästhetisch-sentimentale Aneignung von Realität gegenüber (vgl. Brenner 1989, 15, 38). Dabei sind es ebenfalls sprachliche Akte („Geplauder", „Gerede", „Gerücht[e]" und „Kommentar[e]", SEF, 244), die Payers Bericht demontieren.

Das Urteil über die historischen Quellen bezieht sich allerdings nicht nur auf deren Deutung und Funktionszuweisung hinsichtlich einer kohärenten Präsentation, sondern auch auf deren sprachliche Gestalt. So bemerkt der Erzähler, dass die Aufzeichnungen des Jägers Haller „monoton[], *sprachlos*[]" (SEF, 20, Hervorhebung im Original) sind. Die entsprechenden elf Abschnitte, die Auszüge aus den Aufzeichnungen Hallers sind, beschränken sich meist auf Angaben zum Datum und zur Wetterlage und schildern bloße Ereignisse ohne sich anschließende Reflexionen, wie sie z. B. in den Schriften Payers zu finden sind. Der Erzähler betont den referentiellen und chronikalischen Charakter der Haller-Notizen, stellt sie allerdings zugleich mit dem Adjektiv ‚monoton' den narrativierenden Textelementen gegenüber. Nur bei der Präsentation der Landsichtung wechselt der Erzähler in den Haller-Ton, wobei er diesen Übergang in einen anderen Sprachduktus markiert und motiviert: „Ich habe lange über jenen wirren Augenblick nachgedacht, von dem es später geheißen hat, es sei der größte und begeisterndste ihrer Eismeerfahrt gewesen – und ich bin zu dem Schluß gekommen, daß mir seine Beschreibung nicht zusteht […]." (SEF, 145) So verwehrt sich der Erzähler an diesem Punkt seiner Fabel dem deutenden und interpolierenden Verfahren und nähert sich der Referenzillusion an, indem er selbst einen dominant referentiellen Stil annimmt und die Schilderung der Landsichtung dem Abdruck einer Aufzeichnung Julius Payers überlässt (vgl. SEF, 145–146).

Während Mazzini, der ebenfalls einen Typus von Erzähler repräsentiert, zunächst fiktive Geschichten erfindet, also sprachliche Konstruktionen entwickelt, denen er dann durch Abgleich mit wiederum schriftlichen Quellen eine ‚reale' Referenz zuweist, die aber keine weitere Bedeutung für ihn hat, außer seine Erfindung von Wirklichkeit zu bestätigen (vgl. SEF, 17), geht die Erzählinstanz einen anderen Weg, indem sie bereits sprachlich, also medial fixierte und vermittelte Realitätskonstruktionen[12] als Grundlage für die eigenen Imaginationen

---

12 Zu beachten ist hierbei, dass eine der wichtigsten Quellen der Bericht Julius Payers ist, der zwei Jahre nach der Expedition veröffentlicht wurde. Es handelt sich dabei um eine nachträglich angefertigte Abfassung und Verbindung der von ihm angefertigten Notizen, in die er außerdem Auszüge aus den eigenen Tagebüchern – abgehoben durch Anführungszeichen – montiert. Im Vorwort thematisiert Payer die potentiellen Zielgruppen seines Berichts und grenzt sich vom Schriftsteller ab. Gleichzeitig bemerkt er, dass der Rezipientengruppe aus dem Kontext ‚Wissenschaft' die naturhistorischen Beobachtungen, Tabellen und angefertigten Landkarten genügen würden. Die Erweiterung des Publikums auf mögliche Nachfolger und Interessierte erfordere allerdings eine Deutung der Aufzeichnungen („Bekenntnisse früherer Irrthümer, durch Rathschläge und die Mittheilung seiner Erfahrungen", Payer 1876, VIII). Der Erzähler des Romans greift also nicht auf bloße, unmittelbar verfasste Notizen zurück, sondern bezieht sich auch auf eine bereits überformte, narrativierte Deutung, die so eine kohärente Geschichte konstruiert. Gleichzeitig will Payer seine potentielle Leserschaft „nicht auf die Folter der chronologischen Ordnung spann[en]" (Payer 1876, IX), sodass auch die Anordnung von einem bloßen Abdruck der Aufzeichnungen abweicht. Dass Aufzeichnungen bereits sprachlich-subjektive Realitätskonstruktionen sind, zeigt außerdem der Ab-

und Rekonstruktionen verwendet. Genau diese durch schriftliche Quellen evozierten Imaginationen werden durch die selbstreflexiven Einschübe der Erzählinstanz als solche markiert.

Das Oszillieren zwischen literarischer Gestaltung und Historiographie stellt der Text durch weitere, den Anspruch eines Chronisten unterminierende Merkmale aus: So folgt etwa auf die beiden expositorischen Kapitel ein als „Anwesenheitsliste für ein Drama am Ende der Welt (Beiliegend: Auszüge aus den Personalakten der Kommandanten)" (SEF, 22–26) überschriebener Abschnitt. Bereits der Peritext markiert die vermeintliche Unentschiedenheit zwischen beiden Erzählhaltungen anhand von Lexemen, die einerseits auf literarische und andererseits auf funktional-administrative Textsorten verweisen.[13] Dabei bezieht sich die Anwesenheitsliste auf den gesamten folgenden Text und nicht nur auf die Rekonstruktion der Nordpolexpedition, wird doch auch Josef Mazzini als Nachfahre aufgeführt. Die Liste gleicht also einer Angabe der *dramatis personae* und zeichnet die folgenden Schilderungen als eine literarisierte Präsentationsform aus.

Die durch Narrativierungen kompensierende, historische Leerstellen füllende Poetik, die Stilisierung der eigenen und der Ausführungen anderer als Drama und die Rekonstruktion bzw. Konstruktion wahrscheinlicher Situationen auf Basis der Quellen verweisen auf zweierlei: Einerseits pervertiert die Erzählinstanz mit dem Selbstverständnis eines Chronisten das Diktum Aristoteles', da die eigentlich an Fakten orientierte Rekonstruktion beider Expeditionen als eine nur wahrscheinliche und damit dem Bereich der Dichtung zugeordnete markiert wird.[14] So übertritt sie durch die eigenen Ausführungen literarisierende Signale zunächst die Grenze zugunsten der Literatur. Andererseits lassen sich die Kennzeichnung der eigenen Ausführungen und der ihnen zugrundeliegende narrativistische Ansatz, der Kontingenz durch narrative Kohärenz reduziert und eine kohärenzstiftende, kompensatorische Erzählhaltung als eine fiktionalisierende ausweist, mit dem zeitgenössischen geschichtstheoretischen Konzept

---

    druck einer Tagebuchnotiz des Ingenieurs und Polarforschers Salomon Andrées, der durch Streichungen und Modifikationen seinen Konstruktionscharakter herausstellt, sodass selbst die historischen Quellen einen ambivalenten Status erhalten (vgl. SEF, 162).

13 Genau hier thematisiert der Roman also die Abhängigkeit vom sprachpragmatischen Kontext zur Einordnung eines textuellen Elements als faktual oder fiktional, wie es van Dam festhält (vgl. van Dam 2016, 32). Die Anwesenheitsliste mag in einem anderen Zusammenhang als faktual anerkannt werden, in Ransmayrs Roman wird sie vor allem durch das Lexem ‚Drama' fiktionalisiert.

14 Vgl. Kapitel 9 der aristotelischen Poetik: „Aus dem Gesagten ergibt sich auch, daß es nicht Aufgabe des Dichters ist mitzuteilen, was wirklich geschehen ist, sondern vielmehr, was geschehen könnte, d.h. das nach den Regeln der Wahrscheinlichkeit oder Notwendigkeit Mögliche. […] [Geschichtsschreiber und Dichter, J. T.] unterscheiden sich vielmehr dadurch, daß der eine das wirklich Geschehene mitteilt, der andere, was geschehen könnte" (Aristoteles 1994, 29).

Hayden Whites verbinden, der die Objektivität der Geschichtsschreibung infrage stellt und sie als poetologischen Kategorien unterworfen ansieht.

Die Erzählinstanz des Romans versucht wahrscheinliche Situationen zu entwerfen und thematisiert darüber hinaus explizit das Verfahren der Kontingenzreduktion durch eine kohärenzstiftende Narrativierung, wenn sie sich am Ende der eigenen Erzählung wieder mit einem Kontingenzüberschuss konfrontiert sieht: „[I]ch [...] stehe [...] allein mit allen Möglichkeiten einer Geschichte, ein Chronist, dem der Trost des Endes fehlt." (SEF, 252) Doch obwohl die Erzählinstanz den Kontingenzüberschuss eingesteht, potentiell andere Versionen der Geschichte erwähnt („ich [...] deute mir die Fakten [...] immer anders und neu und rücke mich in den Versionen zurecht wie ein Möbelstück", SEF, 250–251) und mit der Präsentation der zugrundeliegenden Quellen eine vermeintliche ‚Polyphonie' (vgl. Eggebrecht 1997, 77) evoziert, präsentiert sie nur *eine* kohärente Erzählung. Ole Petras weist im Zusammenhang mit der räumlichen Metapher auf die für die Sinngebung obligatorische Anwesenheit des Erzählers in der erzählten Welt hin und verdeutlicht außerdem dessen Klarheit schaffende und Kontext stiftende Funktion. Dem Roman Ransmayrs liege laut Petras ein Erzählertypus zugrunde, dem nichts fernerliege, als Texte zu vermischen, ohne sich klar auf einen zu beziehen (vgl. Petras 2013, 93–94). Das moderne Verfahren der Montage und die Selbstreflexionen, die die *histoire* auf Ebene des *discours* unterbrechen, können eine weiterhin kohärente Erzählung hinsichtlich beider Erzählstränge (Expedition und Mazzini) nur auf der Textoberfläche verschleiern und erweisen sich so, wie Kohpeiß es für den historischen Roman Ende des 20. Jahrhunderts festhält, „als Versatzstücke innerhalb einer traditionellen Erzählstrategie" (Kohpeiß 1993, 313).

Ransmayrs Roman kann zwar als Beitrag zu einem Interdiskurs bewertet werden, thematisiert er doch anhand der Erzählinstanz und ihrer selbstreflexiven Kommentare die Objektivität und die Verfahren der Historiographie, doch geht es vielmehr um die bewusste Stellung des Erzählers zwischen dem Anspruch einer objektiven Präsentation und einer literarischen Transformation der historischen Quellen. Vor diesem Hintergrund verhandelt der Roman außerdem den Einfluss des Quellenstudiums auf die Wahrnehmung von Gegenwart hinsichtlich der Erzählinstanz.

Bedrohliche Vergangenheit – Der Einfluss des historischen Quellenstudiums in der Gegenwart

Die Beschäftigung mit und die Lektüre der historischen Quellen sowie das Erzählen von Vergangenheit führen durch die Präsenz der Zeichen zu einer Gleichzeitigkeit des Ungleichzeitigen, die Einfluss auf die gegenwärtige Realitätswahrnehmung der Figuren hat. So bewirken die Erzählungen der Mutter Mazzinis, dass „die Gegenwart oft nichts als ein Arbeitsgeräusch [...]; am Küchentisch aber [...] die Vergangenheit übermächtig und malerisch [war]" (SEF, 13). Die Erzählung der Heldengeschichten verdrängt hier die ‚prosaische' Gegenwart, wird übermächtig und evoziert bei der Erzählinstanz an anderer Stelle eine Projektion der Vergangenheit auf die sie umgebende Jetztzeit:

> Ich brachte Sätze und Bilder, auch bedeutungslose Fragmente, nicht mehr aus dem Kopf. Selbst wenn ich es wollte, vergaß ich nun nichts mehr. Haufenwolken, die sich in Schaufenstern spiegelten, wurden zu Gletscherabbrüchen, Schneereste in städtischen Parks zu Treibeisfeldern. Das nördliche Polarmeer lag vor meinem Fenster. Mazzini mußte es ähnlich ergangen sein. (SEF, 21)

Der Erzähler generiert die Referenz der rezipierten Zeichen und führt das eigentlich absente, weil einerseits vergangene und andererseits räumlich entfernte Signifikat in seine unmittelbare Umgebung und Gegenwart ein. Auch Objekte wie der Ankermast lösen bei den Figuren eine Simultaneität vergangener und gegenwärtiger Zeit aus:

> Josef Mazzini war vor zwei oder drei Tagen, war *damals*, vor dem siebenunddreißig Meter hohen Ankermast [...] gestanden, an dem Amundsen und Nobile ihre Luftschiffe [...] hatten vertäuen lassen und der in den arktischen Himmel ragte wie je. Mazzini hatte Malcolm Flaherty in seinem Schwebesitz an diesem Mast pendeln sehen, aber auch die *Italia*, die sich tragisch und gewaltig erhob, hatte das *Leinen los!* gehört und die Stimme der Miniaturmalerin Lucia, die von [...] Umberto Nobile erzählte. Nein, Josef Mazzini hatte sich an nichts erinnert. Er hatte alles noch einmal erlebt. (SEF, 153–154, Hervorhebung im Original)

Die Vergangenheit, vermittelt durch sprachliche Zeichen, die Objekte mit (historischer) Bedeutung aufladen, dringt in die Gegenwart ein und bestimmt die Wahrnehmung aller Sinneseindrücke, sodass der kognitive Prozess einer Erinnerung zu einem Erleben der Vergangenheit potenziert wird.

Die Gleichzeitigkeit des Ungleichzeitigen findet ihre Entsprechung auf der *discours*-Ebene: Proleptische Teile der Narration, die die historische Nordpolexpedition betreffen, weisen auf der Ebene der *histoire* auf zukünftige Ereignisse und auf der *discours*-Ebene auf später folgende Textpassagen hin (vgl. exemplarisch SEF, 32), Journaleinträge dringen in die Erzählungen über Mazzinis

Reise ein (vgl. SEF, 168) und der Erzähler imaginiert gleichzeitig Bilder aus verschiedenen Zeiten:

> Während in meiner Vorstellung die *Admiral Tegetthoff* die ersten Treibeisfelder unter Dampf passiert und Josef Mazzini in einer Linienmaschine der *Scandinavian Airlines* grellweiße Wolkentürme unter sich aufragen sieht, lasse ich mich sachte zurücksinken [...]. (SEF, 43, Hervorhebung im Original)

Auch die bereits erwähnte Liste der *dramatis personae* verbindet durch die Auflistung Mazzinis beide Zeitebenen. Auffallend ist in diesem Zusammenhang, dass die in die Erstausgabe des Romans montierten Farbfotografien Rudi Pallas nur im Kapitel „Terra nuova", das von der k. u. k.-Expedition erzählt, zu finden sind. Die Landschaftsaufnahmen, die medienhistorisch in einem anachronistischen Verhältnis zu den Tagebucheinträgen und den Stichen des Payer-Berichts stehen, gleichzeitig aber die Rekonstruktion der Expedition illustrieren, stilisieren den Raum der Arktis und auch seine Wahrnehmung zu einer überzeitlichen Konstante.

Die intensive Beschäftigung mit der Historie durch zeichenhafte Quellen und deren Kenntnis führt durch das Nicht-Vergessen schließlich zu einem Autonomie- und Identitätsverlust beim Erzähler, der diesen Verlust auch auf die Figur Mazzinis überträgt. So konstatiert die Erzählinstanz zunächst, dass sie „längst in die Welt eines anderen hinübergewechselt war [und] gewissermaßen Mazzinis Platz eingenommen hatte" (SEF, 21). Sie markiert sich zwar nicht als handlungsunfähig, aber als heteronom und Substitut des ‚vergangenen' Mazzinis, bewegt sie sich doch „in seinen [Mazzinis] Phantasien so zwangsläufig wie eine Brettspielfigur" (SEF, 21). Genau diesen Umstand projiziert der Erzähler auch auf Josef, wenn die Auseinandersetzung mit den historischen Quellen einen „Sog" (SEF, 20)[15] auf ihn ausübt, er sich mit dem Namen seines Urgroßonkels (vgl. SEF, 89) vorstellt und von Flaherty laut Erzähler als „Weyprecht" (SEF, 113) angesprochen wird. Der Identitätsverlust durch die intensive und selbstreflektierte Auseinandersetzung mit den historischen Quellen, die durch eine die Leerstellen kompensierende Präsentation und Narrativierung gekennzeichnet ist, führt schließlich auf der *discours*-Ebene zu einem Verschwimmen der Grenzen zwischen Erzähler- und Figurenrede. Während einige, wenn auch fingierte Dialoge durch die direkte Rede oder Inquit-Formeln als transponierte Figurenrede markiert sind, tritt der Erzähler an einigen Stellen in den Dialog mit seinen Figuren: „Wenn doch dieses verfluchte Schiff endlich bersten würde. Dann wäre alles vorüber. Maulhalten, der Teufel wird nicht an die Wand gemalt,

---

15 Dabei wird der subjektiv-empfundene Autonomieverlust weiter ausgeführt, wenn es heißt: „Es schien, als ob die Dinge tatsächlich *ihren* Lauf genommen und Mazzini diesen Lauf erst nachträglich als *seine* Entscheidung auszugeben versucht hätte." (SEF, 58, Hervorhebung im Original)

nichts wird bersten." (exemplarisch SEF, 101) Vor diesem Hintergrund unterminiert der Text auch den Authentizitätsstatus der exponierten Figurendialoge, müssen diese doch eher als Selbstgespräche respektive als Identitätswechsel des Erzählers mit seinen erzählten Figuren gewertet werden.

Die spezifische Haltung sowohl der Erzählinstanz als auch Josef Mazzinis zu den historischen Quellen und der Einfluss der Auseinandersetzung mit der Vergangenheit auf die Wahrnehmung der Gegenwart sowie die Motivation des Erzählers in Ransmayrs Roman zum Erzählen lassen sich mit den Poetiken des historischen Romans im 19. Jahrhundert verbinden, verweisen also auf eine in der Gattung tradierte Erzählstrategie.

Der historische Roman im 19. Jahrhundert und seine Poetik(en)

Der Identitäts- und Autonomieverlust, den das Eindringen der durch Zeichen präsenten und nicht aus dem Gedächtnis zu löschenden Vergangenheit in die Gegenwart initiiert, ist ein grundlegender Aspekt des Geschichtskonzeptes, das Gustav Freytag in seinem Roman-Zyklus *Die Ahnen* etabliert. So evoziert ein Büßerhemd aus dem 15. Jahrhundert, das zwischenzeitlich verschollen ist und erst aufgrund intensiver Nachforschungen wieder in den Besitz der Nachfahren gelangt und einem vor mehr als zweihundert Jahren hingerichteten Vorfahren zugeordnet werden kann, im fünften Band *Die Geschwister* (DG) eine Gleichzeitigkeit des Ungleichzeitigen, die das Oberhaupt der Familie Friedrich König in seiner Identität und Autonomie bedroht. Friedrich stellt bei der Beobachtung einer Hinrichtung eine Verbindung zwischen den Armesünderkleidern der Delinquenten und dem Familienrelikt her, sodass der familiengeschichtlich semantisierte Repräsentant der Vergangenheit die Handlungsfähigkeit und kognitive Autonomie des Rezipienten in der Gegenwart mindert:

> Als Friedrich [...] die Unglücklichen im Armesünderkleide [sah], da wirbelte in seinem Haupte Gegenwärtiges und Vergangenes, was er vor sich sah und was einst an derselben Stätte geschehen war, wild durcheinander. Waren es Fremde, die vor seinen Augen geopfert wurden, [...] oder war er es selbst, der in Todesnot stand? [...] Lange stand er so, gepeinigt durch einen Sturm der Leidenschaft, und er faltete in der Bedrängnis die Hände [...], daß der Himmel ihm seine Seele festigen möge gegen die Dämonen. (DG, 266 ff.)

Im letzten, implizit selbstreferenziellen Kapitel des sechsten Bandes des Zyklus (AekS) „Das Geheimnis des Buches" plädiert schließlich die Figur Victor für ein partielles Vergessen[16]:

---

16 So entwickelt laut Claus-Michael Ort der Romanzyklus Gustav Freytags insgesamt eine Poetik des Vergessens (vgl. Ort 2002, 367 ff.).

> Aber es ist eine weise Fügung der Weltordnung, daß wir nicht wissen, wie weit wir selbst das Leben vergangener Menschen fortsetzen [...]. Was wir uns selbst gewinnen an Freude und Leid durch eigenes Wagen und eigene Werke, das ist doch immer der beste Inhalt unseres Lebens, ihn schafft sich jeder Lebende neu. (AekS, 365)

Das genaue Wissen respektive die Generationen übergreifende Kenntnis der Familiengeschichte, die zu einer atavistischen Wiederholung von Verhaltensweisen und – wie am Beispiel Friedrichs – zu einem Wiedererleben führt, markiert Freytags Roman als Bedrohung. Verbunden mit Ransmayrs Text, ist es genau die Figur Mazzini, die nach intensiver Recherche während der Reise auf den Spuren eines Ahnen und einem Versuch der Wiederholung der Expedition verschwindet. Analog dazu kann auch der Erzähler aus seinen „papierenen Meere[n]" (SEF, 252) nicht zurückkehren und seine Erzählung nicht beenden.

Die für Ransmayrs Roman charakteristische selbstreflexive Haltung des Erzählers kann außerdem mit der Erzählerfigur Karl Krumhardt aus Wilhelm Raabes *Die Akten des Vogelsangs* (AV) in Verbindung gesetzt werden.[17] Auch Ransmayrs Ich-Erzähler unternimmt, wie er zu Beginn markiert, mit seiner Erzählung den Versuch einer Selbsttherapie. Zwar ist der Anlass der Erzählung, eine Hinterlassenschaft Mazzinis zu generieren, um diesen aus der Welt schaffen zu können (vgl. SEF, 9), doch äußert der Erzähler eben auch die Beklemmung, die er hinsichtlich Mazzinis spurlosem Verschwinden empfindet, sodass er „nach einer Erklärung, irgendeiner Erklärung" (SEF, 21) sucht. Auch Karl Krumhardt, der Erzähler in Raabes *Die Akten des Vogelsangs*, rekonstruiert anhand von Erinnerungen und Dokumentsammlungen und angehalten von Helene Trotzendorff, die bedauert, dass er kein Versmacher sei (AV, 558), vor allem die Vergangenheit seines Freundes Velten Andres, der ebenfalls nahezu alle Hinterlassenschaften zerstört hat. Seine Motivation begründet er bereits zu Beginn in einem der selbstreflexiven Kommentare damit, dass er die Akten „zu eigenster Seelenerleichterung" (AV, 424) anlegt, um später im weiteren Verlauf der Niederschrift festzuhalten: „Schreibe ich übrigens denn nicht auch jetzt nur deshalb diese Blätter voll, weil ich doch mein möglichstes tun möchte, um *mir* über diesen Menschen [...] klarzuwerden?" (AV, 496, Hervorhebung im Original)

Schließlich will auch Krumhardt Velten Andres durch das Verstehen und die Konservierung der damit präsenten Lebensgeschichte wenn nicht aus der Welt, so doch aus seinem Hause schaffen (vgl. AV, 525–553). Des Weiteren kommt dem Erzähler qua seiner Stellung die Deutungshoheit über Verschollene zu, die ihn gleichzeitig zu Imaginationen anregen:

---

17 Zwar handelt es sich bei Raabes Roman nicht um einen historischen Roman, wie es die bereits angesprochene Minimaldefinition festlegt, doch kann die Verbindung hier über den fiktiven Erzählstrang des Ransmayr-Romans gezogen werden.

> Ich habe sie häufig in meinem Berufe zu suchen, die Verschollenen in der Welt; sie [...], wenn sie nicht erscheinen, für tot zu erklären [...]. [V]on Zeit zu Zeit ist da auch einer oder eine verschollen, auf deren Wege auch den abgehärtetsten Beamten die Phantasie und das Bedürfnis des Menschen, Wunder, wenn nicht an sich, so doch an den anderen zu erleben, unwiderstehlich nachlockt. (AV, 496)

Ähnlich wie bei Ransmayrs Erzählinstanz schwankt Karl zwischen den Polen der Imagination und der beamtenmäßigen reinen Deskription. Auch er muss sich selbst unter Verweis auf seine Erzählhaltung und seinen Status stets ermahnen, Digressionen oder abweichende Imaginationen zu unterlassen. So ist es auch sein Anspruch

> wie aus dem Terminkalender heraus, nüchtern, wahr und ehrlich farblos, es [das Schreiben der Akten, J. T.] fortzusetzen und es zu einem mehr oder weniger verständiglogischen Abschluß zu bringen! [...] Wie hat dies alles mich aus mir selber herausgehoben, mich mit sich fortgenommen und mich aus meinem Lebenskreise in die Welt des toten Freundes hineingestellt, nein, -geworfen! (AV, 486–487)

Die Simultaneität der Zeitebenen durch die Vergangenheit repräsentierende Zeichen und die fehlende Autonomie bei diesem Schreibprozess sowie das Oszillieren zwischen beiden Erzählhaltungen tilgen auch für Krumhardt die Grenzen von Figuren- und Erzählerrede: „Wohin reißt mich dieses Rückgedenken? Bedenke dich, Oberregierungsrat, Doctor juris K. Krumhardt, und bleibe bei der Sache! Bei der Stange! würde dein Freund Velten zu jener Zeit – unserer Zeit gesagt haben. –" (AV, 425) Während Krumhardt es allerdings vermag, *Die Akten des Vogelsangs* abzuschließen, muss dem vermeintlichen Chronisten in Ransmayrs Roman der Abschluss verwehrt bleiben.

In Bezug auf die für den Erzähler festgestellte Kompensations-Poetik bietet sich ein Vergleich mit Joseph Victor von Scheffels Roman *Ekkehard. Eine Geschichte aus dem zehnten Jahrhundert* (E I, E II) von 1855 an. Im Vorwort zum erfolgreichsten deutschsprachigen Roman des 19. Jahrhunderts[18] entwickelt Scheffel eine Gattungspoetik des historischen Romans, die im Epilog von der Erzählinstanz durch selbstreflexive Elemente bestätigt wird. Der Text sei „in dem guten Glauben [verfaßt], daß es weder der Geschichtsschreibung noch der Poesie etwas schaden kann, wenn sie innige Freundschaft miteinander schließen und sich zu gemeinsamer Arbeit vereinen" (E I, 25). Scheffel stilisiert die Poesie respektive den Roman, der sich auf historische Studien bezieht, als „ebenbürtige[n] Bruder der Geschichte", die „auch nur eine Zusammenschmiedung von Wahrem und Falschem" (E I, 27) sei. Dabei benennt er die Quellen des Romans

---

18 Der Roman ist aus Vorarbeiten Scheffels zu einer Habilitationsschrift hervorgegangen und schildert die unglückliche Liebe zwischen der verwitweten Herzogin Hadwig und dem Mönch Ekkehard – einer Kontamination aus den historischen St. Galler Mönchen Ekkehard I. und Ekkehard II.

und markiert das Vorgehen des Dichters im Gegensatz zum Historiographen. Da der Dichter zugunsten der Ökonomie des Werks ungenau sein kann, erfordere das Material, „gereinigt, umgeschmolzen und verwertet" (E I, 25) zu werden. Mit Bezug auf eine exemplarische Situation, in der sich ein Archäologe, ein Historiograph und ein Künstler gegenüberstehen, zeigt er, wie der Künstler aus den vorhandenen Mosaiksteinchen durch Kompensation und Imagination ein rekonstruierendes und gleichzeitig eigenständiges Werk schafft:

> Der Schreiber dieses Buches ist in sonnigen Jugendtagen einstmals mit etlichen Freunden durch die römische Campagna gestrichen. Da stießen sie auf Reste eines alten Grabmals, [...] ein Haufe auseinandergerissener Mosaiksteine, die ehedem in stattlichem Bild und Ornamentwerk des Grabes Fußboden geschmückt. [...] [D]erweil war ein dritter schweigsam auf dem Backsteingemäuer gesessen, der zog sein Skizzenbuch und zeichnete ein stolzes Viergespann [...]; er hatte in der Ecke des Fußbodens einen unscheinbaren Rest des alten Bildes erschaut [...], da stand das Ganze klar vor seiner Seele [...]. (E I, 26)

Ähnlich der Erzählinstanz in Ransmayrs Roman, die stets Situationen vor dem inneren Auge sieht[19] und die Mazzini unterstellt, Vorstellungen analog zu einem Mosaik (SEF, 15) zu einem Bild zusammenzufügen, reflektiert auch Scheffel das kompensatorische, aber originäre Schaffen des Künstlers: er füllt Lücken durch Imaginationen und hält für die Gattung des historischen Romans fest, dass sie nur „mit Erfolg an der geschichtlichen Wiederbelebung der Vergangenheit zu arbeiten" vermag, wenn

> einer schöpferisch herstellenden Phantasie ihre Rechte nicht verkümmert werden, wenn der, der die alten Gebeine ausgräbt, sie zugleich auch mit dem Atemzug einer lebendigen Seele anhaucht, auf daß sie sich erheben und kräftigen Schrittes als auferweckte Tote einherwandeln. (beide Zitate E I, 26)[20]

Scheffels Dialog mit den Figuren – den Poeten ereigne ein eigenes Schicksal, wachsen im doch die Gestalten empor und rufen „Verdicht uns!" (E I, 29) – greift Ransmayrs Roman durch die Überlagerung der Figuren- durch die Erzählerrede auf und auch die Erweckung der (vermeintlich) ‚Toten' wird durch die Imagination und dem damit einhergehenden Tempuswechsel vom Präteritum ins Präsens in *Die Schrecken des Eises und der Finsternis* markiert. Während Scheffels Erzählinstanz allerdings ihre Erzählung beschließen kann („Hier endet nun unsere Geschichte", E II, 189) und im Epilog[21] den Status der Figuren infrage

---

19 „Und dann sehe ich [...]" (SEF, 47), „Ich sehe ihn am Morgen [...]" (SEF, 62), „sehe ich ihn dahingehen" (SEF, 97).
20 Ähnliche poetologische Aspekte, die von einer Belebung und Kompensation der Vergangenheit ausgehen, lassen sich bei Hermann Kurz und Achim von Arnim finden, wie Ort herausarbeitet (vgl. Ort 2002, 347–348).
21 Während die Reflexionen zur Gattung des historischen Romans und ihrem Verhältnis zur Historiographie im Peritext angesiedelt sind, verhandelt Scheffel die abschließenden Kommentare auf Erzählerebene.

stellt („Es ist unbekannt, ob dies derselbe Ekkehard war, von dem unsere Geschichte erzählte." E II, 189), gleichzeitig aber auf die Leistung der aus historischen Studien entstandenen, eigenständigen Geschichte verweist, die nicht nur ein originäres Kunstwerk sei, sondern auch Wissen generiere[22], sieht sich Ransmayrs Erzählinstanz am Ende mit einem Kontingenzüberschuss konfrontiert und kann ihre Erzählung nicht beenden. So fehlen ihr einerseits Quellen zu Mazzinis möglichem Tod, andererseits hindert den Erzähler sein Selbstverständnis als Chronist, obwohl er dies, folgt man Hayden White, bereits schon vorher unterminiert hat. Während also Scheffel, als einer der Begründer der Gattungspoetik, den Wert einer historisierenden und Lücken kompensierenden Dichtung herausstellt, die ein originäres neues Kunstwerk entstehen lässt[23], muss Ransmayrs Erzähler in seinem Meer aus Möglichkeiten verharren, mahnt er sich doch stets aus der Literarisierung seiner Quellen zurückzukehren in den Status des Chronisten.

Poetologisch-programmatische Aspekte in Ransmayrs Debütroman

Anhand der Ambivalenz der Erzählinstanz verhandelt Ransmayrs Debüt nicht nur das Verhältnis zwischen Literatur und Historiographie, sondern vor allem die Erzählhaltung, indem der Erzähler die am Ende stehende Ablehnung des Status eines Literaten durch die zuvor narrativ kompensierende und sinnstiftende Literarisierung der historischen Quellen unterläuft. Mit Blick auf Ransmayrs folgende poetologisch-programmatische Schriften kann die Trostlosigkeit des Chronisten erklärt und eine Grundlage der Poetik bereits im Debüt erkannt werden. In dem Band *Die Verbeugung des Riesen. Vom Erzählen* (VR), der durch den Untertitel bereits auf den poetologischen Charakter der in ihm versammelten Preisreden hinweist, ist es die Literaturrezeption und -produktion, die zu einer Aneignung von Realität und Welt führt. In dem mit „Die Erfindung der Welt. Fragen, Antworten" überschriebenen Kapitel (VR I), das einige Verbindungen zum Debütroman herstellt, stilisiert der Erzähler die Produktion von Literatur, die analog zu *Die Schrecken des Eises und der Finsternis* (auch) von einer Recherche in Archiven und Bibliotheken ausgehen kann, als eine Reise zum Mittelpunkt der Welt. Für den Literaten ist die Beantwortung der ersten Fragen essentiell und „[m]it den ersten Sätzen hat sich der Erzähler von der unendlichen

---

22 „Aber wer der Geschichte, die wir jetzt glücklich zu Ende geführt, aufmerksam folgte, *weiß* das besser." (E II, 189, Hervorhebung J. T.)
23 Es geht dem historischen Roman des Realismus also nicht ausschließlich um eine Wiederbelebung und mimetische Abbildung der Vergangenheit, wie oft kurzschlüssig behauptet, um den Gegensatz zum postmodernen Roman zu markieren.

Zahl aller Möglichkeiten einer Geschichte gelöst und sich für eine einzige, für seine Möglichkeit entschieden [...]" (VR I, 19).

Dabei beginnt der Text genau mit der Ausgangssituation des Fragens, die sich auch in *Die Schrecken des Eises und der Finsternis* finden lässt:

> Und das Kielwasser? War das Kielwasser weißgefleckt? Treibeisscherben auch schon hier, im Fjord? [...] Welche Farben verwendete er? Indigo und Elfenbeinschwarz für die Mauern der Steilküste; Festungsmauern? Zinkweiß für ein zerrissenes Schneefeld? Und welchen Ton für das alte Eis zwischen den Fluchten des Urgesteins? Aber jetzt keine Farben mehr. Keine Bilder. Keine Vermutungen. (SEF, 218)

Der Anspruch des Chronisten verhindert die Beantwortung der Fragen durch den Erzähler, und bereits zu Beginn, nachdem er sich für einen Anfangspunkt und den ersten Satz entschieden hat, folgt er nicht dem Weg – um in der Metaphorik des programmatischen Textes zu bleiben – seiner Geschichte, sondern bricht nach einer mit dem Lexem ‚vielleicht' gekennzeichneten Vermutung ab, um auf die lückenhafte Quellenlage zu verweisen (vgl. SEF, 9). So verhindert er ein Vordringen zur Mitte der Welt durch die Produktion eines eigenen Kunstwerks. Die Ablehnung des Literatenstandpunktes steht im Gegensatz zu Julius Payer, der mit seinem Wechsel in die Malerei, also der bildenden Kunst „[v]iel [...] mit [seinem] Bild vollendet" (SEF, 247). Genau dieser Abschluss respektive diese Vollendung bleiben der Erzählinstanz des Romans verwehrt.[24]

Die schwankende Erzählhaltung in *Die Schrecken des Eises und der Finsternis* führt, obwohl im vorherigen Text eine narrativ-kompensatorische Komposition und Deutung der historischen Quellen vorgenommen wird, am Ende durch das Selbstverständnis des Erzählers als Chronist zum Scheitern an einem Kontingenzüberschuss. Da sich die Erzählinstanz einen genuin literarischen Umgang mit den Quellen, der ein Kunstwerk generieren könnte, verweigert, bestätigt Ransmayrs Roman implizit Poetiken des 19. Jahrhunderts, die sowohl nach einer Wiederbelebung der Historie trachten als auch – wie am Beispiel Scheffels vorgeführt – die Produktion eines eigenständigen Artefakts auf Grundlage einer Kompensations-Poetik hinsichtlich der historischen Quellen anstreben. Dabei verhandelt Ransmayrs Debüt zwar auch den zeitgenössischen Diskurs der Geschichtstheorie und -schreibung – ein Aspekt, der aus Sicht des Literatursystems bereits im 19. Jahrhundert thematisiert worden ist –, greift aber zugleich den für seine spätere Poetik konstitutiven Aspekt der Aneignung von Realität – ob ver-

---

24 Auffallend in diesem Zusammenhang ist, dass Julius Payers Zukunftsvision von einer Revolution in Russland, die er auf seinen „Papierschlangen" (SEF, 250) notiert, im Nachhinein eine Referenz erhält. Der zunächst von ihm produzierte Überschuss an sprachlichen Signifikanten erlangt dann in der Zukunft sein entsprechendes Signifikat. Es ist also die auf Basis von historischen Quellen retrospektive Erzählung, deren Referenz im Unklaren bleibt, da die fixierten sprachlichen Zeichen und die daraus extrapolierte Geschichtserzählung nur inferentiellen Status haben.

gangener oder gegenwärtiger – durch die Produktion und Rezeption von Literatur[25] auf. So ist es vor diesem Hintergrund nur konsequent, wenn die Erzählinstanz an einem Abschluss der Erzählung scheitert, generiert sie doch keine genuin literarische Geschichte, sondern verharrt im Selbstverständnis des Chronisten. Ransmayrs Roman kann zwar weiterhin als Interdiskurs nach Nünning bewertet werden, doch liefert er durch die Selbstreflexionen des Erzählers, die implizit auf das Verfahren literarischer Textproduktion verweisen, einen Kommentar zum eigenen Genre, in dem ein klar literarischer Standpunkt eingenommen werden muss, der mit dem Anspruch einer bloßen Rekonstruktion historischer Ereignisse im Kontext der Literatur nicht vereinbar ist. So ist die Poetologie Ransmayrs, die dann auch seine folgenden Romane mit historischem Sujet bestimmt, bereits in *Die Schrecken des Eises und der Finsternis* angelegt.

Literatur

Quellen

Aristoteles (1994). *Poetik*, hrsg. v. Manfred Fuhrmann. Stuttgart: Reclam.
Droysen, Johann Gustav (1977). Historik. Die Vorlesungen von 1857 (Rekonstruktion der ersten vollständigen Fassung aus den Handschriften). In *Historik. Historisch-kritische Ausgabe, Bd. 1*, hrsg. v. Peter Leyh, 1–393. Stuttgart: frommann-holzboog. (= H I)
Droysen, Johann Gustav (1977). Grundriss der Historik. Die letzte Druckfassung (1882). In *Historik. Historisch-kritische Ausgabe, Bd. 1*, hrsg. v. Peter Leyh, 413–488. Stuttgart: frommann-holzboog. (= H II)
Freytag, Gustav (1887). Die Ahnen. Bd. 5: Die Geschwister. In Gustav Freytag: *Gesammelte Werke Bd. 12*. Leipzig: Hirzel. (= DG)
Freytag, Gustav (1887). Die Ahnen. Bd. 6: Aus einer kleinen Stadt. Schluß der Ahnen. In Gustav Freytag: *Gesammelte Werke Bd. 13*. Leipzig: Hirzel. (= AekS)
Payer, Julius (1876). *Die österreichisch-ungarische Nordpol-Expedition in den Jahren 1872–1874*. Wien: k. k. Hof- und Universitätsbuchhändler Alfred Hölder.
Raabe, Wilhelm (1987). Die Akten des Vogelsangs. In *Gesammelte Werke. Romane und Erzählungen. Zweiter Band*, hrsg. v. Peter Bramböck und Hans A. Neunzig, 419–562. München: Nymphenburger Verlagshandlung. (= AV)
Ransmayr, Christoph (1984). *Die Schrecken des Eises und der Finsternis*. Wien: Brandtstätter. (= SEF)
Ransmayr, Christoph (2013). Die Erfindung der Welt. Fragen, Antworten. In Christoph Ransmayr: *Die Verbeugung des Riesen. Vom Erzählen*, 15–22. Frankfurt a. M.: Fischer. (= VR I)

---

25 So auch in dem Text „Ach, Carlos. In Memoriam" (VR II): „Nein, Carlos wollte viele Orte, von denen ihm berichtet wurde, niemals oder niemals wieder betreten, umgaben sie ihn doch […] auf den Begriff gebracht, in Sprache verwandelt, in den Tausenden Bänden seiner Bibliothek." (VR II, 75)

Ransmayr, Christoph (2013). Ach, Carlos. In Memoriam. In Christoph Ransmayr: *Die Verbeugung des Riesen. Vom Erzählen*, 70–83. Frankfurt a. M.: Fischer. (= VR II)
Ransmayr, Christoph (2014). Fatehpur. Oder die Siegesstadt. In Christoph Ransmayr: *Der Weg nach Surabaya. Reportagen und kleine Prosa*, 229–235. Frankfurt a. M.: Fischer.
von Scheffel, Joseph Victor (1917). Ekkehard. Eine Geschichte aus dem zehnten Jahrhundert. In *Joseph Victor von Scheffels Werke. Auswahl in sechs Teilen. Dritter Teil: Ekkehard I*, hrsg. v. Karl Siegen. Berlin, Leipzig, Wien, Stuttgart: Deutsches Verlagshaus Bong & Co. (= E I)
von Scheffel, Joseph Victor (1917). Ekkehard. Eine Geschichte aus dem zehnten Jahrhundert. In *Joseph Victor von Scheffels Werke. Auswahl in sechs Teilen. Vierter Teil: Ekkehard II, Hugideo, Juniperus*, hrsg. v. Karl Siegen, 3–223. Berlin, Leipzig, Wien, Stuttgart: Deutsches Verlagshaus Bong & Co. (= E II)

Sekundärliteratur

Barthes, Roland (1968). Historie und Diskurs. *alternative. Zeitschrift für Literatur und Diskussion* 11: 171–180.
Brenner, Peter J. (1989). Die Erfahrung der Fremde. Zur Entwicklung einer Wahrnehmungsform in der Geschichte des Reiseberichts. In *Der Reisebericht. Die Entwicklung einer Gattung in der deutschen Literatur*, hrsg. v. Peter J. Brenner, 14–49. Frankfurt a. M.: Suhrkamp.
van Dam, Beatrix (2016). *Geschichte erzählen. Repräsentation von Vergangenheit in deutschen und niederländischen Texten der Gegenwart*. Berlin, Boston: de Gruyter.
Eggebrecht, Harald (1997). Wider das häßliche Haupt der Wahrscheinlichkeit. Erfahrungen mit Ransmayrs *Die Schrecken des Eises und der Finsternis*. In *Die Erfindung der Welt. Zum Werk von Christoph Ransmayr*, hrsg. v. Uwe Wittstock, 74–81. Frankfurt a. M.: Fischer.
Hauenstein, Robin (2014). *Historiographische Metafiktionen: Ransmayr, Sebald, Kracht, Beyer* (Epistemata: Reihe Literaturwissenschaft 820). Würzburg: Königshausen & Neumann.
Kohpeiß, Ralph (1993). *Der historische Roman der Gegenwart in der Bundesrepublik Deutschland. Ästhetische Konzeption und Wirkungsintention*. Stuttgart: M & P, Verlag für Wissenschaft und Forschung.
Müller, Harro (1988). *Geschichte zwischen Kairos und Katastrophe. Historische Romane im 20. Jahrhundert*. Frankfurt a. M.: Athenäum.
Nünning, Ansgar (1995). *Von historischer Fiktion zu historiographischer Metafiktion. Bd. 1: Theorie, Typologie und Poetik des historischen Romans* (Literatur – Imagination – Realität 11). Trier: Wissenschaftlicher Verlag.
Ort, Claus-Michael (2002). Roman des „Nebeneinander" – Roman des „Nacheinander". Kohärenzprobleme im Geschichtsroman des 19. Jahrhunderts und ihr Funktionswandel. In *Zwischen Goethezeit und Realismus. Wandel und Spezifik in der Phase des Biedermeier*, hrsg. v. Michael Titzmann, 347–375. Tübingen: Niemeyer.
Ort, Claus-Michael (2013). Handlungshemmung und Werkstiftung. Joseph Victor von Scheffels *Ekkehard. Eine Geschichte aus dem zehnten Jahrhundert* (1855) und die fin-

gierte Selbsthistorisierung des historischen Erzählens. In *Der historische Roman. Erkundung einer populären Gattung*, hrsg. v. Hans-Edwin Friedrich, 17–43. Frankfurt a. M.: Peter Lang.

Peter, Nina (2013). „Möglichkeiten einer Geschichte". Erzählte Kontingenz in Christoph Ransmayrs „Die Schrecken des Eises und der Finsternis". *Studia austrica* XXI: 95–116.

Petras, Ole (2013). Eine „unumgängliche Gegenwart". Zu Christoph Ransmayrs *Die Schrecken des Eises und der Finsternis*. In *Der historische Roman. Erkundung einer populären Gattung*, hrsg. v. Hans-Edwin Friedrich, 83–97. Frankfurt a. M.: Peter Lang.

White, Hayden (1991). *Metahistory. Die historische Einbildungskraft im 19. Jahrhundert in Europa*, übersetzt von Peter Kohlhaas. Frankfurt a. M.: Fischer.

Andreas Stuhlmann (Edmonton)

Mapping the Way to Surabaya. Christoph Ransmayr's Travelogues *Der Weg nach Surabaya* and *Atlas eines ängstlichen Mannes*

"I felt infinite wonder, infinite pity." J. L. Borges

In his 1995 Franz Kafka Prize eulogy on Christoph Ransmayr, the critic Ulrich Weinzierl reminded us of that "gleichsam demiurgische Kraft, die den großen Schriftsteller vom guten unterscheidet: eine imaginäre Welt [...] zu schaffen." (Weinzierl 1997, 197) Great writers are worldmakers in the symbolic system of literature as Nelson Goodman has described it. (Goodman 1978, 6) Ransmayr is without a doubt one of those demiurges, those worldmakers, yet the universe of his novels, his reportages and short prose pieces comprises storyworlds of very different ontologies. In this article, I will describe Ransmayr's process of mapping the storyworlds of his travelogues *Der Weg nach Surabaya* (1997) and *Atlas eines ängstlichen Mannes* (2012) through storytelling. I will focus on three symbolic operations of mapping and three exemplary figures he uses to focalize his narrative: the collector, the pilgrim, and the digger. A concluding section reflects on Ransmayr as a postcolonial travel writer.

The Storyworlds of the Novels

In his writing, from his 1982 debut *Strahlender Untergang* to his latest novel, the 2016 *Cox oder Der Lauf der Zeit*, Ransmayr has playfully manipulated extra-literary space and historical time. In some cases, e.g. in *Strahlender Untergang*, *Die Schrecken des Eises und der Finsternis* (1984), or *Der fliegende Berg* (2006), he has conjured up the extreme landscapes of the Algerian Tanezrouft, Franz Joseph Land in the Russian Arctic, or the Eastern Tibetan Himalaya, where their sheer remoteness relieved him of any burden of duty to reality. In the case of Rome in *Die letzte Welt* (1988) or Beijing in *Cox oder Der Lauf der Zeit,* Ransmayr used places that are well-documented, mapped, described and researched, but here the historical distance provides the necessary poetic license. Ransmayr has also created imaginary places only loosely based on and located in our shared world: the dystopian 'Terrarium' in the Tanezrouft or the spa town of Moor at Traunsee in *Morbus Kitahara* (1995) are set in a real topography, employing the distinct natural features of the Sahara and the Salzkammergut, as well as their histories and traditions. In the case of Tomi/Tomis (Constanţa) in *Die letzte Welt,* all three strategies come together.

Ransmayr often uses testimonials of travellers and discoverers, in some cases also the narrators, through whose eyes we see the storyworld, to provide us with what Roland Barthes has called a 'reality effect', "effet de réel" (Barthes 1986, 141-148). His character Josef Mazzini traces the footsteps of Carl Weyprecht's and Julius Payer's expedition on Franz Joseph Land between 1872 and 1874, in *Die letzte Welt,* Cotta follows the exiled poet Ovid/Naso from Rome to Tomi during the years 8 to 17 AD, and the Irish mountaineer Pad is our guide to the wondrous world of East Tibet on the hunt for the 'flying mountain' during the 'year of the horse'.

Yet, when Ransmayr, for example, places his Tomi on a coastal cliff surrounded by a mountain ridge, or introduces photography, cinematography and telephones into the antique world, he deliberately deconstructs any notion of historical accuracy and realistic likeness. (Hage 1988; Eggebrecht 1988; Harbers 1994, 58-72) Especially *Die letzte Welt* and *Morbus Kitahara* have been classified as works of historical metafiction, more precisely of alternative history. As Helga Bleckwenn has shown, Ransmayr is rooted in the specifically Austrian tradition of magical realism going back to Adalbert Stifter. Geographical and historical signifiers hence function as spatial and temporal anchors providing some level of authenticity, without guaranteeing any factual truthfulness. (Bleckwenn 1994, 31-40) Like his novels, his reportages and short prose, in Weinzierl's view, also share with the realist tradition the power to condense reality and to uncover its hidden truth. Ransmayr possesses:

> die Gabe, Realität zur Wirklichkeit zu verdichten und uns Verborgenes sehen zu lehren [...] Die Natur, die Sie in sich aufnahmen, feiert vor dem inneren Auge des Hörers Auferstehung [...]. Da leuchten Farben, Formen erhalten denkbar scharfe Konturen, Bilder werden plastisch, Atmosphäre erfüllt den Raum. (Weinzierl 1997, 195)

One of the central question of this article is whether this form of realism also pertains across Ransmayr's literary universe and connects the novels to his travelogues, both in his early reportages collected in *Der Weg nach Surabaya* (all further references are marked Surabaya and page number in the text) and the short prose pieces of his *Atlas eines ängstlichen Mannes* (all further references are marked Atlas and page number in the text).

Maps, Legends and Atlases

The travelogues, which are explorations of strange, but not necessarily foreign places, differ from the novels in that they are built on the premise that these places could be found in extraliterary reality by anyone who retraces Ransmayr's footsteps. It is his duty to uncover something profound about them for his readers: "Jeder Weg, der seinen Namen verdient," he says, "führt zugleich in die Ferne und in die Tiefe, an den Rand der Welt und in ihr Herz" (Ransmayr 2003, 24). Like all worldmakers, Ransmayr maps the world along the paths he creates. Every map, as the American novelist and essayist Michael Chabon says, needs a legend, an inscription or a key how to read it. (Chabon 2008, 15–23) Since spaces and places are charged with stories and histories, they provide us with those legends. Similar to the novels (and this is a feature of literary realism generally), the travelogues contain a narrator figure who claims the role of the medium. He records and voices those legends, stories and histories he 'finds' in places he is actually creating in his text and uses resident informants who vouch for the authenticity of local colour.

In space, we read time; so argues historian, geographer and cultural anthropologist Friedrich Ratzel with reference to Wagner's *Parsifal*. (Ratzel 1904, 28) Historian Karl Schlögel echoes Ratzel's claim when he argues that the plurality of mental maps points to the plurality of any given space:

> Mental maps sind im Grunde das Ende der Vorstellung von dem einen Raum, eine radikale Subjektivierung der Raumvorstellung. Solche Landschaften sind in Romanen verborgen oder in Gemälden, auf die man bisher nicht geachtet hat. (Schlögel 2003, 243)

Mental maps are related as narratives, they represent the different realities of any given space at different times, and each story creates its own version of the place: "Die Rede von den mental maps impliziert so viele Räume, wie es Sichtweisen, Wahrnehmungsweisen, Erfahrungsweisen gibt." (Ibid.) In that sense, mental maps are snapshots of a present at different moments in time. In fact, what we perceive as the present is just the thin most recent layer on the surface of any given place, and we get to the past by peeling back layer after layer. The present, as Hannah Arendt put it, is but a small gap between past and future; it is a time and place moulded by the past in which the future already takes shape (Arendt 2006, 3–15). The word 'Atlas', as the geographer Gerardus Mercator uses it in 1595 for his *Atlas Sive Cosmographicae Meditationes de Fabrica Mundi et Fabricati Figura*, refers not simply to a collection of maps, it provides a description of the creation and form of the whole universe. Mercator chose the title out of respect for King Atlas of Mauretania, whom he considered to be the first great geographer, and it is the King who is portrayed on the frontispiece of the first 1595 edition. By the time of the 1636 edition however, the iconic image of Titan Atlas supporting the globe had taken over the frontispiece. (Hartley 1989, 1–20)

The painter Gerhard Richter originally referred to the ever-growing collection of photographs, newspaper cuttings and sketches that he had been assembling since the mid 1960s as source material and inspiration for his paintings as "rumliegendes Zeug" – but when he began to organize the materials on loose sheets of paper in the mid 1970s, these snapshots of his creative process transformed into a collection of mental maps of his artistic universe, and the name 'Atlas' emerged. (Richter 2009, 332) This use of the term 'atlas' refers to Aby Warburg's *Mnemosyne Atlas*, a collection of photographs, newspaper cuttings, reproductions and sketches that he used to trace the fragmented history and re-appropriation of icons, of pathos formulas across cultures and centuries. (Warburg 2012) In 1927, two years before his death, Warburg had forty wooden frames covered in black cloth built to pin the images on. This allowed him to rearrange the images on the canvases at will and to rewrite the legend, the ever-oscillating and permuting story of antiquity's afterlife. (Gombrich 2006, 375–408) In addition to the frames, he had custom-built suitcases made, so he could always travel with his atlas and would never be forced to interrupt his work. The title *Mnemosyne Atlas*, is, in turn, a reference to Mercator. In Greek mythology, the nymph Mnemosyne, memory personified, is the mother of the nine muses. Warburg creates mental maps in combining intersubjectively verifiable art historical data with highly subjective observations and associations. Warburg's *Mnemosyne Atlas* combines the spatial ordering process of mapping, travelling and exploring, with the temporal ordering process of tracing traditions of depiction, pathos formulas and memes through the history of art.

In a similar way, the pieces in *Der Weg nach Surabaya* could be called "rumliegendes Zeug." Most of them written as reportages, they appeared between 1979 and 1996 in a number of magazines, journals, newspapers and anthologies from *Geo, Merian, Extrablatt* and *TransAtlantik* to Zurich's *NZZ* and Hamburg's *Die Zeit*. On the heels of the success of *Die letzte Welt* and *Morbus Kithara*, Ransmayr's publisher, S. Fischer, was looking for material for a new book, and the dispersed pieces were collected for a volume. Despite their disparate publication history, these stories form an atlas in its own right, a collection of mental maps from twenty-two cities and places in eleven countries on three continents. The reportages vary between the micro and the macro perspective, they show both the empathic and emphatic gaze of the traveller, and the sober, almost merciless gaze of a more philosophical literary imagination focussed on the bigger, the cosmic picture, but never without a subtle, almost tender irony. Many of the stories draw on similar themes, share a melancholic tone and employ similar pathos formulas. In spite of the fact that these reportages for the most part appeared as non-fiction in magazines, Weinzierl places them in the tradition of literary reportage and claims them as literature, rather than 'mere journalism': "Wer die Reportagen Christoph Ransmayrs gelesen hat, der hat Literatur gelesen und das merkt er auch, auch und gerade in Kenntnis des Genres." (Weinzierl 1997, 195-196) The tradition of literary reportage encompasses names like Egon Erwin Kisch and Richard A. Bermann, as well as Bruce Chatwin or V.S. Naipaul, Hubert Fichte or Ilja Trojanow. Gisela von Wysocki seconds Weinzierl's claim with regard to the *Atlas* in her review for *Die Zeit*. (Wysocki 2012) Neither collection claims to be a comprehensive log of the places Ransmayr, an avowed "Halbnomade," (Ransmayr 2004, 82) has travelled to between 1979 and 2012, nor do they include all the travelogues he has written and published during this period. They explore new and unusual forms of writing and narration together with the other literary interludes in between his novels, such as his plays, his poetological reflections in *Die Verbeugung des Riesen* (2003) and *Geständnisse eines Touristen* (2004), the two collaborative projects *Damen & Herren unter Wasser* (2007) – a story in pictures (Bildergeschichte) based on seven under-water photographs by Manfred Wakolbinger – and three Polish 'duet stories', *Der Wolfsjäger* (2011), co-written with Martin Pollack. The reportages and short prose pieces of *Der Weg nach Surabaya*, as well as the stories of the *Atlas*, are intertwined with the history of the places in which they are set. No picture of a place is complete without its history and Ransmayr makes the past tangible as it protrudes into the present. In all stories the narrating "I" seems to write while on the road; place and history unfold in front of his eyes as well as ours.

While *Der Weg nach Surabaya* bears the genre-indicating subtitle "Reportagen und kleine Prosa", *Der Atlas eines ängstlichen Mannes* resists such categorization. This echoes Ransmayr's own dictum "Das Erzählen ist untrennbar und unteilbar" (Ransmayr 1995, 17). In his preface to the *Atlas*, Ransmayr refers to its seventy stories as snapshots of places, "Episoden". The term is certainly carefully chosen: in a Greek tragedy, the ἐπείσοδος is a short interplay between two choric elements; in the 18th century the French term épisode, which means a short interlude, occurrence or subplot, enters the German language and comes to denote a "Zwischenspiel, belangloses Ereignis."[1] It could be argued that Ransmayr in using the term sought to downplay the expectations of critics and the reading public, since the collection was not to be confused with his eagerly awaited next novel. Unlike *Der Weg nach Surabaya*, the *Atlas* is composed in a very strict manner. It comprises seventy individual episodes and it is a collection of sketches or mental maps from thirty-eight countries on six continents. Nine stories are set in Austria, five in Chile (two of them on Easter Island), three each in Brazil, Greece, Ireland, and Indonesia, and two each in China, the US, New

---

1 "Episode". Digitales Wörterbuch der Deutschen Sprache. https://www.dwds.de/wb/Episode (June 22, 2020).

Zealand, India, the Dominican Republic, the Russian Arctic, Turkey, Russia, Nepal, and Sri Lanka. In an interview with journalist Mia Eidelhuber Ransmayr describes his process:

> Ich kritzle, meist mit Bleistift, in Notizbücher von der Größe einer Brusttasche. Ich notiere nie in Sätzen, immer nur in Fragmenten, Stichworten, Zahlen. Diese Bruchstücke werden dann zu Appellen an mein Erinnerungsvermögen, und ich muss hellwach sein, wenn ich nach Jahren wieder in diesen Notizbüchern lese. (Eidlhuber, 2012)

Each episode begins with what Wysocki refers to as the "visionär-pathetischen Formel, 'Ich sah.'" (Wysocki, 2012) This stylizing feature, which also appears in the Jorge Louis Borges' short story "The Aleph" (Borges, 2004), helps Ransmayr to control the abundance of travel impressions – be it natural wonders, cultural artifacts or practices, or human encounters. It also positions the narrator as an observer, a reader in opposition, situated outside the events he observes. This detachment is fundamental to his production, as his comment in an interview with Insa Wilke attests: "Man muß das Material einer Geschichte lesen lernen wie die verschiedenen Schichten und tektonischen Verläufe einer Landschaft". (Wilke, 2014, 76) Each episode begins with a description of observing an object, a human being, or a situation in the context of a specific place. The gaze of the narrator then moves outward, across the geological formations of landscape on which civilisation rests; it focuses on the fragments of history he finds and connects them to the memories of the people he meets. Gradually, he reveals layer after layer of the story, probing and digging deeper. In almost every story the narrator meets another person, often men, who provide him with insight, local knowledge or information, beyond what even the best guidebook could have provided. Ransmayr weaves the narrative by drawing lines of connectivity between the objects and the people, and between the people themselves. The *Atlas* is hence a collection of deeply interconnected stories, or, as Ransmayr called it, "ein vernetztes Zusammenspiel von Lebensläufen auf allen Kontinenten." (Wilke, 2014, 40)

The features of distanciation, the tone, the fact that we can map the places we hear about on a map of the extraliterary world, all give the texts an air of nonfictional authenticity. Some stories can be dated: one is set just outside the city of Kalamata on the Greek Peloponnese at the moment of the devastating earthquake on September 15, 1986, another in Weligama Bay in the South of Sri Lanka in 2011, seven years after the catastrophic tsunami struck the island in 2004. But in a manner that is again similar to that of Borges, Ransmayr introduces a narrative device to destabilize and undermine his reader's expectations of authenticity, when he mentions in the preface that his own travels provided the material for all but one of the episodes. That one story was relayed to him by his former partner. But Ransmayr does not reveal which story it is, and the reader cannot tell. (Rexhepi, 2014, 5)[2] From the fragments in his notebook, Ransmayr had initially assembled two-hundred episodes, then he let the inner "magnetism" of the collection's coherence guide him to a final selection. (Eidlhuber 2012) Again, this process is similar to the way in which Warburg allowed ideas to guide him in the genealogical reconstruction of his iconographies. Ransmayr's *Atlas* is not organized by continent or geographic proximity; the texts are instead, Warburg-like, linked by a web of themes and motifs. Sometimes this link is the location, for example, rainforests on different continents, deserts, rivers, but also warzones, or sites of natural disasters; sometimes it is modes of transportation, or topoi such as death or dying, the figure of the last man, ancient ruins, meteors and comets, the stages of life, rites of passage, and so on.

Mapping the Fragments of History

"Geschichten ereignen sich nicht, Geschichten werden erzählt," (Atlas, 5) Ransmayr claims at the outset of the *Atlas*. But historical events – 'Geschichte' in the singular – do occur. History as such remains unattainable for us, and storytelling is one of the traditions we use to grapple with what it throws in our path. 'Geschichten' – stories – may therefore contain elements of history, of the singular 'Geschichte'. (Stahl 2008) "For tradition puts the past in order," says Hannah Arendt paraphrasing Walter Benjamin in her portrait of her friend, "not just chronologically but first of all systematically in that it separates the positive from the negative, the orthodox from the heretical, that which is obligatory and relevant from the mass of irrelevant or merely interesting opinions and data." (Arendt 1993, 198–199) But, Arendt says in another essay, the "thread of tradition" that bridged the gap between past and future "has worn thinner and thinner" and when it finally broke, the gap between past and future became "a tangible reality", it became "a fact of political relevance." (Arendt 2006, 13) History, in Arendt's account, has destroyed the context of tradition and has left us with the past in ruins, or piles of débris. "Notre héritage n'est précédé d'aucun testament," she quotes French poet and résistance fighter René Char, "our inheritance was left to us by no testament." (Ibid., 3) Following Walter Benjamin, she hopes to redeem from the past some lost or forgotten fragments that are still of significance to us. It is the task of the collector to re-establish a linkage with the past by means of a critical re-appropriation of those fragments. In this way, we discover the past anew, endow it with relevance and meaning for the present, and make it a source of inspiration for the future. Arendt sees Benjamin taking on two

---

2 Arsim Rexhepi (2014) identifies the second last episode "Mädchen im Wintergewitter" (Atlas, 441–449) as the one Ransmayr appropriates.

of the "old-fashioned" roles in the development of culture which he himself had described: the flaneur and the collector. (Arendt 1993, 200) The collector is the one who gives the found fragments new meaning by placing them in his collection. Arendt describes Benjamin carrying around "the little notebooks with the black covers [...] in which he tirelessly entered in the form of quotations what daily living and reading netted him in the way of 'pearls' and 'coral'." (ibid.) Like Benjamin, Ransmayr is collecting fragments of stories from the débris of history, and when he arranges and re-arranges those fragments, his memories, these stories, keep changing, transforming, mutating: "Was immer erzählt wurde, war niemals für alle Zeiten festzuhalten, sondern wurde weitererzählt, weiter überliefert, verwandelt." (Ransmayr 2004, 65) His maps can be seen as his *Mnemosyne Atlas*; they are in Arendt's sense treasure maps, they confront the ruptures and preserve fragments of the past in the ever-shifting forms of memories.

Collections of Dying Traditions and Lost Civilisations

Die vergorene Heimat, the central piece of the architecture of *Der Weg nach Surabaya*, was published in the German reportage magazine *Geo* in 1989. In the story, Ransmayr's first-person narrator sets out on a journey through Austria's Mostviertel. The name of this region in the state of Lower Austria, between Waidhofen an der Ybbs and Wolfsbach, Wegleiten bei Oed und Sankt Peter in der Au, and between Ardagger and Annaberg, reflects the centuries-old tradition of must-making that has shaped the land – from the enormous apple and pear orchards to the irrigation systems and the typical layout of the villages. The narrator visits peasants like Johann Stohmayr and Maria Grubhofer who have witnessed the decline in the production of fruit wines over the decades and tried to preserve the thousand-year-old techniques of their making, including ancient tools, barrels, stone mills and presses. He meets Karl Piaty, a confectionist, and Maria Hundsnurscher, the retired housekeeper of a pastor, who each saved hundreds of artefacts of peasant life and must-making from obliteration and oblivion by collecting them in their own private museums. With Jakob Wenger, a basket weaver, blacksmith Josef Brandecker, and cooper Johann Scheuch, the narrator converses about their dying trades and crafts. Each is holding fast to a vanishing craft and waning traditions, to a life shaped by rural rituals and religious rites. The people he meets seem trapped in the perpetual production cycle of the must, a cycle that is steered by the seasons and tied to the ecclesiastical year. Each of these figures watches helplessly as the teleology of modern progress cuts through his rhytic world; their fear of the future is tangible. They provide the travelling collector with fragments of their vanishing world so that he may tell its story, report its decline and preserve their memories. Like an incantation, the narrator compiles long lists of vanished vocations and professions, of obsolete objects, or forgotten varieties of apples and pears to invoke the world they inhabited, as if the utterance of these old forgotten words could bring them back to life: "die Köhler, die Sensenschmiede und Strohdecker des Alpenvorlands, die Eisbrecher, Dampfdrescher, Rechenmacher und Bürstenbinder" (Surabaya, 42), "Scheuklappen, Weihprügel und Selchhaken, Dreschflegel, Distelstecher und Gewürzkästchen für zahnende Kleinkinder, Taufkleidchen, Hirnbügel für Jungstiere, das Anzeigefähnchen für einen gehörlosen Orgeltreter, die Niederschriften von sechshundert Totenliedern und Gebeten zur Bewahrung der Unschuld" (ibid., 47), "die Große Speckbirne, die Knollbirne und die Rosenholzbirne, der Trierische Weinapfel und der Mauthausener Limoni" (ibid., 45). When the narrator visits Hundsnurscher's collection, he finds a powerful pathos formula in the way she operates her collection of old pendulum clocks:

> Wie behende sie nun an den acht Pendeluhren vorübergeht und mit einer flüchtigen Bewegung ihrer Hand die Pendel in Schwingung versetzt. Sie lauscht dem warmen Takt der Uhren, dem Klang der Zeit, nur kurz. Dann nickt sie dem Besucher zu, huscht ein zweites Mal an den Gehäusen vorüber und hält Pendel um Pendel an. (Ibid., 50)

The beautiful old pendulum clocks have lost their purpose, they are only put back into use for the entertainment of the visitors to the museum. Their time is up, just as the age of traditional winemaking is over. Soon the knowledge of how to handle them and their delicate inner works will be forgotten. The passing of time and the power of memory are similarly captured in Piaty's collection of over 8,600 slides with which the hobby photographer has documented the changes in his hometown and the whole area. The seemingly endless series of images reveals the slow but undeniable changes in the landscape, the appearance of towns and villages, in socio-economic conditions and in the people themselves: "Der Konditor Karl Piaty hatte im Mai so vieler Jahre ihre Blütenwolken fotografiert und am Vergleich seiner Bilder gesehen, wie diese Wolkenfronten entlang der Felder lichter wurden und sich über manchen Anbauflächen ganz verzogen." (Ibid., 46)

In contrast to this first theme of the story, the potentially nostalgic view of a fading world with its ancient traditions, struggling to preserve a positive and wholesome notion of 'Heimat', Ransmayr introduces the second theme: the painful memory of the Holocaust, the cataclysmic rupture in tradition and civilisation. (Diner 1988) In a technique similar to a musical stretto, he ties the two themes together: It is hence no coincidence that the name Mauthausen, the small town that was the site of Austria's most notorious concentration camp, appears numerous times in seemingly unrelated contexts in the story before the narrator addresses the troubling history directly. In the Holocaust, tradition and modernity had joined forces to unleash the most barbaric violence the Mostviertel struggles to forget, but cannot.

The "Sturmschaden" episode of the *Atlas* deals in a very similar way with Austria's urge and inability to forget the recent past. Set during the post-war period in Ransmayr's own childhood home town, Roitham am Traunfall, in the attic of an apartment building for teachers, the narrator presents the episode as a childhood memory, in which he watches his mother hanging up the linen on a stormy spring night, while he roams the attic, visiting his secret "Märchenland." Using a stretto technique similar to the *Geo* reportage, Ransmayr juxtaposes the same two themes: the freshly cleaned white laundry the mother hangs up symbolizes 'Heimat', traditions of homemaking, but also the urge to forget, to clean up the 'dirt' of the past. While the boy searches for secret, hidden, dusty "treasures" in a forbidden, locked den in a far corner that contained an intriguing collection from a "magische Ritterwelt": "Ein ganzer Strauß Fahnen und Lanzen, […] zwei Schwerter, in schwarzen, matt schimmernden Scheiden, […] einen lebensgroßen goldenen Adler mit geöffneten Schwingen [und] das Bild eines Ritters in voller Rüstung." (Atlas, 386) In the dramatic climax of the story, the storm catches the roof of the house, ripping the massive truss off the building, while mother and son are running for their lives. Not only, the narrator claims, did this harrowing event for the first time instill a sense of mortality in him, he also learned the proper names for his secret treasures. In fact, what was now spilled onto the yard for everyone to see and mixed with the ghostly white laundry, was the town's now secret dirty past:

> Das Zeichen, das die rot-weißen Fahnen trugen, hieß *Hakenkreuz*, der goldenen Adler auf seinem Sockel war ein *Reichsadler* aus Gips, die Lanzen waren *Standarten* einer *Wehrmacht* und die kurzen Schwerter in ihren schwarzen Scheiden, *Zierdolche* der SS. Der Ritter in der silbernen Rüstung hieß *Adolf Hitler*. (Ibid.)

In a similar way, "Fernstes Land," the opening episode of the *Atlas*, and "Im Schatten des Vogelmannes", one of the last episodes of the book, deal with the same themes of tradition, genocide and cultural destruction. The stories complement each other, telling in fact two sides of the same story. Onboard a ship carrying him from Puerto Montt in Southern Chile to Rapa Nui, Easter Island, the narrator of "Fernes Land" meets "einen erschreckend dünnen Mann" (ibid., 12), whose life story is tied to the history of the island and the dying culture of its people. This culture, the thin man explains, had been consumed by the creation of the *moai*, the island's famous mysterious stone figures. In "Im Schatten des Vogelmannes", set a couple of days after this encounter, the narrator describes the *moai* based on first-hand experience:

> [J]ene langnasigen, kolossalen Steinskulpturen, die, mit dem Rücken zum Meer, auf gemauerten Zeremonialplattformen stehend, mit ihren Obsidianaugen niemals in die

Weite, niemals gegen den Wasserhorizont, sondern stets nur ins Innere der Insel blickten. Und mit ihren Schultern aus Basalt oder Tuffstein hielten sie das Meer davon ab, über dem Land zusammenzuschlagen. In ihren stoischen Gesichtszügen spiegelte sich die Gleichmut, mit der die Toten die Ankunft der Nachgeborenen in ihrem Reich erwarteten, und ihre tatenlos an den Körper gelegten Hände zeigten, daß gegen den Lauf der Zeit, der die Welt der Lebenden mit jener der Ahnen verband, jede Auflehnung vergeblich war. (Ibid. 401)

The story of the *moai*, as the seemingly nervous, birdlike man reveals to the narrator over the course of four or five nights in the bar on the quarterdeck of the ship, bears all the hallmarks of a cautionary tale of a Greek tragedy. The *moai*, today mysterious and forlorn witnesses of a lost culture, were originally venerated monuments of ancestor worship and tangible connections with the past and with eternity. But they had been reduced to mere symbols of status and power, as the island's clans competed to surpass one another in creating more and larger *moai*. Like all symbols in all male-dominated cultures, the narrator adds, new *moai* had to be "groß, möglichst groß, immer gößer […], immer noch größer!" The competition had eventually literally consumed the Rapa Nui, as the rival clans had not only attacked and decapitated the others' *moai*, but killed each other over declining food sources, and eventually cannibalized each other. "[F]ür deren Herstellung und Transport [hatten] die Rapa Nui über die Jahrhunderte alle ihre Kräfte erschöpft und ihre Palmenwälder, ihre Fischgründe, ihre Gärten und Felder und schließlich sogar den Frieden zwischen den Clans der Insel geopfert." (Ibid., 15)

The story of the *moai* is echoed in the second episode in another story of another self-destructive masculine ritual of the island tied in with the decline of the Rapa Nui: the story of the enigmatic birdman. The birdman was both a spiritual and a political role bestowed upon the chief of one of the rival clans on the island. Every year, the clans selected their best climbers and swimmers and these athletes competed in a brutal and often deadly race that involved climbing down treacherous volcanic rocks, swimming across a bay through shark infested water to retrieve an egg of a sooty tern from a bird colony on a neighboring island and returning this undamaged egg to Rapa Nui. The mystical transformation of the chief of the winning clan into the birdman marked not only, as the Rapa Nui believed, the beginning of the new year, but the new beginning of time itself. The narrator comes across this story as he explores the ruins of a deserted farmstead. Climbing over a head-high stone wall, he suddenly discovers "ein steinernes Archiv", as the farmer had used "Bruchstücke aus der Geschichte seiner Ahnen" (ibid., 404), fragments of sculptures, to build his home:

> [Ich] sah […] plötzlich die Köpfe von Dämonen und Göttern, sah steinerne Hände, Krallen, Vogelschwingen. […] Eine zerbrochene Lavakugel auf der Mauerkrone zeigte

das Relief einer hockenden Gestalt mit dem Unterkörper eines Mannes und dem Kopf und Schnabel eines Fregattvogels. (Ibid.)

The narrator recognizes these elements from illustrations he had copied into his notebook onboard the ship from an illustrated book on the history of the island. The ruinous competition had led to the death of the island's civilization, which had been accelerated by its colonization by Dutch, English, French, Spanish and Chilean conquerors. Those colonial powers not only brought their ideas and practices of civilization to the island, they also brought horses and cattle, vermin and diseases, and they decimated the indigenous population further, eventually enslaving them for the guano harvest on the Chincha Island, four thousand miles away. Both the consequences of colonization and those of the "idiotischen Ritualkämpfe" (ibid., 408) are for Ransmayr part of the teleology of the inevitable decline of the Rapa Nui. Two female characters, however, offer a contrast to this male-dominated history. In the first episode, the bird-like, thin man tells the story of his parents, his father, an Argentinian oil rig worker, and his mother, a Rapa Nui who had starved herself to death in a desperate attempt "sich vom Schicksal ihres Volkes zu lösen und sich in einen, ja, *Astralleib*, habe sie gesagt, in einen Astralleib zurückzuziehen, der endlich frei war von der unseligen Abhängigkeit von ein paar Bissen Brot" (ibid., 17). In the second episode, the narrator meets a cab driver who had worked as a ticket collector at a movie theatre in Santiago de Chile, but had returned home to raise her daughter amongst her own people. She is the one who convinces the narrator it must have been "der verfluchte Vogelmann […], der vermutlich den Anfang vom Ende des Ahnenkults und seiner Steinmänner und damit der Hochkultur der Rapa Nui herbeigekrächzt hatte" (ibid. 408). She herself had learned that story, not from her own elders, but from her daughter's schoolbook and from a Hollywood film she had seen many times in Santiago.[3]

All three stories are testament to the process of collecting fragments from the lost totality of history in an attempt to preserve memories, tell stories, write histories and thereby build collective identity. Ransmayr does not denounce the collectors of such fragments as complicit in sentimental falsification of history, or in helpless nostalgia. But while his narrator in *Die vergorene Heimat* is identifiable as Austrian and hence complicit in the history of his country, the narrator of the *Atlas* is a sympathetic, but ultimately, like any good anthropologist, a non-participating observer.

---

[3] Ransmayr does not mention any titles, but it is plausible that he is referring to the 1994 film RAPA-NUI, directed by Kevin Reynolds, co-produced by Kevin Costner, and starring Chinese-Hawaiian actor Jason Scott Lee.

On Pilgrimage

The notion of a literary anthropology is tangible in those journeys in *Der Weg nach Surabaya* and *Atlas eines ängstlichen Mannes* that take on the literary form of pilgrimage narratives: "Die Königin von Polen", "Auszug aus dem Hause Österreich" and "Wallfahrt." The connection to pilgrimage is established through the structure of the journey and the essential role of rites and rituals along the way. Finnish anthropologist René Gothóni sees the pilgrimage as one of the central and universal rites of passage. Revising Victor Turner's paradigmatic theoretical model of pilgrimage, Gothóni emphasizes the aspect of transformation that he regards as the centre of every pilgrimage: "a pilgrimage should be conceived and defined as a transformation journey." (Gothóni 1993, 113)

Gothóni defines the form of the pilgrimage as an ellipse "with the sequence structure: departure – journey – return" (ibid.). This also provides a metaphorical structure for the "binary character" (before/after) of the pilgrimage as an experience of transformation. Every pilgrim's experience moves, according to Turner and Gothóni, during the pilgrimage from "worldliness" to "spirituality", while the pilgrimage is both a mass spectacle and an individual journey, a "private undertaking, [...] individual, spontaneous and voluntary" (ibid.). Most important for our context is Gothóni's observation that the transformation phase "provides a period of reflection, during which the pilgrim mirrors and reviews his life. (Ibid.)

In the episode "Wallfahrer" in the *Atlas*, the narrator describes the emotional and economic effects of the 2004 tsunami on Weligama Bay in the South of Sri Lanka. In a local cook shop near the beach, seven years after the disaster, he meets Sameera, a tuk tuk driver, whose house had been washed away. Sameera offers to show the narrator the overgrown ruins of his former home and tells the foreigner the story how he and his wife, Demuthu, had vowed to embark on a pilgrimage to the Sri Pada Mountain in gratitude for their survival. He explains what the mountain means to many Sri Lankans:

"Menschen vier verschiedener Religionen erstiegen diesen Berg [...], wenn etwas geschehen war, das ihr Leben in seinen Fundamenten erschüttert hatte, und sie nach einem neuen Halt suchten, Rat suchten, Ruhe, vielleicht Trost." (Atlas, 341)

As the driver recounts his pilgrimage story to his customer as they travel through the town, the narrator remembers his own ascent of that very mountain. But while for Sameera, as a Buddhist, the Sri Pada is sacred, because its top bears the mark of Buddha's footprint, the narrator was not interested in any religious dimension to the climb, and had been skeptical whether he would have any spiritual experience at all. Sharing their stories of their individual journeys becomes an intimate moment of bonding for both men across cultural, religious, and linguistic boundaries. A key moment for both of them was the encounter with an eremite who lived in a cave below the mountain's peak. Much to the amazement of his driver, the narrator tells him about an exchange he claims to have had with the old man whose foul breath made any attempt at conversation almost unbearable. Even after decades of unworldliness and the renunciation of all possessions and personal relations, the narrator maintains, the eremite had cried over the memories of the family he had left behind. The traumatic loss of close personal relations juxtaposed with the loss of worldly possessions, is a central theme of the episode. Sameera goes on to describe his second ascent in memory of his brother, a fisherman, who had been killed by a land mine of the Tamil Tigers guerrillas. The episode ends with both men agreeing on the intense spiritual experience of the sunrise on top of the mountain and on the transformative feeling of enormous hope and solace. They both recount this moment, relive this feeling, as they watch the fishing boats leaving Weligama Bay and setting out to sea.

In Ransmayr's reportage "Auszug aus dem Hause Österreich", which first appeared in the prestigious literary magazine *TransAtlantik* in November of 1982, the narrator, ironically referring to himself as "der Untertan," 'the Subject', accompanies members of the former Austrian nobility, retired military personnel and civil servants, as well as other monarchy enthusiasts on a bus tour from Vienna to Zizers in Switzerland. Since 1962, Zizers' St. Johannes Abbey had been the home of Austria's last empress, Zita Habsburg-Lorraine. The pilgrimage took place in April 1982, just months before Emperor Karl's widow was granted permission to visit Austria again following sixty-three years of exile. The political backdrop to both journeys, the group's pilgrimage to Zizers and later Zita's pilgrimage to the burial places of her family in Austria, is the contemporary discussion of Austria's so-called Habsburg Law, a bill passed on April 3, 1919 to regulate the expulsion and the takeover of assets of the House of Habsburg-Lorraine. While her son, Otto, had declared his respect for the Habsburg Law and renounced all claims to the throne, Zita herself had not done so, and had hence become a symbol not only of Austria's lost grandeur, but also for all those dreaming of the restoration of 'k.u.k' glory. It becomes evident that the Subject deems these aspirations not only irresponsibly nostalgic, but moreover, ignorant and even dangerous. Following a litany of the titles of Karl I/IV, the Subject refers to Zita and her involvement in Austria's disastrous history in the twentieth century:

> Zita war die Gemahlin dieses Kaisers. Herrin über 53 Millionen Untertanen – Deutsche, Ungarn, … und natürlich Juden – die Gemahlin des Königs von Jerusalem und des Herzogs von Auschwitz. (Surabaya, 94)

In a strikingly sombre tone, the narrator relates how anticlimactic the audience at the abbey turns out to be.[4] There is no magic, no metaphysical transformation, as the frail, petite woman in a simple black dress on two crutches receives an ovation and gifts for her ninetieth birthday. The narrator describes how during the subsequent alcohol-infused dinner the 'pilgrims' let go of all democratic decorum and begin to address each other by their (officially banned) noble titles, as if they were at court; it illustrates how thin the veneer of Austrian democracy may be in some quarters. The fear that reactionary, anti-democratic tendencies would flare up again, became palpable just a few months later, when Austrian Chancellor, Bruno Kreisky, took the political gamble of allowing Zita to return home. Zita's visit illustrated on the one hand how far Austria had come in its journey of transformation after two world wars and numerous political crises. On the other hand, it also demonstrated the potential, still tangible in large parts of the population, for a regressive, conservative roll-back to the 'ancien régime'.

Ransmayr's reportage demonstrates that Gothóni's definition can be taken further, that at the heart of the paradigm of pilgrimage as transformation is the concept of "identity in motion."[5] The pilgrimage to Zita's residence in exile is just one story within the larger transformation journey of Austrian identity in the twentieth century.

On Digging

Sometimes the artefacts which form the connection between past and future and which help the narrator to map a corner of the world in a story can be found in an archive like Karl Piaty's museum or the ruins of a house on Rapa Nui that contains a frieze of broken birdmen sculptures. But sometimes a different method is required to find them: "Wer sich der eigenen verschütteten Vergangenheit zu nähern trachtet, muß sich verhalten wie ein Mann, der gräbt," (Benjamin 1983, 486) says Walter Benjamin of archeology and memory. Ransmayr's oeuvre contains many characters who scavenge through ruins or dig for lost treasures. In the background there is, I would argue, a reference to the challenge of traditional epistemology as described by Michel Foucault in his 1969 study *The Archaeology of Knowledge*. In his book, Foucault contested what he regarded as an outdated way of writing the history of ideas, by analysing moments of transition between historical worldviews and 'digging' deep to find the remains of

---

4 A similar narrative structure appears in Hubert Fichte's pilgrimage novel *Explosion* (1993), cf. Stuhlmann 2012.
5 The term apparently first appears in Anna Deavere Smith's play *Fires in the Mirror* (New York: Anchor, 1993). It has since permeated further into various sociological and anthropological contexts, cf. Barker (2000, 201).

fragmented histories and alternative modes of knowledge. Literature, I argue with Foucault, is one of the ways in which we challenge traditional modes of knowledge formation. In the poem "Digging" from his 1968 collection *Death of a Naturalist,* the late Seamus Heaney likens the craft of the traditional digging of the peat mastered by his father and grandfather to his own craft of unearthing memories by writing poetry; he shows how both relate to the history of Northern Ireland, and specifically, to its history of violence.

Ransmayr has been confronted with the history of violence in many places he has travelled to over the past thirty-five years. A freshly dug grave in Brazil's rain forest in the "Herzfeld" episode of the *Atlas* is such a place. The history of recent political violence in Brazil provides the background as the narrator travels to this unnamed estate in the middle of the forest in the state of Minas Gerais to visit Leon Herzfeld. He had first met Herzfeld in São Paulo only a few days previously and had been invited to join him and his family for a weekend away. But Herzfeld had died unexpectedly before the narrator arrived. Looking into the six-feet hole in which Herzfeld had already been laid to rest, the narrator composes a eulogy. He remembers their first encounter and recounts Herzberg's life story that began in Brandenburg as the son of needle fabricant and had led him via England and France to Brazil onboard an overcrowded refugee ship, while his home country and most of Europe embarked on a 'thousand year adventure' and ended up "ans Hakenkreuz genagelt" (Atlas, 29). In the 'new world', Herzfeld had begun a successful career trading in leather, agates and precious timbers, and found this place in the forest where he built a home in the shadow of a giant Brazilian pine tree. The seeds of these trees, Herzfeld had told the narrator, contained the enormous power of these trees which grew to over one hundred-and-twenty feet tall and lived for a thousand years. And now, while his daughter recited a Goethe poem and the sound-sytem of a pick-up truck radio broadcasted "Nearer, My God to Thee," a shower of seeds and with them "die Möglichkeit eines tausendjährigen Baumlebens" (Atlas, 34) rained down onto the funeral party and Herzfeld's coffin, the scene a powerful metaphor for survival and resilience.

In "Die ersten Jahre der Ewigkeit" the narrator takes a walk with Friedrich Valentin Idam through misty woods, across wet meadows and over the hills around Hallstatt in the mountainous Salzkammergut region. Hallstatt is known for its seven-thousand-year-old, but now waning production of salt at the mines of Hallein and Salzwelten, with its subterranean salt lake. It is also known for its two and a half thousand prehistoric graves, the last remains of the so-called Hallstatt culture. Ransmayr's guide is perfectly qualified to explore the locality, to read the place by reading time, to peel back the layers of the present to unearth the past that shaped it. Like Heaney, he too knows how to handle the spade – not because he is an archaeologist, but because he is the local gravedigger. And as Hallstatt's gravedigger he is the bearer of an ancient tradition:

> Er muss seine Anvertrauten nach dem Ablauf der festgesetzten Grabesruhe [...] wieder ans Licht holen, muß ihre Gebeine am Friedhofsbrunnen waschen und anschließend in den Karner schichten. So wird Platz geschaffen für die Nachgeborenen. Und dann kommt es auch jetzt noch manchmal vor, daß die Angehörigen eines Umgebetteten den Totengräber bitten, den Schädel des geliebten Menschen zu bemalen. (Surabaya, 65)

But the intimate relationship with the past and with the dead that the town requires of its gravedigger also places him on the fringe of the community. The fact that Idam writes poetry and seeks self-expression in painting and sculpture makes him additionally suspect in the eyes of many. When the text appeared in 1988 in an issue of the travel magazine *Merian* on Oberösterreich, the volume sparked a renewed interest in tourism in the region, as well as in Idam himself, who subsequently became a local celebrity. What Ransmayr's text does not report, is that the man who had seemingly devoted his life to an ancient ritual had already begun to study architecture at the TU Vienna. He has since completed a doctorate and serves as UNESCO consultant on cultural, especially industrial heritage.

Post-Colonial Perspectives

Even though many of the early reportages are written from an Austrian point of view dealing with the problematic legacy of the lost Habsburg Empire and Austria's role in National Socialism and the Holocaust, Ransmayr, like many Austrian writers, often also reflects on the demise of other empires. His small piece "Der Held der Welt" takes place in Constantinople on May 29, 1453, the last day of the Byzantine Empire as its capital fell to the Ottoman Empire and Istanbul arose out of its ashes. Like so many other Austrian writers, Ransmayr also studied former British colonies and on his journeys he searched for structural similarities, comparable narratives and figures of the symbiosis of trauma and memory between these places and post-imperial Central Europe. This form of mapping based on collecting from the rubble, on pilgrimage and on digging deeper is the very opposite of that gesture of imperialistic dominance that Edward Said has observed in colonial map-making. (Said 1993, 93) It is rather a labour of working through loss and dangerous nostalgia. These journeys have taken Ransmayr to Surabaya on Java, Xieng Khouang province along Laos's border with Cambodia, and South Africa's Winterhoek mountains.

In the episode "Die Übergabe", the narrator travels up the Mekong River through Laos with boatmen Sang and Lae. It is Sang's very last journey up the river towards the capital; he is handing the longboat over to his son, so Lae can provide some livelihood for the family. Arriving at the city of Luang Prabang, father and son will pray together and then Sang will retire to his home region of

Thong Hai Hin, an area in Xieng Khouang province. Unknown to most of the world, that part of neutral Laos had been showered with two million tons of bombs during the Vietnam War, making it more heavily bombed than Germany or Japan during the Second World War. "Phosphorbomben, Splitterbomben, Brandbomben, Sprengbomben, Streubomben," (Atlas, 143) – even though the war had ended decades earlier, this deadly legacy still affects the province and still kills thousands of people each year, among them Sang's brother Sonephet, a rice farmer.

The piece "Schnee auf Zuurberg," published in Zurich's *NZZ* in 1996, had originally been written as an acceptance speech for the city of Graz's Franz Nabl Prize. It is set in the old grand colonial Hotel Zuurberg which has not only seen better days, but now faces an uncertain future after the collapse of white apartheid rule in post-colonial South Africa. "Von der Paßhöhe aus betrachtet, scheint freilich vieles beim alten geblieben zu sein: Das schwarze Personal bedient die weiße Herrschaft und deren Gäste und skandiert in der Küche Gesänge in der Sprache der Xhosa." (Surabaya, 216)

But the newspapers on the coffee tables bring the story of change into this remote corner of the country, and they carry the image of the new black president, Nelson Rolihlahla Holishaza Mandela, on their front pages. The key scene of the text is set in the deserted lobby where Cecil Jones, the hotel's tenant, plays evergreens from the 1940s and '50s on the grand piano for no-one, while he quietly polishes off a bottle of bourbon. It is a quintessential pathos formula of lost colonial grandeur.

Especially this last story makes it clear that Ransmayr's travelogues are snapshots of a present, that small gap between past and future that is constantly changing. South Africa in the 1990s was the site of a hopeful transition that could maybe escape the eternal cycles of barbarism and archaic violence. Many of the reportages in *Der Weg nach Surabaya* and the episodes of the *Atlas* are complicit in the rise of the global tourism industry, as a typical post- as well as neo-colonial practice. (Williams, 2012) The melancholia that some of Ransmayr's early texts breathe fuels the touristic imagination as watered down nostalgia. Ransmayr himself has reflected upon this complicity in *Geständnisse eines Touristen*; he has called this reflection an interrogation, a "Verhör", as it interrogates the convictions and beliefs that informed his earlier practice.

Conclusion

"To present a useful and truthful picture, an accurate map must tell white lies," Marc Monmonier says in the introduction to his 1991 essay *How to Lie with Maps*. (Monmonier 1991, 1) It is a somewhat forced paradox. In mapping the places of his travelogues, Ransmayr, as a magical realist in the Austrian tradition, uses different symbolic operations to create an intricate amalgam of scrupulous factual research, observation and literary imagination; the resulting style defies the simple binary opposition of truth and lie. His textual maps are documents of a quest to trace the fragments of history. The early reportages engage more directly with human history as a history of violence, repression, and destruction. Often it is the complex and violent history of Central Europe, specifically of the Austro-Hungarian Empire and its successor states, that provides the historical and cultural references. As his reportage on the disastrous creation of the reservoir dam at Kaprun shows, Ransmayr refrains from imposing his judgement, even in the face of destruction. Rather, he offers his view to readers to judge for themselves. In the same way, the narrator's gaze can be both sympathetic and merciless, emphatic and ironic. He is "ein Chronist, dem der Trost des Endes fehlt." (Ransmayr 1984, 275) Even when Ransmayr reports from the once so proud, now ruined city of Fatehpur at the border of India's Uttar Pradesh and Rajasthan districts that is slowly consumed by the wind and reclaimed by the desert, he wants us to trust him that open endings can be of comfort. Ransmayr often retreats into a transhistorical perspective of great distance from where he reflects on the enormous transformations in natural history and human civilization, using mythological tropes and narratives. But he has always remained wary of the dangers of universalization in mythologies, and more interested in the fragments of history and the ruptures in narratives that speak of repression and of silenced stories. All his travelogues reveal a porosity, an openness for the experiences of ordinary people who in turn lead him to uncover the past and present layers of a given place. These qualities enable a critical re-appropriation in Ransmayr's writing so that the past may, as Arendt says, "open up to us with unexpected freshness and tell us things no one has yet had ears to hear." (Arendt 2006, 94).

Literature

Arendt, Hannah (1993). Walter Benjamin (1892–1940). In Hannah Arendt: *Men in Dark Times*, 198–199. New York: Harcourt Brace.
Arendt, Hannah (2006). *Between Past and Future*. New York: Penguin.
Barker, Chris (2000). *Cultural Studies: Theory and Practice*. Thousand Oaks/CA: Sage.
Barthes, Roland (1986). The Reality Effect. In Roland Barthes: *The Rustle of Language*, transl. Richard Howard, 141–148. New York: Basil Blackwell.
Benjamin, Walter (1983). Berliner Chronik. In Walter Benjamin: *Gesammelte Schriften*. Vol. VI., ed. Rolf Tiedemann and Hermann Schweppenhäuser, 486. Frankfurt a. M.: Suhrkamp.

Bleckwenn, Helga (1994). Gegründete Häuser, verschwindende Spuren. Vom Wandel der Menschen und der Dinge bei Stifter und Ransmayr. In *Adalbert Stifters schrecklich schöne Welt*, hrsg. von Roland Duhamel, 31–40 (Acta Austriaca-Belgica 1 / Germanistische Mitteilungen 40 / Jahrbuch des Adalbert-Stifter-Instituts). Brüssel: Belgischer Germanisten- und Deutschlehrerverband / Linz: Adalbert-Stifter-Institut des Landes Oberösterreich.

Borges, Jorge Luis (2004). The aleph. In Jorge Luis Borges: *The aleph and Other Stories*, transl. Andrew Hurley, 118–134. New York: Penguin 2004.

Chabon, Michael (2008). Maps and Legends. In Michael Chabon: *Maps and Legends: Reading and Writing along the Borderlands*, 15–23. New York: Harper Collins.

Diner, Dan (ed.) (1988). *Zivilisationsbruch. Denken nach Auschwitz*. Frankfurt a. M.: Fischer.

Eggebrecht, Harald (1988). In den Schluchten der eisernen Stadt. *Süddeutsche Zeitung* (Munich), Oct. 22/23.

Eidlhuber, Mia (2012). "Ich muss hellwach sein." Interview mit Christoph Ransmayr. *Der Standard* (Vienna), Oct. 20/21.

Gombrich, Ernst H. (2006), *Aby Warburg: Eine intellektuelle Biographie*, transl. Matthias Fienbork. Hamburg: Philo Fine Arts.

Goodman, Nelson (1978). *Ways of Worldmaking*. Indianapolis: Hackett.

Gothóni, René (1993). Pilgrimage = Transformation Journey. In *The Problem of Ritual. Based on papers read at the Symposium on Religious Rites held at Åbo, Finland, on the 13th–16th August 1991*, ed. Tore Ahlbäck, 101–113. Åbo: The Donner Institute for Research in Religious and Cultural History / Stockholm: Almqvist & Wiksell.

Hage, Volker (1988). Mein Name sei Ovid. *Die Zeit* (Hamburg), Oct. 13.

Harbers, Henk (1994). Die Erfindung der Wirklichkeit. Zu Christoph Ransmayrs *Die letzte Welt*. *The German Quarterly* 67: 58–72.

Hartley, John Brian (1989). Deconstructing the Map. *Cartographica* 26/2: 1–20.

Monmonier, Marc (1991). *How to Lie with Maps*. Chicago, London: University of Chicago Press.

Ransmayr, Christoph (1984). *Die Schrecken des Eises und der Finsternis*. Vienna: Brandstätter.

Ransmayr, Christoph (1995). "Das Thema hat mich bedroht". *Falter*, September/38: 17.

Ransmayr, Christoph (1997). *Der Weg nach Surabaya. Reportagen und kleine Prosa*. Frankfurt a. M.: Fischer. (= Surabaya)

Ransmayr, Christoph (2003). *Die Verbeugung des Riesen. Vom Erzählen*. Frankfurt a. M.: Fischer.

Ransmayr, Christoph (2004). *Geständnisse eines Touristen. Ein Verhör*. Frankfurt a. M.: Fischer.

Ransmayr, Christoph (2012). *Atlas eines ängstlichen Mannes*. Frankfurt a. M.: Fischer. (= Atlas)

Ratzel, Friedrich (1904). Geschichte, Völkerkunde und historische Perspektive. *Historische Zeitschrift* 93: 1–46.

Rexhepi, Arsim (2014). *Raumdarstellung im Werk von Christoph Ransmayr. Zur Funktion der Topographie in* Die Schrecken des Eises und der Finsternis, Die letzte Welt, Morbus Kitahara *und* Atlas eines ängstlichen Mannes. Doctoral thesis, Ruhr Universität Bo-

chum. https://hss-opus.ub.ruhr-uni-bochum.de/opus4/frontdoor/deliver/index/docId/4191/file/diss.pdf (Dec. 23, 2017).
Richter, Gerhard (2009). Text. In *Writings, Interviews and Letters 1961–2007*, eds. Dietmar Elger and Hans Ulrich Obrist. London: Thames & Hudson.
Said, Edward (1993). *Culture and Imperialism*. London: Chatto & Windus.
Schlögel, Karl (2003). *Im Raume lesen wir die Zeit*. Munich: Hanser.
Smith, Anna Deavere (1993). *Fires in the Mirror*. New York: Anchor.
Stahl, Thomas (2008). *Geschichte(n) erzählen. Das Verhältnis von Historizität und Narrativität bei Christoph Ransmayr im Kontext postmoderner Konstellationen*. Doctoral thesis, Masaryk University, Brno. https://theses.cz/id/4vazgw?lang=en;furl=%2Fid%2F4vazgw;so=nx (Dec. 23, 2017).
Stuhlmann, Andreas (2012). Pilgrimage, Transformation and Poetical Anthropology. Hubert Fichte's Journeys into the Afro-American Religions in Brazil. In *Topodynamics of Arrival. Essays on Self and Pilgrimage*, eds. Gert Hofmann and Snježana Zorić, 185–202. Amsterdam: Brill.
Warburg, Aby (2012). *Der Bilderatlas MNEMOSYNE*, eds. Martin Warnke and Claudia Brink. 4th ed. Berlin: Akademie Verlag.
Weinzierl, Ulrich (1997). Lob der Nachbarschaft. Laudatio zur Verleihung des Franz-Kafka-Preises. In *Die Erfindung der Welt. Zum Werk von Christoph Ransmayr*, ed. Uwe Wittstock, 194–197. Frankfurt a. M.: Fischer.
Wilke, Insa (ed.) (2014). *Bericht am Feuer. Gespräche, E-Mails und Telefonate zum Werk von Christoph Ransmayr*. Frankfurt/M.: Fischer.
Williams, Tammy Ronique (2012). Tourism as a Neo-colonial Phenomenon: Examining the Works of Pattullo & Mullings. *Caribbean Quilt*: 191–200.
Wysocki, Gisela von (2012). Die Welt ist voller Wunder. *Die Zeit* (Hamburg), Oct. 31.

Günther Schaunig (Wien)

Panhumanes Schreiben. Gemeinschaftsstiftung und Verewigungsstrategien im Werk von Christoph Ransmayr

Gemeinschaft: Suchen im Raum – Suchen nach Raum

Überblickt man die mittlerweile über 40 Jahre umfassende Schaffensperiode Christoph Ransmayrs, so ist es von Beginn an der interessierte Blick des sorgfältigen Beobachters für seine Gegenwart, der das Schreiben maßgeblich und in vielfältiger Weise prägt. Auch im Rückgriff auf mythische oder archaische Stoffe und Motive löst sich der Erzähler Ransmayr nicht von seiner Gegenwart, sondern ist sich ihrer und seiner Position in ihr bewusst. Dass diese Position in ihrer Verortung der Position aller Menschen der Gegenwart gleicht, deutet Ransmayr im Peritext zu seinem *Atlas eines ängstlichen Mannes* (2012) an, unter anderem darauf hinweisend,

> daß (fast) jede Episode dieses Buches auch von einem anderen Menschen, der sich ins Freie, in die Weite oder auch nur in die engste Nachbarschaft und dort in die Nähe des Fremden gewagt hat, erzählt worden sein könnte. (AM, 5)

Die facettenreichen Bilder und Exempla in diesem *Atlas eines ängstlichen Mannes* verdanken sich einer Weltanschauung, die – schon in frühen Texten vernehmlich – sowohl das Ganzheitliche und Allumfassende als auch das Interesse für den einzelnen Menschen als kennzeichnende Merkmale aufweist. Bei aller Bewusstheit für die Vergänglichkeit alles Seienden lässt sich der Ton Ransmayrs nicht auf resignative oder gar defätistische Botschaften herabsetzen. Ransmayrs Protagonisten, vielfach Grenzgänger, erweisen sich als Vermittler zwischen verschiedenen Welten. (Fröhlich 2001, 170) Die Figuren in den Erzählungen sind in aller Regel Reisende und Suchende und verweisen in ihren reduzierten, schemenhaften, bis zum Verschwinden führenden Ausformungen auf die Möglichkeiten von Selbstfindung und Menschwerdung. Wenn auch in unterschiedlichen Nuancierungen der Einsamkeit und Vergänglichkeit preisgegeben, werden sie immer wieder an Schwellen der Hoffnung herangeführt. In literarhistorischer Hinsicht schließlich schreibt Ransmayr – in individueller Positionierung – die grundsätzliche Situation moderner österreichischer Erzählliteratur fort, die „auf der Suche nach dem Menschen und seiner Welt ist" (Zeman 1980, 16).

Das besondere Interesse Ransmayrs für universale Zusammenhänge, für die Einbettung des Menschen in eine kosmische Raum- und Zeitenordnung, lässt sich an der Episode *Strömung* aus dem *Atlas eines ängstlichen Mannes* exemplifizieren, einer allegorischen Erzählung gepeinigter Menschen und anthropomorpher Flüsse, die mit einem ausdrucksreichen Zusammenspiel von – für Ransmayr typischer – Wasser- und Lichtmetaphorik ausklingt: Der Fischer Ho Doeun verfolgt in der Nacht des Wasserfestes seine mit Lichtern beladene Nachbildung eines Bootes am Fluss Tonle Sap gemeinsam mit tausenden anderen Schiffchen, die dort allesamt

> davontanzen und so die Strömungsumkehr des Flusses der Khmer in einer Lichterprozession in die Dunkelheit schreiben: ein flackerndes, fließendes Feuerzeichen, daß nichts, weder das Wasser noch die Zeit, noch das durch die Abgründe des Himmels wandernde Leben bloß einer einzigen, für immer festgelegten Richtung folge. (AM, 175)

Gerade die hier zum Ausdruck kommende Relativität von Raum und Zeit verbunden mit der Unsicherheit menschlicher Existenzformen reicht zurück zu den ersten beiden Romanen Ransmayrs, *Die Schrecken des Eises und der Finsternis* (1984) und *Die letzte Welt* (1988). Am Beispiel völlig unterschiedlicher Sujets verhandelt, steht im Fokus beider Texte die menschliche Suche nach einem imaginären Ziel, dessen Existenz nicht mit Sicherheit angenommen werden kann; im Verlauf dieser Suche kommt es allerdings „bei den Beteiligten zu tief greifenden existenziellen Veränderungen" (Ernst 2003, 1006). Auch im Roman *Der fliegende Berg* (2006) ist es die auf ein ungewisses Ziel – den Berg Phur-Ri – gerichtete Suche, anhand derer der Protagonist und Ich-Erzähler Pad Einsicht in die Prozesse von Veränderung und letztlich in die fundamentale Bedeutung von Vergänglichkeit gewinnt. Wiederum dient hier ein Fluss als „ein fließendes Zeugnis, / daß, was ist, nicht bleiben kann" (FB, 211). Der Phur-Ri wiederum selbst

> sollte jeden, der aufrecht gehen und sprechen konnte, / daran erinnern, daß nichts, nichts!, / und sei es noch so mächtig, so schwer, / eisgepanzert, unbetretbar, unbesiegbar, / für immer bleiben durfte, / sondern daß alles davonmußte, / verfliegen!, irgendwann auf und davon, / daß dann aber auch das Verschwundene / nicht für immer verschwunden blieb, / sondern nach dem Stillstand und Neubeginn / selbst der allerfernsten Zeit und, / wenn auch verwandelt, /
> zersprungen zu tausend neuen Formen und Gestalten, / wiederkehrte und ein Rad oder ein Stern / oder bloß eine Gebetsmühle, eine Wollspindel / sich von neuem zu drehen begann [...]. (FB, 155–156)

Entscheidend dabei ist, dass der Protagonist in der Retrospektive des Erlebten seiner inneren Wandlung gewahr wird. Schon der rezeptionslenkende Titel des

Epilogs – „Schritte" – weist in seiner Betonung durativer Semantik auf das Prozesshafte als Bedingung dieser Wandlung. Sinnfällig schließt daran die auf das Ereignishafte und den Verlauf der Hochgebirgsreise abzielende Frage des Erzählers an:

> Was geschieht, / wenn ein Mensch seine Entschlüsse gefaßt, / alle notwendigen Vorbereitungen getroffen hat / und einen ersten Schritt tun will, seinem Ziel entgegen, / und was, wenn er endlich / einen Fuß vor den anderen setzt? (FB, 352)

In erzählstrategischer Hinsicht ist am Ende des Romans eine starke psychische Distanz zwischen erzählendem und erzähltem Ich in den auf die Reise zurückblickenden Textpassagen zu erkennen. Damit wird die hohe Intensität des Erfahrungsprozesses, dem das erzählende Ich unterworfen war, zusätzlich markiert. (vgl. Stanzel 2008, 271–272) Das erzählende Ich überkommt das Gefühl, erst aus Träumen aufwachen zu müssen, „um endlich dort anzukommen, wo ich wirklich bin" (FB, 359). Auch Unsicherheit darüber, ob der Gipfel gemeinsam mit dem Bruder tatsächlich erreicht worden wäre, stellt sich ein. Die schlussendliche Erkenntnis der Wahrhaftigkeit der Geschehnisse führt zum Bewusstsein über die eigene Identität und erzeugt Erleichterung, Beruhigung und Geborgenheit: „Erst allmählich verfliegen die Zweifel und ich erkenne, / daß alles war, wie es war, und daß ich es bin, ich, / der geborgen im Dunkel auf Horse Island liegt." (ebd.) Die äußere Schau der Vergänglichkeit wird damit zur Voraussetzung der inneren Schau und letztlich der inneren Ruhe.

Einsamkeitsentwürfe und Begegnungen

> Die meisten Wege führen über kurz oder lang doch wieder zurück zu den Menschen. Wenn ein Weg nicht wieder in die Welt der Menschen führt und diese Welt wie ihre Bewohner in einem andren, vielleicht noch nie gesehenen Licht zeigt, bleibt er eine Sackgasse. (Ransmayr 2014, 77)

Die Frage, ob und inwieweit die Wege, die Ransmayrs Figuren gehen, überhaupt Wege zu den Menschen sind, konfiguriert eine der wesentlichen thematischen Linien nicht nur im *Fliegenden Berg*, sondern überhaupt im Gesamtwerk: „Dauernd ist die Ferne in der Heimat, dauernd die Heimat in der Fremde präsent." (Ransmayr/Schmidt-Dengler 2009, 133) Auch die Frage nach dem Verhältnis von Einsamkeit und Geborgenheit ist Teil dieser dichotomischen Motivik. Die vom Protagonisten im *Fliegenden Berg* erfahrenen bewusstseins- und identitätsstiftenden Vorgänge münden in einen Status gesicherter Hoffnung, zum Stamm Nyemas, bei der er Liebe und Geborgenheit gefunden hatte, zurückzukehren:

Dann höre ich den Chor der Sturmgeräusche, / höre das bedrängte, seufzende Haus, / höre den Brandungsdonner aus der Tiefe / und schlafe beruhigt weiter, erleichtert, / daß auf Horse Island alles getan ist / und ich bloß warten muß / auf das Nachlassen des Windes, / auf ein sanfteres Meer. (FB, 359)

Das Anerkennen der – auch von Verlust geprägten – Vergangenheit und der eigenen Identität macht den Protagonisten dazu bereit, eines Tages wieder zu den Menschen aufzubrechen. Die Rückkehr in die Heimat und in die damit einhergehende Einsamkeit wird damit zur Voraussetzung, sich neuerlich – dann nicht auf der Suche nach einem Berg, sondern nach den Menschen – auf den Weg zu machen. Das Bild der Vereinzelung, einer Geborgenheit im Dunkel, weist daher im Gegensatz zu früheren Texten, die in einer Welt ohne Menschen enden (Kriegleder 2014, 557–558), auf eine Zukunft in Menschengemeinschaft.

Ein ähnliches Alternativmodell zu früheren Texten Ransmayrs bietet auch die Kurzprosaerzählung Ransmayrs mit dem Titel *Cilaos. Öl auf Leinwand, 200 x 400 cm oder Nacht über Réunion* (2003, Entstehungsjahr 1999). Dieser Text erweist sich als wesentliches Beispiel der angesprochenen Weiterentwicklungsphase und in vieler Hinsicht gleichsam als Verbindungsglied zwischen den drei Romanen der früheren Werkphase, die mit *Morbus Kitahara* (1995) ihren Ausgang fand, und den neuartigen Entwicklungslinien über den *Fliegenden Berg* bis hin zum jüngsten Roman *Cox oder Der Lauf der Zeit* (2016). *Cilaos* verhandelt Zahlreiches aus dem Ransmayrschen Motivfundus, beginnend bei der Vereinzelung des (reisenden und suchenden) Menschen, dessen Verhältnis zur (übermächtigen) Natur, dessen Einbettung in eine kosmische Weltordnung, das Finden von Vertrautem in der Fremde, Vergessen und Erinnern, Verschwinden und Wiederkehr, bis hin zur Begegnung des Menschen mit Seinesgleichen. Die Omnipräsenz der Naturgewalten erörtert der Text durch eine differenzierte Bezugnahme auf die Vier-Elemente-Lehre (Feuer, Wasser, Luft und Erde). Die Dichte dieser Motivlage, die Geschlossenheit der Form und das ruhig-distanzierte Erzählverfahren erwecken bei diesem kurzen Text von neun Seiten den Eindruck, es mit einem Romananfang zu tun zu haben.

Der Text schildert – in erzählter Zeit komprimiert auf eine Nacht – Gedanken, Erinnerungen und Erlebnisse des Protagonisten, eines aus Wien stammenden Malers, der eine mehrtägige Wanderung auf der Insel La Réunion unternimmt. Nicht nur die mannigfachen Eindrücke seiner bisherigen Wanderung lassen ihn bis kurz vor Schluss der Erzählung keinen Schlaf finden, sondern vor allem – wie in den Nächten zuvor, schlafend unter freiem Himmel in einem Schlafsack – der tosende Wind. Schutz vor der Naturgewalt Wind und schließlich auch den Schlaf bringt ausgerechnet ein anderes der vier Elemente: In einem – durchaus humoristischen – Akt der Verzweiflung stopft sich der Maler die Ohren mit Erde voll: „Jetzt schlief er. Endlich, die Ohren voll Erde, die geschlossenen Augen immer noch gegen den Himmel gerichtet, schlief er." (Ransmayr 2003, 56) Der stete Blick in den Kosmos ist – wie auch im Ransmayrschen Werk im Allgemeinen – eine Textkonstante.

Der erste Teil der Erzählung fokussiert auf die Schilderung der Vorgänge am Nachthimmel und setzt mit einem zunächst ungeklärt bleibenden Paradoxon ein: Die Sterne am Nachthimmel, sowohl Natur- als auch Sinnbilder einer – auch im Dunkel leuchtenden – Helligkeit, verschwinden, wodurch ein bedrohlich anmutendes Bild erzeugt wird:

> Es war die dritte Nacht, die der Maler unter freiem Himmel verbrachte. Erschöpft vom langen Fußweg [...] lag er in seinem Schlafsack, eine blaue Mumie zwischen Baumfarnen, und sah, wie die Sterne erloschen. Alpha Centauri verschwand, dann auch das Kreuz des Südens [...]. Nach dem Fernsten verschwand auch das Nächste – ein von Tamarinden und Schraubenpalmen bewachsener Felsrücken, dann die Basaltürme und verfallenen Zinnen des Vulkans Piton des Neiges, der sich vor Jahrmillionen aus der Meerestiefe gegen den gleichen Nachthimmel aufgeworfen hatte und nun erloschen und kalt in der tropischen Dunkelheit lag. Alles verschwand: Sternbilder, vulkanische Erosionsruinen, Urwald, jede Gestalt, die zumindest in Umrissen und Schatten noch erkennbar war, versank in Wogen mondheller Passatwolken. Die Wolken [...] machten das Sichtbare unsichtbar. [...] Es war dieses allesverschlingende Wolkenweiß, das alle Farben enthielt, in dem alle Farben versanken. Mit der Wolkenflut kam auch der Wind. Dieser Wind! [...] Still! Still sollte es werden. Endlich still. [...] Also drückte er sich Hände voll Erde gegen die Ohren, bis die Nacht um ihn leiser und leiser wurde [...]. (Ransmayr 2003, 48–50)

Den zweiten Teil der Erzählung bildet eine Retrospektive in die Kindheit des Protagonisten. Die Retrospektive thematisiert nicht nur als solche das Verhältnis von Vertrautem und Fremden, sondern gestaltet es auch in sich aus, indem sie die Eindrücke des Kindes auf einer sonntäglichen Ausflugsfahrt und dessen Konfrontation mit dem Entfernten, Neuen und Fremden schildert. Der Text greift dabei die Flüchtigkeit der rasant vorüberziehenden Eindrücke auf der Autofahrt auch erzählstrategisch auf und verarbeitet sie innerhalb des leitenden Textmotivs „Verschwinden und Wiederkehr" (vgl. den letztzitierten Satz):

> Der Maler, ein Kind in steifen Sonntagskleidern, saß neben seinem Bruder inmitten dieses überwältigenden Dröhnens einer Ausflugsfahrt, mit der die Familie ihr erstes Auto feierte. Vom heimatlichen Dorf bisher unerreichbar weit entfernte Wasserfälle, Bergseen, Paßstraßen lagen plötzlich in nächster Nähe. [...] Während die Straßenränder in dem von kindlichen Stirn- und Fingerabdrücken trübe gemusterten Kurbelfenster an den Anfang der Reise zurückzudröhnen schienen, sprach, brüllte der Vater immer neue Namen und Wunder in den Motorenlärm, in dem vieles von dieser schönen neuen Welt gleich wieder unterging. [...] Was kam, verschwand, und das Verschwundene kehrte vielleicht irgendwann aus der Erinnerung, aus dem Nebelreißen zurück. (Ransmayr 2003, 52–53)

Auch das Zurückfallen eines auf der Insel befindlichen Vulkans an das Meer und das gleichzeitige Wachsen eines anderen Vulkans der Insel wird zum Sinnbild dieses dominierenden Motivs: „Im Wachtraum des Malers hätte Réunion auch der Name für die unauflösbare Verbindung von Entstehen und Verschwinden sein können." (Ransmayr 2003, 55) Erst kurz bevor der Protagonist den Schlaf findet, richtet der Erzähler die Aufmerksamkeit auf die – abstrakt bleibende – innere Motivation der Figur, sich auf den Weg zu machen:

> Wie die ersten Siedler war auch er auf die Insel gekommen, um etwas hinter sich, etwas Schweres leichter werden zu lassen und in der Erfahrung des Neuen und Fremden vielleicht sogar zu vergessen. Aber ob etwas verschwand oder bloß vergessen oder verlassen wurde – irgendwann kam alles zurück oder wartete im Unbekannten darauf, wiederentdeckt zu werden. (Ransmayr 2003, 55–56)

Ungewiss bleibt in dieser Schilderung nicht nur das Ziel der Reise des Protagonisten, sondern auch der Grund seines Aufbruchs. In diesem Zusammenhang fällt auf, dass der Erzähler auf die Figurendarstellung in ihrer Reduktion von Subjektivität und der Verweigerung zur Offenlegung der psychischen Disposition der Figur gerade dort fokussiert, wo das Figurenbewusstsein Aufschluss über deren innere Handlungsmotivation bringen könnte. Wie Monica Fröhlich in Betrachtung der Textgenese bis zum Jahr 2000 nachgewiesen hat, lassen sich derartige erzählstrategische Verweigerungen als Kontinuum im Ransmayrschen Erzählwerk erfassen. In einem solchen Konstitutionsmodell reduzierter Subjektivität erscheinen die Figuren weniger als reflektierende Menschen, sondern vielmehr als „mobile Gestalten, die in die Welt hinausziehen bzw. hinausgesogen werden, um ein nur vage bestimmtes Ziel zu erreichen" (Fröhlich 2001, 154).

Erst im letzten Absatz der Erzählung schildert Ransmayr die Begegnung des Protagonisten mit einer weiteren Figur. Aus Sicht der Perspektivierung ist dabei der Wechsel von interner auf externe Fokalisierung auffällig: Der Erzähler tritt in diesem letzten Absatz aus der Figur heraus. Eine Aussage über das Empfinden der Figur wird damit gerade in der Schlüsselszene der Erzählung endgültig verweigert. Damit bleibt letztlich auch offen, ob diese Begegnung für die Figur einen Bedrohungs- oder Hoffnungshorizont schafft. Im ersten Fall fände das über den Verlauf der Erzählung entwickelte Bedrohungsszenario eines Ruhelosen und von der Vergangenheit Verfolgten einen Kulminationspunkt. Nur im zweiten Fall erscheint der zuvor als Grund der Reise auf die Insel angedeutete zwischenmenschliche Verlust durch den Schlusssatz relativiert und die Möglichkeit eines Wiedersehens oder einer Wiedervereinigung zumindest offengelassen:

> Morgen, am vierten Tag seiner Wanderung, wird er in einem Dorf hoch in den Bergen Mittagsrast halten. Dort, unter einem korallenrot blühenden Flammenbaum, wird ein kreolischer Bauer Palmherzen, Vanilleschoten und Jackfrüchte auf einer Bastmatte zum

Verkauf auslegen und ihm erzählen, daß die meisten Dorfbewohner noch nie an der Küste waren, noch nie am Meer. Und dann wird der Kreole den Wanderer nach seinem Ziel fragen und ihm sagen, daß *Cilaos* ein vom Madegassischen *Tsilaosa* abgewandelter Name sei und soviel bedeute wie *Jemand den man nicht verlassen kann*. Tsilaosa. Cilaos. Jemand den man nicht verlassen kann. (Ransmayr 2003, 56)

Die von der Isolation in die menschliche Interaktion führende Begebenheit wird auch stilistisch nachvollzogen, angefangen beim Tempuswechsel und endend im lebhaften fünffüßigen Trochäus des zweimal wiederholten Schlusssatzes. Unterstrichen von der stumpfen Kadenz, wird die Ungewissheit über den Status der zwischenmenschlichen Beziehungen des Protagonisten damit aufrechterhalten. Im bewussten Verzicht auf die Kommasetzung könnte allerdings letztlich ein Detail der – programmatisch schon im Titel der Erzählung – angedeuteten Möglichkeit auf jene Hoffnung liegen, die der zwischenmenschlichen Begegnung innewohnt.

An die hier skizzierte Weiterentwicklung anschließend, schreibt Ransmayr im *Atlas eines ängstlichen Mannes* die oben angesprochenen Identitätsfindungsprozesse in Verbindung mit unterschiedlichen Gestaltungen der Welterfahrung fort, wobei das Medium der Kartographie die Bedeutung des Raumes und der Prozesse der Interaktion von Mensch und (Um-)Welt noch stärker in den Vordergrund treten lässt. (Karlsson Hammarfelt 2014, 66–67) Auffallend in diesem Zusammenhang ist, dass ausgerechnet die letzte der 70 Episoden, *Die Ankunft*, noch weitaus deutlicher als im *Fliegenden Berg* ein dichtes Bild von Schutz und Geborgenheit auch in entlegensten Orten, hier in einer Gemeinschaft betender Mönche in einer Höhle im westlichen Himalaya, zu entwickeln vermag. Allerdings bleibt selbst hier Skepsis im Hinblick auf die Möglichkeiten und Bedingungen zwischenmenschlicher Begegnung bestehen: Ausgeklammert ist hier nämlich jegliche emotionale Interaktion. Die Menschen befinden sich zwar in Gemeinschaft, sprechen aber nicht miteinander und bleiben isoliert.

> Mein Freund hatte längst alle Versuche aufgegeben, Fragen an die Betenden zu richten, und saß schweigend neben mir, starrte wie ich ins Feuer, hörte ihrem Geflüster zu. [...] Das Feuer war niedergebrannt. Von den Mönchen waren nur noch Schatten zu sehen, von der Glut weiße Asche. Ich fühlte mich geborgen wie in jenen verlorenen Zeiten, in denen ich Abend für Abend zu Bett gebracht worden war und durch einen Türspalt, der wegen meiner Angst vor der Finsternis offenstand, einen Lichtstreifen sah und die Flüsterstimmen von Menschen hörte, die mich behüteten. Als aus der schneeweißen Asche ein Funke ins kalte Höhlendunkel sprang und im Flug erlosch, schlief ich ein. Nun war ich angekommen. (AM, 455–456)

Die von Ransmayr gestalteten Formen der Welt- und Menschenbegegnung können, wenngleich hier nur in Ausschnitten illustriert, im Ergebnis als äußerst differenziert angesehen und aus einem poetisch nachvollziehbaren Entwicklungsprozess heraus analysiert werden. Als durchaus überraschend mag in dieser

Hinsicht gelten, dass auch eine der jüngsten Untersuchungen, die sich monografisch mit Ransmayr auseinandersetzt, thematisch einen Text – *Die letzte Welt* – herausgreift und dabei unter dem Aspekt der „Menschenflucht" behandelt. So geschehen in Nick Büschers *Apokalypse als Utopie. Anthropofugalität in der österreichischen Nachkriegsliteratur* (2014). Büscher greift in seiner Zuordnung des Textes als Teil der von ihm definierten Gattung menschenflüchtiger Literatur auf Termini wie Misanthropie oder den Topos vom *Homo homini lupus* zurück (Büscher 2014, 344–380) – in Letztem im Übrigen eine Etikette bemühend, gegen die Ransmayr in (s)einem fiktiven Verhör *Geständnisse eines Touristen* bereits im Jahr 2004 gerade in Bezug auf *Die letzte Welt* heftig opponierte. (Ransmayr 2004, 128) Die komparatistische Zuordnung eines Einzeltextes zu einer neu definierten Gattung gerät nicht nur in ein Spannungsverhältnis zu anderen Texten Ransmayrs, sondern reduziert den Autor darüber hinaus auf eine Weltanschauung, gegen deren Etikettierung sich dieser regelmäßig und vehement zur Wehr setzt: „Die narrative Darstellung von Menschen ist geprägt von einem durchweg misanthropischen Menschenbild [...]" – so der Befund Nick Büschers, der im Ergebnis „Menschenflucht als ästhetisches Programm der *Letzten Welt* [...]" sieht (Büscher 2014, 360, 375). Zwar mag, weil in gewisser Hinsicht am Text nachweisbar, dem Deutungsansatz der Menschenflucht – wenn auch nicht derart verabsolutiert – etwas abzugewinnen sein, doch zeigt die hier vorgeschlagene synthetisch-systematische Textanalyse im Vergleich zu einem partikulären Ansatz neuartige Deutungsansätze.

So lässt Ransmayr seine Figuren gerade im *Atlas eines ängstlichen Mannes* in bemerkenswert gestalteten Begegnungen auch auf die Welt und aufeinander zugehen, wenn er etwa in der Episode *Sternenpflücker* von einem von Menschen beobachteten Himmelsschauspiel erzählt – jäh unterbrochen durch ein vergleichsweise banales Ereignis:

> Aber während so weit, weit draußen im Raum das Himmelsschauspiel ungerührt seinen Lauf nahm [...], begann auf dem ölfleckigen nächtlichen Parkplatz ein Gegenschauspiel, das von einer anderen Helligkeit war.
> Denn obwohl es lange, sehr lange dauern würde bis zu einer nächsten vergleichbar schönen Finsternis und obwohl der fliehende Komet nach seinem allmählichen Verblassen und Verschwinden erst nach mehr als zweitausendfünfhundert Jahren wiederkehren, aber niemals, niemals wieder in der Geschichte dieses Universums in so enger Gemeinschaft mit einem verfinsterten Mond zu sehen sein würde, *wandten* sich ..., nein, nicht alle Zeugen und Zuschauer, aber doch viele, viel mehr als zu erwarten waren, *von dieser Einzigartigkeit*, einem unwiederholbaren kosmischen Ereignis, *ab und dem gestürzten Kellner zu, kehrten dem Himmel den Rücken, beugten sich* zu dem stummen, beschämten Mann hinab, *boten ihm* ihre ausgestreckten Arme und *sanken*, als er nicht aufstehen, sondern bloß auf allen vieren die Scherben einsammeln wollte, neben ihm *auf die Knie und lasen gemeinsam* mit ihm die selbst im verfinsterten

Mondschein noch blinkenden Scherben vom schwarzen Asphalt, als pflückten sie Sterne. (AM, 39–40, Kursive G.S.)

Fernab menschenflüchtiger und misanthropischer Tendenzen scheint die sprachliche Gestaltung der folgenden Textstelle in ästhetisch-ethischer Hinsicht eingebettet in eine Idee von Begegnung und Gemeinschaftsstiftung und eröffnet damit, gerade auch zusammen mit anderen Episoden, die unter dem folgenden Punkt erörtert werden, gänzlich neue Forschungsperspektiven im Ransmayrschen Oeuvre.

Dass nichts bleiben kann, wie es war: Wird das Motiv der Vergänglichkeit alles Seienden nicht auch im Abschiednehmen plastisch nachvollziehbar? Keineswegs nur rhetorisch, sondern in poetologischem Reflex fragt daher Ransmayr im unten angeführten Zitat nach den Bedingungen des Abschiednehmens.

> Was ist ein *Abschied*? Was geschieht, wenn zwei Liebende an einem Pier voneinander lassen müssen? In welchem Hafen? Oder ist es gar kein Pier, gar kein Hafen, sondern ein Bahnsteig oder bloß ein ungeheiztes, straßenseitiges Zimmer, in dem die beiden sich zum letztenmal in den Armen halten? Was sagen sie zueinander? Bleiben sie stumm? Ist es Abend? Früher Morgen? Und der Himmel, unter dem der Verlassene schließlich zurückbleibt – ist er leicht bewölkt, verhangen oder blau und leer? (Ransmayr [1995] 2004, 198)

Aus diesem Blickwinkel lässt sich auch verstehen, weshalb Ransmayrs Alter Ego angibt, auf seinen Reisen „Techniken des Abschieds" zu studieren und fortsetzt: „Wer mit dem Abschied nichts anzufangen weiß, der wird nie etwas überwinden, nie einen Weg finden und nirgendwo ankommen." (Ransmayr 2004, 87) Selbst dem Umstand allerdings, dass sich Abschiede auf Reisen – so Ransmayr in einem Radiointerview – als Abschiede für immer offenbaren, kann der Reisende, der aus seinen Reisen immer wieder Impulse für sein Schreiben bezieht, Bemerkenswertes abgewinnen, gleichzeitig feststellend, „dass man aus dieser Einsicht heraus eine umso [...] herzlichere Wahrhaftigkeit den Menschen gegenüber entwickeln kann" (Ransmayr 2015). Aus dieser Perspektive gelesen, gewinnen die Worte des Erzählers zum Ende der Episode *Kalligraphen* aus dem *Atlas eines ängstlichen Mannes* gerade in ihrer Bewusstheit der Einmaligkeit der Begegnung klare Konturen: „Also verabschiedeten wir uns herzlich, aber ohne Adressen zu tauschen und ohne das Versprechen, einander wiederzusehen." (AM, 335–336)

Wie Ransmayr Facetten des Abschieds literarisch ergiebig macht, lässt sich an der Episode *Reviergesang* aus dem *Atlas eines ängstlichen Mannes* erkennen. Die Episode handelt von der Begegnung des Ich-Erzählers mit Mr. Fox, einem Vogelbeobachter, auf einem wenig begangenen Abschnitt der Chinesischen Mauer:

> Während Mr. Fox von Dynastien und Reichen erzählte, die keine noch so langen, noch so mächtigen Wälle vor dem Lauf der Zeit hatten schützen können, von Vögeln und Menschen erzählte, war es still geblieben, schneestill auf der Mauerkrone. Aber als er

> mir den Flachmann zu einem Abschiedsschluck reichte, war in einer Baumkrone unter uns, aus der die Sonne jetzt Schneepolster abfallen ließ, wieder die Rotkehldrossel zu hören, deren Stimme er bereits am Morgen aufgezeichnet hatte. [...] Der Drosselgesang klang uns noch eine Weile nach, als wir uns auf dieser unvorstellbar langen Mauer wieder voneinander entfernten und jeder seinem Ziel entgegenging, er nach Simatai, ich nach Jinshanling, jeder in der Spur des anderen. (AM, 26–27)

Durch das Gehen „in der Spur des anderen" schafft Ransmayr einen verbindenden Aspekt auf den von den beiden Figuren jeweils alleine fortgeführten Wegen. Die zurückgelegte Vergangenheit des einen gewinnt damit für die Gegenwart und Zukunft des jeweils anderen an Bedeutung, es kommt damit auch ohne unmittelbare physische Präsenz zu einem Ineinanderwirken zweier Leben nicht nur im Raum, sondern auch in der Zeit. Aus dieser spezifischen Art des Teilens von Gemeinsamem, der mittelbaren Teilhabe am fremden Individuum erwächst zudem ein ethisches Moment, weil auch das auf seinen eigenen Weg wandelnde Ich nicht in sich verharrt, sondern kontinuierlich – Schritt für Schritt – auf die Sphäre des Du verwiesen wird. Eine sehr ähnliche motivische Gestaltung findet sich in der Episode *Wallfahrer* aus dem *Atlas eines ängstlichen Mannes*. Darin trifft der Erzähler im Süden Sri Lankas auf den Einheimischen Sameera, mit dem ihn die Erinnerung an die Besteigung des Sri Pada, einer Pilgerstätte unterschiedlicher Weltreligionen, verbindet. Auch hier liegt das die Menschen verbindende Momentum alleine darin, einen Weg gegangen zu sein, den auch andere gemeinsam zurücklegen oder bereits zuvor zurückgelegt hatten:

> Sosehr sich die Schauplätze von Sameeras und meinem Leben bis zu diesem Augenblick auch voneinander unterschieden hatten, so unvermittelt und ausgerechnet zwischen den Resten eines zerstörten Hauses teilten wir plötzlich die Erinnerung an einen Berg, der uns bei der ersten Annäherung als ein von Lichtspuren, Lichtadern durchzogener schwarzer Koloß erschienen war, der zu den Sternen zeigte. [...] Vielleicht lag ja der Trost dieses Berges tatsächlich darin, daß jeder, der ihn erstieg, ob zur Monsunzeit oder in einer klaren, windstillen Sternennacht, Erinnerungen, Gefühle, Erschütterung, Begeisterung mit so vielen anderen teilen konnte, die sich gemeinsam mit ihm und vielleicht aus ähnlichen Gründen auf den Weg gemacht hatten. Jeder von ihnen bewahrte, wenn er aus der Höhe wieder ins Tal stieg, für den Rest seines Lebens etwas, das auch von anderen bewahrt wurde, *und trug so etwas von allen anderen durch seine Zeit*. (AM, 343, 347, Kursive G.S.)

Auffallend, um wieder zur Episode *Reviergesang* zurückzukommen, ist schließlich die narrative Inszenierung von Stille und Stimme. Während der gesamten – den Großteil der Episode einnehmenden – Binnenerzählung war nach den Angaben des Erzählers lediglich die Stimme der Figur(en) zu hören, ansonsten herrschte Stille. Dagegen ist die Wiederaufnahme der Rahmenerzählung, die gleichzeitig den Abschied der Protagonisten verarbeitet, von einer Vogelstimme begleitet. Die Verabschiedung wiederum kommt ganz ohne verbale menschliche Kommunikation aus und wird lediglich gestisch markiert, durch das freundschaftliche Reichen eines Flachmanns zu einem „Abschiedsschluck". Dass ausgerechnet während des Abschiednehmens eine Vogelstimme einsetzt und darüber hinaus zum ersten Mal in der gesamten Episode überhaupt direkt hörbar wird, ist in zweierlei Hinsicht bemerkenswert: Zum einen verleiht sie der ohne Worte auskommenden Verabschiedung der Menschen eine kommunikativ-verbindende Dimension, die aufrechterhalten wird und – so der letzte Satz der Episode – sogar nachklingt, als die Protagonisten wieder getrennte Wege gehen. Zum anderen erzeugt das Einsetzen dieser Stimme, über den Abschied hinausreichend, den Effekt eines Kontinuums zwischen den Stimmen aus der Menschen- und der Tierwelt, weil dort, wo die menschliche Stimme zum Ende ihrer Erzählung kommt, eine Vogelstimme eine andere, aber immerhin doch eine Art der Kommunikation fortführt.

Ewigkeit: Suchen in der Zeit – Suchen nach Zeit

> Wenn ich etwa vom Bleiben rede, ist das legitim. Aber sinnvollerweise nur, wenn ich dabei auch das Komplementäre, das Verschwinden, mitdenke. [...] Nur wenn ich eine Ahnung davon habe, wie ungeheuerlich der Raum des Verschwindens ist, kann ich die Umrisse der Sehnsucht nach Unvergänglichkeit und Bleiben skizzieren. (Ransmayr 2014, 38–39)

In dem eingangs angeführten Zitat pointiert Ransmayr nicht nur das Ineinanderwirken der kosmischen Raum- und Zeitachsen, sondern auch die Idee einer im Schreiben explizierten Wechselwirkung von Sein und Vergänglichkeit. Ausgehend von der in der Einleitung vorgestellten These dialektisch motivierter Vermittlungsverfahren, können auch die von Ransmayr verhandelten Fragen der Endlichkeit alles Seienden in Verbindung mit Gestaltungen von Unvergänglichkeit und Ewigkeit gelesen werden.

Innerhalb dieses weiten Motivkomplexes entfaltet Ransmayr – auch dies lässt sich über weite Strecken des Werkes beobachten – regelmäßig motivische Räume, die in einprägsamer Weise das Ineinanderwirken von Leben und Tod zum Gegenstand haben, wie beispielsweise im immer wiederkehrenden Motiv der Bestattung. Auch hier lassen sich Verbindungslinien von älteren zu jüngeren Texten erkennen: Getragen von einer „Etho-Poetik der Bestattungskultur" (Mergenthaler 2009, 147) erscheint nach Volker Mergenthaler bereits die 1988 erschienene Reportage *Die ersten Jahre der Ewigkeit. Der Totengräber von Hallstatt*. Wie in aller Regel die Reportagen Ransmayrs keine einfachen Wirklichkeitsberichte sind, so ist auch dieser Text eine narrativ bewusst gestaltete, sprachliche Modellierung der Welt. Dass Ransmayr in dieser und in anderen Reportagen bereits ein Programm veranschaulicht, das er – einer These der Forschungsliteratur zufolge – auch in den nachfolgenden literarischen Prosatexten „implizit gestaltet" (Fröhlich 2001, 32–33), lässt sich im Vergleich mit der Episode *Umbettung* aus dem *Atlas eines ängstlichen Mannes* plausibel nachweisen: Nach einer verheerenden Flutwelle sollen in dieser Erzählung auch die Grabstätten am verwüsteten Friedhof einer Pazifikinsel wiedererrichtet werden. Der Ich-Erzähler beobachtet die mühevolle Arbeit des beauftragten Arbeiters, „aus den Trümmern eine Grabeinfassung genau dort wieder einzusetzen, wo sie nach seiner oder der Erinnerung eines Auftraggebers vor der Flut gelegen hatte" (AM, 117). Jene Grabmäler allerdings, deren steinerne Einfassung erkennbar werden lässt, dass die Füße des darunter Bestatteten in die Berge, sein Kopf aber gegen das Meer gewiesen hatten, werden von dem Arbeiter leicht verändert wiederhergestellt:

> Wenn die Lebenden dieser Insel und noch ihre Toten in den *ersten Jahren der Ewigkeit* immer wieder vor der Gewalt und der Übermacht des Ozeans beschützt werden mußten, dann sollte der hier, irgendwo hier Bestattete die heranrasenden Wellen der Zukunft nicht in jener hilflosen, ausgesetzten Lage erwarten, die der Flut die breiteste Angriffsfläche bot. Und so wies die Ruhestätte, als der Mann im Overall die Brocken endlich neu zusammengefügt hatte, wie ein gegen die Brandung gerichtetes Boot mit dem Kopfende gegen die wolkenverhangenen Berge, das Fußende aber zeigte … nein: stemmte sich gegen das anrollende, alles umfassende und alles verschlingende Meer. (AM, 118, Kursive G.S.)

Nicht nur die wörtliche Anknüpfung an den Titel der oben erwähnten Reportage ist auffällig, sondern auch die wiederkehrende, auf Schutz und Bewahrung der Totenruhe ausgerichtete poetische Konzentration. Die Schutzbestrebungen und -wirkungen erscheinen explizit auf die Ewigkeit in ihrem als bedroht und unsicher geschilderten Status ausgerichtet zu sein. Die solcherart entwickelten Gestaltungsformen können gleichzeitig Berührungspunkte zu religiösen Motivfeldern aufweisen, auf deren Bedeutung im Ransmayrschen Werk jüngst Renate Langer aufmerksam gemacht hat. (Langer 2014, 53–65) Die Episode *Das Erlöschen einer Stadt* aus dem *Atlas eines ängstlichen Mannes* handelt von einem Erdbeben, dessen katastrophale Folgen durch ein Fernsehgerät in einer griechischen Taverne vermittelt und dort von den Zusehern einschließlich des Wirtes Christos verfolgt werden:

> Christos wandte sich zwar kurz vom Anblick der Zerstörungen ab, um nach meiner Bestellung zu fragen, kam dann aber von der Theke nicht mit Wasser und Wein, sondern mit zwei Kerzen zurück, die er zu beiden Seiten des Bildschirms entzündete, auf dem man in diesem Augenblick einen staubbedeckten, weinenden Mann mit bloßen Händen im Schutt graben sah. (AM, 59)

Das Bild des durch die beiden leuchtenden Kerzen umgebenen Fernsehers erinnert metaphorisch an ein von zwei Kerzen umgebenes Grabmal und damit – wie auch die symbolische Einbettung in Elemente der Eucharistie mit Wasser und Wein – an die christliche Vorstellungswelt, innerhalb derer das Brauchtum der nimmer erlöschenden Grablichter ein Symbol für die Hoffnung und das ewige Leben ist. Mit einem Bestattungsszenario schließt auch die Episode *Herzfeld* im *Atlas eines ängstlichen Mannes*:

> Ein Nachbar hatte seinen Pick-up an den Grubenrand gefahren und die Türen weit geöffnet. Als wir den Sarg an Hanfstricken in die rote Erde hinabließen, klang aus den in diese Türen eingebauten Lautsprechern *Näher mein Gott zu dir*. Wenn jeder der Araukariensamen, die in dieser Stunde auf die Trauergemeinde, auf das Grab, auf den Blumengarten, das Dach des Sommerhauses und den Sarg herabregneten, die Möglichkeit eines tausendjährigen Baumlebens enthielt, dann fiel – während Herzfelds Tochter ein Goethe-Gedicht so leise vortrug, daß ich in den Windstößen kaum ein Wort verstand, und seine Frau ein letztes Mal zu ihrem geliebten Leon über das offene Grab hinweg ins Leere sprach – mit diesen Samen eine Art Ewigkeit aus den Zweigen auf uns herab. (AM, 34–35)

Den unerwarteten Tod eines Mannes begleitet hier mit einem Samenregen eine Verewigungsmetapher. Die Schilderung eines Todesfalles, der von der Möglichkeit unzähliger Leben begleitet ist, gewinnt damit eine utopische Lesart, die als subtile Andeutung einer Art von Alternativmodell zu früheren Texten verstanden werden kann.

Die Komplementärwirkung von Sein und Vergänglichkeit wird in Ransmayrs Texten so weit gedacht, dass die Grenzen zwischen den Welten der Lebenden und der Toten verschwimmen oder zur Auflösung gebracht werden: Die Episode *Besuch aus großer Ferne* im *Atlas eines ängstlichen Mannes* deutet auf die Möglichkeit der Wiederkehr aus der Welt der Toten unter die Lebenden. Der Ich-Erzähler berichtet von seinen Erfahrungen der Feierlichkeiten an den „Días de los Muertos", den Tagen der Toten, an denen nach dem Glauben der mexikanischen Bevölkerung die Toten als Besucher unter die Lebenden zurückkehren dürfen und festlich empfangen werden. Fährten goldgelber Blütenspuren weisen ihnen dabei den Weg zurück unter die Lebenden, „denn allein die Farbe des Goldes schimmerte bis in das Totenreich hinab und war für den, der von dort als Besucher zurückkehrte, am leichtesten zu sehen" (AM, 109). Die Farbspuren reichen bis zu einer von gelben Plastikbändern umgebenen Baugrube, von der wir erfahren, dass sie bis zu jener unter dem Straßenniveau der Gegenwart liegenden Ebene ausgeschachtet wurde, auf der einst das versunkene Tenochtitlán des Aztekenreiches gelegen war. Schließlich offenbart sich ein junges Mädchen, das wir zunächst nur als unweit dieser Grube spielende „Akkordeonspielerin" kennenlernen, in den Augen des Erzählers als reales Abbild eines Wandgemäldes, auf dem das aztekische Ritual eines Menschenopfers, vorgenommen an einem jungen Mädchen, zu sehen gewesen war: „Das Hellgrün ihrer Augen ... die Züge der Akkordeonspielerin glichen denen der Kindfrau auf den Pyramidenstufen, als habe die Straßenmusikantin dem Wandmaler in Oaxaca Modell gestanden."

(AM, 111) Im letzten Absatz wird die Allegorie vom Erzähler schlussendlich auch sprachlich nachvollzogen. Die Akkordeonspielerin wird auch namentlich zur „Aztekin" – auf goldgelber Spur findet sie ihren Weg zurück von einem „Besuch aus großer Ferne":

> Die Aztekin [...] las die wenigen Münzen vom Tuch, das sie dann zusammenraffte, legte das Akkordeon in den zerschlissenen Koffer, band sich dieses übergroße, schwarze Gewicht mit zwei Stricken auf den Rücken und verschwand auf der wirren, goldgelben Spur der Totenblumen im Strom der Passanten. (AM, 112)

Hatte die eben geschilderte Episode eine Utopie der Wiederkehr aus der Welt der Toten unter die Lebenden gestaltet, so entwirft die Episode *Der Hirtenhund* aus dem *Atlas eines ängstlichen Mannes* – metaphorisch markiert durch eine „Schwelle" vor einer Grabkammer – ein merkwürdig-beklemmendes Bild eines in die entgegengesetzte Richtung führenden Weges. Ein Hirtenhund – Symbol sowohl eines Beschützers als auch eines vor Gefahr Warnenden – führt den Ich-Erzähler bei herannahendem Gewitter an eine über ihre gesamte Ausdehnung von Felsengräbern gesäumte Felswand:

> Die Vorderpfoten gegen die gemeißelte Schwelle gestemmt, bellte, ja brüllte er in das Dunkel vor ihm, als habe er einen Feind gestellt, den er nicht anzugreifen wagte. [...] Obwohl das Gewitter, dessen Donnerschläge immer noch dumpf und fern klangen, eine für den frühsommerlichen Abend eisige Luft die Wand herabstreichen ließ, floß mir der Schweiß über Stirn und Wangen. Ich wollte umkehren, ich wollte umkehren – und stieg und stolperte doch höher und höher.
> Die Wand der Toten ragte nun finster vor mir auf, die höchsten Reihen der Grabkammern verschwanden bereits in Regen- und Nebelschleiern, aber als ich innehielt, um Atem zu schöpfen, und mich umwandte, sah ich immer noch jene helle und tröstliche Welt, die für die Augen der Toten bestimmt gewesen war [...]. (AM, 396–397)

Das so vermittelte hektische Bedrohungs- und Angstszenario stärkt die Anapher („Ich wollte umkehren, ich wollte umkehren"), die den dennoch fortgeführten Anstieg noch zwanghafter und irrationaler erscheinen lässt. Das Eintreffen des Ich-Erzählers lässt den Hund schließlich – „so als habe er seine Pflicht erfüllt" (AM, 398) – zu seiner Herde zurückkehren:

> Komm zurück! rief ich ihm nach, bleib doch!, hierher!, als er den Geröllstrom hinabsprang, dem schönen Land, der Welt der Lebenden entgegen. Ich wollte hier oben nicht alleine zurückbleiben und blieb doch stehen vor der Schwelle der Grabkammer. Graues Regenlicht fiel durch die Öffnung auf drei steinerne Bahren, auf denen Tote ruhen sollten, bis ihnen ein namenloser Gott befehlen würde, sich zu erheben und, gesegnet mit den ihnen zu Füßen gestellten kostbaren Liebesgaben, in die Welt der Lebenden zurückzukehren. [...]
> Aber was immer den Schäferhund zur Raserei getrieben und ihn um seine Herde hatte fürchten lassen, konnte nicht für die Augen und nicht für die Ohren von Menschen bestimmt gewesen sein.

Von Regen und Schweiß überströmt stand ich vor der hohen, gemeißelten Schwelle und starrte gebannt, bewegungslos wie zuvor der Hirtenhund, ins Innere einer dämmrigen Totenwohnung. Der Boden, die Nischen, die steinernen Bahren waren trocken und leer. (AM, 398–399)

Die zitierten Textstellen führen das Kontrastbild zweier Welten, jener der Lebenden und der Toten, fort. Bis zum Ende der Episode bleibt allerdings weiterhin unklar, worin die Anziehungskraft der Grabkammer besteht, die den Ich-Erzähler nun an deren Schwelle verharren lässt. Ähnlich wie im *Besuch aus großer Ferne* lässt hier die ans Archetypische angrenzende – überhöhte – Symboldichte eine allegorische Lesart zu. Zwischen Todesangst und Todessehnsucht erscheint der Mensch als Instinktwesen, das, einer undefinierten höheren Macht („namenloser Gott") unterworfen, seine letzten Schritte am irdischen Weg über die Schwelle ins Totenreich geht – um aus diesem schließlich irgendeinmal wieder „in die Welt der Lebenden zurückzukehren" (AM, 398).

Zusammenfassung

Christoph Ransmayr expliziert in seinen Texten ein subtiles kulturkritisches Programm und deutet auf grundsätzliche Fragen von Welterfahrung und Menschsein. Die von Ransmayr angebotenen Antworten auf existenzielle Fragen verzichten auf ideologische Lenkungen und beanspruchen keine Letztgültigkeit, sondern erscheinen als Programm dialektisch motivierter V e r m i t t l u n g s v e r f a h r e n : Leben und Tod, Überzeitliches und Zeitbedingtes, Ewigkeit und Endlichkeit, Spurenauslöschung und Spurensuche, Ankommen und Abschiednehmen, Geborgenheit und Einsamkeit – all diese und weitere vermeintliche Antonyme bringt Ransmayr zur wechselseitigen Erläuterung. Dieses eigengeartete Programm wird damit als Poiesis universell-menschlicher, panhumaner Weltdeutung beschreibbar.

Literatur

Büscher, Nick (2014). *Apokalypse als Utopie. Anthropofugalität in der österreichischen Nachkriegsliteratur* (Epistemata: Reihe Literaturwissenschaft 785). Würzburg: Königshausen & Neumann.
Ernst, Petra (2003). „Christoph Ransmayr". In *Lexikon der deutschsprachigen Gegenwartsliteratur seit 1945*, Bd. 2. K–Z, hrsg. v. Thomas Kraft, 1006–1008. München: Nymphenburger.

Fröhlich, Monica (2001). *Literarische Strategien der Entsubjektivierung. Das Verschwinden des Subjekts als Provokation des Lesers in Christoph Ransmayrs Erzählwerk* (Literatura 13). Würzburg: Ergon.
Karlsson Hammarfelt, Linda (2014). Literatur an der Grenze der Kartierbarkeit. Ransmayrs *Atlas eines ängstlichen Mannes*. Studia Neophilologica 86/1: 66–78.
Kriegleder, Wynfrid (2014). *Eine kurze Geschichte der Literatur in Österreich. Menschen – Bücher – Institutionen*. 2. Auflage. Wien: Praesens.
Langer, Renate (2014). Probeweise Amen? Religiöse Motive im Werk von Christoph Ransmayr. In *Bis zum Ende der Welt. Ein Symposium zum Werk von Christoph Ransmayr*, hrsg v. Attila Bombitz, 53–65. Wien: Praesens.
Mergenthaler, Volker (2009). „Kunstvoll ehrt man ... die Verstorbenen". Etho-Poetik der Bestattungskultur in Christoph Ransmayrs *Die ersten Jahre der Ewigkeit*. In *Was übrig bleibt. Von Resten, Residuen und Relikten*, hrsg. v. Barbara Thums und Annette Werberger, 147–161 (Frankfurter kulturwissenschaftliche Beiträge 4). Berlin: Trafo.
Ransmayr, Christoph (1988). Die ersten Jahre der Ewigkeit. Der Totengräber von Hallstatt. *Merian Oberösterreich* 2: 62–66.
Ransmayr, Christoph (1997). Die Erfindung der Welt. Rede zur Verleihung des Franz-Kafka-Preises [1995]. In *Die Erfindung der Welt. Zum Werk von Christoph Ransmayr*, hrsg. v. Uwe Wittstock, 198–202. Frankfurt a. M.: Fischer.
Ransmayr, Christoph (2001). *Die Unsichtbare. Tirade an drei Stränden*. Frankfurt a. M.: Fischer.
Ransmayr, Christoph (2003). Cilaos. Öl auf Leinwand, 200 x 400 cm oder Nacht über Réunion. In *Die Verbeugung des Riesen. Vom Erzählen*, 48–56. Frankfurt a. M.: Fischer.
Ransmayr, Christoph (2004). *Geständnisse eines Touristen. Ein Verhör*. Frankfurt a. M.: Fischer.
Ransmayr, Christoph (2006). *Der fliegende Berg*. Roman. Frankfurt a. M.: Fischer. (= FB)
Ransmayr, Christoph und Wendelin Schmidt-Dengler (2009). Blicke zurück und in die Ferne. In *VerWertungen von Vergangenheit. Mosse-Lectures 2008 an der Humboldt-Universität zu Berlin*, hrsg. v. Elisabeth Wagner und Burkhardt Wolf, 114–141. Berlin: Vorwerk 8.
Ransmayr, Christoph (2012). *Atlas eines ängstlichen Mannes*. Frankfurt a. M.: Fischer. (= AM)
Ransmayr, Christoph (2014). Das Menschenmögliche zur Sprache bringen. Ein Gespräch mit Christoph Ransmayr über die Durchmusterung des Himmels und die äußersten Gegenden der Phantasie. In *Bericht am Feuer. Gespräche, E-Mails und Telefonate zum Werk von Christoph Ransmayr*, hrsg. v. Insa Wilke, 13–98. Frankfurt a. M.: Fischer.
Ransmayr, Christoph (2015). Interview. In *Leporello*, Radiosendung Ö1 vom 26. 1. 2015.
Ransmayr, Christoph (2016). *Cox oder Der Lauf der Zeit*. Roman. Frankfurt a. M.: Fischer.
Stanzel, Franz K. (2008). *Theorie des Erzählens*. 8. Auflage. Göttingen: Vandenhoeck & Ruprecht.
Zeman, Herbert (1980). Metamorphosen des Erzählens in der österreichischen Literatur der Gegenwart – Zur Einleitung. In *Metamorphosen des Erzählens. Zeitgenössische österreichische Prosa*, hrsg. v. Donald G. Daviau und Herbert Zeman, 1–18. *Modern Austrian Literature* 13/1 (Sonderheft).

Gilbert Carr (Dublin)

Ice and fire: From Christoph Ransmayr to Ernst Weiß

For Andrew Barker

Modernism and postmodernism are sometimes seen as part of a continuous experimental project of the avant-garde, sometimes separated by a rift, as between the high point of cultural progress and the end-game of decline and despair (Zima 1997, 14–15, 116).[1] Inspired by Christoph Ransymayr's "Gedankenspiel mit einer rückwärts laufenden Zeit" in *Die Schrecken des Eises und der Finsternis*,[2] I shall follow traces of these (dis)continuities in his ventures into Arctic extremes in that novel and wilderness in *Die letzte Welt*, then retrace themes and topographies in two of Ernst Weiß's novels. Ransmayr draws analogies between voyages and inscription, and the polar ice in his chronicle is a blank page (Fröhlich 2001, 54) or tabula rasa where traces are erased (SEF, 64, 181), but also a palimpsest that eventually reveals the remains of previous lost explorers (SEF, 175). On first reading, I thought of one of his precursors on the literary palimpsest of Arctic narrative, Ernst Weiß, whose novel *Georg Letham. Arzt und Mörder* (1931) is set mainly in a fever epidemic in the tropics but with a flashback to an Arctic expedition. While the lack of any trace of Weiß in Ransmayr's copious referencing of archival sources, notably for the Payer and Weyprecht expedition of 1872–1874 (SEF, 24, 143),[3] is no discouragement to revisiting postmodern scepticism about originality in a "universe of texts in which everything has been done and said before" (Müller 2000, 15), the potential of this comparison as a reinstatement of *Quellenforschung* may be limited, given the lack of even a cursory reference by Weiß to his own sources; at most, his first-person narrator alludes to previous Arctic voyages, but more obliquely than Ransmayr's narrator (GW 10: 157–158).[4]

---

1 On the new historicism and the postmodern novel see Grimm (2008, 9 and 35). Contrast the differentiation between postmodernism and *posthistoire* in Welsch (1993, 17–18).
2 Christoph Ransmayr: *Die Schrecken des Eises und der Finsternis*, 51. All further references are marked SEF and page number in the text.
3 Ransmayr also drew on Austrian television material about two voyages, and on his own reportages "Des Kaisers kalte Länder" and "Der letzte Mensch" (Fröhlich 2001, 53).
4 But see the passing reference to the fateful voyage (1879–81) of the *Jeanette* in Ernst Weiß: *Gesammelte Werke*, ed. Peter Engel et al., Vol. 10, *Georg Letham. Arzt und Mörder. Roman*, 158 (Frankfurt/M.: Suhrkamp, 1982). See also Weiß: "Ernest Shackleton," in E. W.: *Gesammelte Werke*. Vol. 16. *Die Kunst des Erzählens*, 162–165. All further references are marked, respectively, as GW 10 and GW 16: page number in the text (e.g. GW 10: 158; GW 16: 162–165).

Alexander Kluge ironically remarked that the use of documentary sources for his Stalingrad text-montage *Schlachtbeschreibung* did not guarantee its factuality, given the ever-present selective eye-view of functionaries contributing to the "organisatorische[r] Aufbau eines Unglücks" by digesting, producing and relaying those documents (Kluge 1978, 368). The narrator of *Die Schrecken des Eises und der Finsternis*, for his part, is a proxy explorer, as he discovers (SEF, 25) and entitles documents (SEF, 186). While using the fictional character Mazzini to exemplify the entwined processes of reading, editing, interpretation and deciphering, the chronicler-narrator's self-conscious and ironic detachment towards his intertexts[5] – as in his Brechtian "Chronik der Abschiede" (SEF, 37–38), the "Warnung vor Eisbären" (SEF, 69), or the ship on a kitchen fly's trajectory (SEF, 81)[6] – places Ransmayr's narrated voyages and explorations in a post-expeditionary era (Müller-Funk 2015, 69–70). His cautionary distinction between air routes as geometrical lines and our earth-bound paths as "Fußgänger und Läufer" (SEF, 9) could, however, be appropriated for modernism, for instance, to characterize the dramatic irony of the scientist Finn Malmgreen's disappearance after the crash of the airship *Italia* in Walter Erich Schäfer's *Malmgreen* (1929), a *Hörspiel* that exploited the epic-chronicling potential of the news medium of radio, to set the reported disappearance against Malmgreen's inner monologue of resignation in his icy Arctic grave (Schäfer 1962, 101–102). From Schäfer's epic montage one can infer that the impossibility of an unmediated reality is not in itself a postmodern insight, and even the possibility of media blind-spots is suggested by Malmgreen's disappearance.

Ransmayr may be said to reflect on the limits of hermeneutical reconstruction (Fröhlich 2001, 59), but in a different spirit from Kluge (1978). Claims by critics that the very authenticity of his documents aids objective characterization of the historical explorers or evokes historical experience directly are more naïve (Cieślak 2007, 95; Hauenstein 2014, 14, 60–61),[7] or contradict the designation of *Die Schrecken des Eises und der Finsternis*, with its non-linear chronology, anachronistic juxtaposition of time-levels (e.g. SEF, 49) and metareflexive juggling of points-of-view and diegeses, as a metahistorical novel (Hauenstein 2014, 16, 55–56, 71, 79). Some critics deny the narrator's identification with Mazzini or the historical figures (Cieślak 2007, 74, 99), but in reserving judgment about the exclamation marks that dog-handler Johann Haller uses when recording the

---

5 Leahy (2007, 124) dismisses Thomas Anz's reduction of *Die letzte Welt* to a postmodern game of intertextuality.
6 The sea voyage in *Die letzte Welt* is a rather traditional allegory if claimed as 'a process of transcending' (Grimm 2008, 174).
7 Müller-Funk (2015, 69–83) is more differentiated; see also Müller (2000, 8) on the mutual reflection of the juxtaposed stories; and Cieślak (2007, 100) on the contrastive function of documents.

death of engineer Otto Krisch, the narrator allows himself to describe them suggestively as "Fossilien einer unwiederholbaren Empfindung" (SEF, 212). And what of his subjective response, through *erlebte Rede* and inner monologue, to the dying Weyprecht's last journey (SEF, 262) or his desire to fill in gaps in Mazzini's story? The narrator renounces omniscience (SEF, 11), yet his confession of "Willkür" (SEF, 63) and his suppositions, interventions and anticipations (SEF, 85, 142, 145, 234), which some take as undermining reliability (Fröhlich 2001, 54; Müller 2000, 8),[8] are only as unreliable as a tradition of omniscient narrators since *Tristram Shandy*: is it so different from the narrator's playful manipulations in *Berlin Alexanderplatz*? Ransmayr may opt for an inconclusive ending (SEF, 274–275), but how conclusive was Alfred Döblin's?

Despite the vividness of excerpts assembled by Ransmayr's narrator from original records of the polar expedition and the contrasts they reveal, their comprehensive reproduction is only justified aesthetically by his extensive chronicling of Mazzini's fate in pursuing that "verjährte[] Wirklichkeit" (SEF, 24) and of his wish to experience the world recorded in those documents (SEF, 167), rather than rely on imagination (SEF, 47) or public memory. Mazzini is said to reinvent the past (SEF, 20) and live in a world of storytelling, reading his sources *en route* (SEF, 179), despite the disillusioning Nordic reality, where he is greeted by sober criticism from other characters (SEF, 131) and (implicitly) from the narrator (SEF, 136–137). Mazzini's exploratory re-enactment and minor-scale repetition of the grandiose failed expedition aligns the narrative with other postmodern acts of creative and critical reception, retracing and adaptation. His phantasies of voyage may themselves be a legacy of the mythologizing that the narrator laconically castigates in recounting the ambivalent historical reception and impact of the Payer/Weyprecht expedition (SEF, 261–272). If so, they would exemplify subservient acts of reception; but Mazzini's ultimate, futile solo venture into the Arctic waste lays claim to its own mythology as a quest for unregulated, revitalizing experience that can empower the imagination (Fröhlich 2001, 58, 155). This would give the logic of *Zivilisationskritik*, which some claim to be central to the novel (Cieślak 2007, 74, 88), a further dimension, and thus align it with Ransmayr's other work, notably *Die letzte Welt*.[9]

Scholars relate the Arctic novel's critique of the appropriation of scientific exploration for the purposes of imperial and economic expansionism to Adorno's and Horkheimer's reinterpretation of the Odysseus myth in their critique of the Enlightenment's dark descent into barbarism (Cieślak 2007, 86–90, 74;

---

[8] See further examples of the narrator's supposed ignorance (SEF, 142) and capriciousness (SEF, 226, 274), despite his insistence on factual knowledge (SEF, 238).
[9] On myth as "Gegenentwurf" see Mosebach (2003, 115). On the "last" world of unpredictability see Leahy, (2007, 127).

Hauenstein 2014, 55–56; Fröhlich 2001, 124–125, 56, 59, 77; Mosebach 2003, 103, 108). This has its place in at least one of Ransmayr's excursuses (SEF, 50–55). Yet while *The Dialectic of Enlightenment* encompassed both emancipatory and instrumentalized discourses and structures, some postmodernists cited the latter to discredit the whole project of modernity. Ransmayr's novel, however, whether deconstructing colonial posturing (SEF, 184, 222, 230, 236, 261–263) and ambitions of immortality (SEF, 87) or implying censure of greed and mercantilism (SEF, 130) and of scientists' abuse of animals (SEF, 180–181), also reflects the pathos of their rational deconstruction of earlier myths (SEF, 94) and their resolve to avoid cannibalism as a last resort (SEF, 252; Cieślak 2007, 86).[10]

Postmodern historical scepticism was accompanied by the so-called spatial turn and a focus on simultaneous phenomena as well as peripheries (Müller 2000, 1–2; Zima 1997, 80, 111). 'The end of the world' was a topos of Apocalypse long before its modernist revival in Expressionism (Metzner 1976, 11–30, 268–269; Grimm 1981), but Ransmayr ironically presents his *dramatis personae* as an "Anwesenheitsliste für ein Drama am Ende der Welt," eliding the topographical and eschatological senses (SEF, 27). His emphasis on 'the end of the world' as periphery has been interpreted as a rejection of the civilization of Empire (Fröhlich 2001, 147; Grimm 2008, 164), e.g. Weyprecht contrasts the ice-world with the vanities of the Habsburg social hierarchy (SEF, 267) on the eve of the headlong rush of civilized nations into the First World War.[11] At the end of the novel, the more ambitious Payer, too, disowns his own achievements (SEF, 268), and, on the point of death in 1915, envisages the end of the world in a cosmic conflagration that would obliterate the planet as a "Schandfleck[] unseres Sonnensystems" (SEF, 274) – as in Karl Kraus's *Die letzten Tage der Menschheit*. However, Ransmayr's narrator equivocates, re-imagining the Arctic as a mythical paradise in 1914 (SEF, 273), and in the absence of the "Trost des Endes" lays claim to the barren land and icy seas on the map in front of him in the hope of a trace of something reappearing – a *mise-en-abyme* that mimics Payer's naming obsession and continues Mazzini's quest, though not entirely ironically, as the defiant amateur's disappearance also evokes empathy (SEF, 274–275).[12]

Ransmayr's remote regions are really only accessed through the act of writing or the insertion of a figure with a receptive or poetological function like Mazzini

---

10 The narrator focuses not on 'the scientific destruction of the myth of the open sea' (Cieślak 2007, 91, 94), but on shattered illusions about the economic benefits of exploration (SEF, 94). On Weyprecht's insistence on work ethic (SEF, 102) and discipline for fear of a breakdown of order (SEF, 139), see Cieślak (2007, 141). On Payer's alleged nostalgia for mythical heroism see Fröhlich (2001, 59).
11 On the 'Habsburg myth' see Müller-Funk (2015, 82).
12 On the narrator's metabiographical reflection of Mazzini's obsession see Hauenstein (2014, 74). On domesticating the Other by colonizing the polar wasteland see Scuderi (2015, 44).

(Fröhlich 2001, 54; Scuderi 2015, 42; Hauenstein 2014, 14; Cieślak 2007, 77), or Cotta in *Die letzte Welt*. In what is deemed a self-metamorphosis, Cotta becomes an 'endless trace', as part of the transmission process of a text he had vainly searched for (Fröhlich 2001, 59–60, 160). However, although Mazzini is observed succumbing to the pull of the Arctic's timelessness (SEF, 242), the erasure of a sense of time, which some ascribe to it as a mythical place (Cieślak 2007, 78; Mosebach 2003, 94–96), is not the same as the monotonous routines of those stranded there (SEF, 156) and more a feature of modernity, as experienced by Mazzini when over-flying the ice–cap (SEF, 247). There is a similar contradiction in *Die letzte Welt*: the postmodern indifference to time (Leahy 2007, 122) cannot be claimed as identical to the timelessness of myth. Yes, the inhabitants of Tomi live in the knowledge of a world of continuing disappearance, but the novel's status as an anachronistic meta-palimpsest (Grimm 2008, 176) rests partly on a somewhat contrived distancing device, the merging of time-levels and the infiltration of the barbaric, mythical town of Tomi with the apparatus of modern travel and culture. The "Auflösung des Subjekts im Text der Welt" (Fröhlich 2001, 87; also Leahy 2007, 127, 136),[13] which Mazzini and Cotta are said to embody, is an all too programmatic response to postmodern doctrine.[14]

It is certainly more ironic than that paradigm suggests, when *Die Schrecken des Eises und der Finsternis* begins with Mazzini, on foot, dwarfed by a world in which he will finally disappear (SEF, 11).[15] However, this topos of the sublime recurs, with the Arctic landscape impressing (SEF, 150), resisting (SEF, 209), raging at and devouring the historical explorers too (SEF, 87, 250).[16] In *Die letzte Welt*, Tomi is "der wüste Ort," where violent barbarity among the inhabitants matches the inhospitable landscape (LW 206),[17] and yet they remain indifferent to nature's invasion of their derelict houses (LW 10; LW 248–249). There is, however, a difference in the status of petrifaction, from its embodiment of dog-handler Klotz's worsening mental state at the barren ice–cap (SEF, 197), to *Die letzte Welt*, where Battus's similar fate, though a consequence of addiction to a machine (LW

---

13 See Fröhlich (2001) on questioning of the self and its integrity as an hermeneutic stimulus (166) and on the re-creation of subjectivity in a world of texts (170–171).
14 On the "death of the author" as a paradigm for *Die Schrecken des Eises und der Finsternis* see Pfeiferová (2015, 28). On the undermining of the Kantian subject and the landscape's reflection of inner states, see Fröhlich (2001 124–129). On nature scenes as contingent compilations without an observer-subject, see ibid., 127–128, 131–132.
15 On the parodistic function of this quest see Müller-Funk (2015, 69–70).
16 On contrasts between Weyprecht (SEF, 107, 234), the engineer Krisch (SEF, 110–111) and Payer (SEF, 81, 113, 163, 209–210, 220–221) in their contemplation of nature see Fröhlich (2001, 129).
17 Ransmayr: *Die letzte Welt*, 206. All further references are marked LW and page number in the text. On the reassertion of nature's power against the subject's social supports and on wilderness as an autonomous subject, see Fröhlich (2001, 140–142).

212–222), is symptomatic of a general petrifaction that contradicts the Ovidian law that "nothing retains its own appearance permanently" (Ovid, p. 341: Book 15, lines 252–253). From being an elemental stage in the process, petrifaction in the novel signifies ultimate nirvana or redemption (LW 158), a "Weg aus dem Chaos des Lebens" (LW 156).[18] This phrase, in turn, corresponds to the reflection attributed to Mazzini (through *erlebte Rede*) on the merits of the void as a dramatic setting, as against a "tropisches Abenteuer," which of necessity would entail complicating external influences, whether of a more variegated natural environment or an alien indigenous culture (SEF, 22). Certainly, despite Ransmayr's ventures into dialogue, he has been reproached with creating relatively uncommunicative, unreflecting and un-individual figures (Grimm 2008, 158).[19] This may well be part of a de-subjectivizing strategy, along with the indeterminacy and shifts in perspective, particularly in *Die letzte Welt*. Even here, I would argue, there is an *Instanz* still controlling the flow of the narrative, if less visibly than in *Die Schrecken des Eises und der Finsternis*.[20] The denial of omnipotence is the safety curtain for a Pirandellian stage-set.

On the other hand, postmodernism emerged out of a modernist critique. Caitríona Leahy, for example, links modernism, too, with the collapse of the narrative of progress, the reversion of history into myth and the subject's confrontation with its Other (Leahy 2007, 36). The postmodern aesthetic of questioning the very possibility of representing the Holocaust – and, by extension, whether not only mimetic realism but all representation has become problematic in its wake – was indeed preceded by encounters with other terrors of sublime proportions, which had already triggered this problematizing process, in Expressionism, for example.

The focus on Mazzini's disappearance (SEF, 9) echoes a common theme of post-Shoah fiction and documentary, but in Ernst Weiß's novel *Georg Letham. Arzt und Mörder* the disappearance of a scientist on a repeat journey to the Arctic

---

18 While Grimm (2008, 182) contrasts petrifaction as divine punishment in Ovid, Fröhlich (2001, 135–139) deems it a mythological regression to a Stone Age wilderness as the premise for a future age of stone monsters (LW 169) and as evidence of Ransmayr's "Verlangen nach absoluter Teilnahmslosigkeit": stone as a symbol of oblivion unburdens human subjectivity. However, it remains problematic to claim that Cotta has to become "verrückt" (LW 240–241) to overcome the contradiction between Roman order and the reality of Tomi and thus gain insight into *his place* within this realm of metamorphoses (Fröhlich 2001, 155), or, equally, to claim this as a parable of both transience *and* the power of imagination (Grimm 2008, 192), since the metamorphoses are allegedly not controlled by a creative subject (ibid., 157–158).

19 On Ransmayr's supposed preference for figures like Mazzini who avoid the interactions of a complex social structure, see Fröhlich (2001, 163, 170). On the unheroic realism of postmodern characters, see Müller (2000, 13).

20 On the *Instanz* see Cieślak (2007, 74). While Pfeiferová (2015, 30) claims that with Mazzini's disappearance the narrative *Instanz* is also lost, Müller-Funk (2015, 73–74) is more justified in referring to the "Gesamterzähler, der noch einmal Distanz schafft."

is dismissed in one sentence (GW 10: 140). More importantly, the protagonist of Weiß's flash-back to a disastrous North Pole expedition (GW 10: 155–190), the narrator's father, not only does not disappear, but returns to intrude in the fate of the first-person narrator/protagonist of the main narrative, Georg Letham junior, who, similar to Mazzini, is immersed in (his father's) oft-repeated storytelling, and who in this third-person perspective flashback vividly recounts his father's Arctic misadventure.[21] In fact, only at first sight does this polar excursus bear a resemblance to the historic voyage narrated by Ransmayr and his main sources. Weiß's voyage is much more evidently fictionalized, and I have found no detailed sources for rats infesting vessels with supposedly impregnable iron-reinforced hulls. For it is a plague of rats on board the Arctic expeditionary ship that plays a crucial part in the demise of this fictional project, and in Weiß's story. The ensuing war of attrition against rats is itself a palimpsest underlying an ealier flashback to the childhood of the protagonist/son, who recounts the father's domestic war against rats (GW 10, 141). It is only subsequently, when the Arctic adventure is narrated, that the domestic rat cull can be seen as a re-enactment of the father's, a repetition of the extermination strategies that he had devised in the Arctic.[22] It is then scarcely coincidence that the son/protagonist has entered the medical profession as a toxicologist, only to abuse his skills in murdering his own wife. He has also indirectly inherited from his father a hard-bitten determination and will to survive when it comes to the ordeals that follow his murder trial – both on the convicts' ship and amid the yellow fever epidemic in the tropical penal colony where he has been deported to.

Weiß's polar expedition is dramatically recounted stage by stage, escalating with the ever more ruthless attempts to exterminate the rats, who survive, multiply exponentially, and become "beinahe die Herren des Schiffes," this "wanderndes Rattenheim" (GW 10: 183–184), providing a stark contrast to the supposedly well-equipped, but hopelessly stranded scientific explorers, whose identities are compromised by their Arctic captivity (GW 10: 171–174). Weiß's graphic mastery is evident in the set-piece description of the last resort attempt to gas the thousands of rats with carbon monoxide and sulphur, which not only fails to be lethal but sets the ship itself on fire, as observed from a distance by the

---

21 On Letham junior's narrative appropriation of his father's North Pole 'experiment' and the moral he draws from it, see Delfmann (1989, 218–219); on the reduction of aesthetic distance even on this third narrative plane, ibid., 187; on his admiration for his father's tales of exploration and his subsequent rational disapproval of the cynical bourgeois patriarch's character deficiencies, ibid., 195–197; on his ambivalence, see ibid., 214–217. On the father as the son's super-ego see Streuter (1990, 95). On the idealization of the father see also Hnilica (2006, 44–45).
22 On the influence of the Arctic narrative on the son's character formation, but also its function of casting the son's acts in a more humane light, see Trapp (1992, 279); on the rat motif as less a naive reality than a psychic drama staged for the reader, see ibid.

incredulous scientists (GW 10: 186). The glimpse of fire in the ice-world is almost mythologized: "Zum erstenmal, seit Menschen leben und die Erde fest gegründet ist und seit Schnee und Eis hier unter dem siebenundachtzigsten Breitegrad die Erdkrume und das Gestein unten umpanzert halten, bekommt diese Eis- und Wasserwüste helles Feuer zu sehen" – only for this pretention to be deflated by laconic irony: "Die Gelehrten wollen es nicht sehen" (GW 10: 186). The narrator's father leads a select group (of officers) seeking to rescue provisions and themselves from the approaching rats and fend off their desperate crew in the bloody, Social Darwinist-construed "Endkampf gegen die Menschen und Tiere" (GW 10: 189; Streuter 1990, 94). And yet the episode ends with an anacoluthon, elliptically signifying the narrator's and his family's veil of silence over both the terrifying battle and the means of escape of the few from the Arctic, thus covering up the memory of the horror and any sense of guilt (GW 10: 189–190).

Bernhard Fetz (2015, 24) has noted the "Überblendung von historischer Recherche und poetischer Rekonstruktion" in the parallel of the mass drowning of rats and the victims of Nazi crimes in Ransmayr's early reportage *Kaprun. Oder die Errichtung einer Mauer*. Without making claims for Weiß's prescience or drawing false analogies between vermin and human ethnicities, one is struck by the coincidence of his account of a botched mass-gassing, of the lasting brutalization of humans under war-like conditions, and the subsequent denial of betrayal and atrocity. Added to this, the larger context of the first-person narrator's enforced tropical adventure is another Heart of Darkness, even if its ambivalent self-implicating critique of experimental medicine, another Dialectic of Enlightenment, only coincidentally anticipates Alexander Mitscherlich's document of *Medizin ohne Menschlichkeit* in the Nazi death camps.[23] Still, this is truly *Zivilisationskritik*, exemplified in the highly problematic connection made between Georg Letham's criminal acts and the very ethos of medical science, particularly his experimental research practices.[24] Pointing this out, Irmtraud Hnilica (2006, 54) underrates the arduous and fraught collective quest to protect public health against epidemic.[25] With regard to Weiß's problematic exemplars of heroism, discourse analysis today is concerned with colonialism, alterity and

---

23 Original title: Wissenschaft ohne Menschlichkeit: Medizinische und eugenische Irrwege unter Diktatur, Bürokratie und Krieg. Heidelberg: Schneider, 1949.
24 On the pathological fictional accused, see Trapp (1992, 274–276). The over-simplifications of a psychoanalytic approach that conflates and reduces character relationships to the same pathology are also evident in Hnilica (2006, 59–61, 64–65; also Streuter 1990, 94–97). The narrator's complex relationships to March and Walter (Delfmann 1989, 201–207) would require further differentiation.
25 Trapp (1992, 268) emphasizes Letham's risking his life; Streuter (1990, 97–98) credits Letham at the end with achieving freedom through self-recognition.

particularly gender,[26] and less likely to focus on his dramatic character constellations, his dissection of motivations in the passionately conflicted, self-questioning, self-vindicating monologue,[27] or his intricate accounts of the bacteriologists' experimental processes in the emergency conditions of a third-world epidemic.[28]

Georg Letham ends in renunciation, a low-key disappearance, the protagonist's submerging in the anonymous crowd:

> Die Gegend blühte auf. / Meine Person scheidet dabei aus. / Ich verschwand in der Menge, und das ist gut so (GW 10: 503).[29]

This almost corresponds to the resignation in *Die Schrecken des Eises und der Finsternis* of lower-ranked expedition members, the huntsmen and seamen, to the gradual "Entwürdigung ihrer Polarfahrt" after their return (SEF, 267). Ransmayr's first novel is said to contain "spannende Geschichten aus zweiter Hand" (Pfeiferová 2015, 30). Weiß, by contrast, has been criticized for his "spektakulär-kriminalistische[] Handlungsführung" (Trapp 1992, 266). This leads me to reconsider the fire and ice metaphors of my title as a gauge of the contrasting temperatures of Weiß's intensely personal and Ransmayr's cooler narratives about equally obsessive, but paler figures. One factor in the heightened intensity in *Georg Letham* and its multiple dramatic plot turns is the continuous presence of its first-person subject narrator. Ransmayr uses the device in his short reports of encounters in *Atlas eines ängstlichen Mannes*, but his narrator generally remains a spectator, and even when occasionally surviving a narrow escape, as in "Zweiter Geburtstag" (AM, 271–279), his detachment is maintained through retrospect. Equally detached or, indeed, reflective is Ransmayr's focus on cosmology, which has been construed as an "Ausweitung des Gesichtsfeldes" (Fetz 2015, 19), for example, in "Sturz aus der Nacht" (AM, 197–202). Weiß's protagonist in his earlier novel *Die Feuerprobe*, on the other hand, though a devoted amateur astronomer, repeatedly invokes the eternal fires of the firmament as a source of 'clarity' in a binary contrast to the earthly passions that have embroiled him, and Georg Letham, despite calling his monologue "Protokolle[]

---

26 Hnilica (2006, 3) links *fin de siècle* bacteriology with the fear of the colonized 'other'; she also documents obvious aspects of Georg Letham's misogyny (57–58) and over-simplifies his love for the dying patient Monica as a cult of 'die schöne Leiche' (63). On Letham's misogynistic stereotyping of his wife and other women, see Delfmann (1989, 61–62, 200).

27 In suggesting that Letham is unaware of how manipulative his report is, Trapp (1992, 283) contradicts his own emphasis on the narrator's demands on the implicit reader's sympathy and the display of self-analysis aimed to forestall 'psychiatric examination' by the reader (ibid., 266–268).

28 On the influence of Weiß' medical training in writing case histories, see Streuter (1990, 23–24).

29 See the existentialist interpretation of this renunciation in Delfmann (1989, 252).

dieser 'Experimente an lebenden Seelen'" (GW 10: 9), openly reveals his own misanthropic and misogynistic prejudices, cynically and yet acutely observing the all-too-human in others, but also confessing the emotional polarities within one psyche: "von inneren Widersprüchen hin- und hergeschüttelt wie ein Malariakranker zwischen Untertemperatur und Übertemperatur, zwischen Gluthitze und Fieberfrösteln" (GW 10: 8).[30] In *Die letzte Welt*, since Naso has burnt his own manuscripts on the eve of his flight from Rome (LW 19–20), fire literally has a plot function and is also a site for "the transmission of stories" (Leahy 2007, 128–130; Fröhlich 2001, 134). And yet this is all subsumed in the novel's more abstract scheme of metamorphosis and elemental entropy. Leahy (2007) reads this novel in the light of fire metaphors for the acts of narration and reading, by means of which Walter Benjamin contrasted the isolated, 'cold' fiction reader's 'burning interest', consuming the 'material' to warm his/her shivering life (Benjamin 1977, 456–457).[31]

Can we dismiss Weiß's *Die Feuerprobe*, too, with its many set-piece descriptions of conflagration and the havoc it wreaks, on this count, as "a fire that consumes itself, that has no significance and no remainder, no seed of potential that can be carried forth into the future" (Leahy 2007, 69–71)? Towards the end, a fire originating within an intimate domestic setting begins to engulf a whole neighbourhood of Berlin, including a basement where inflammable materials are stored, and the fire brigade, evidently helpless and leaderless, are obstructed by crowds on the street before general panic sets in after an underground explosion. The narrative of the fire threatens to come full circle as the *Erzähler-Ich* recalls the site of initial awakening as amnesiac protagonist *Figuren-Ich*. The later scene begins with an all too spectacular array of terrifying onomatopoeia, for example: "ein dumpfer, unbeschreiblich dröhnender Knall," "eine haushohe Stichflamme schießt empor," "Wolken von schwarzem Qualm wogen über dem Brandherd, Metallteile durchschwirren sausend die heiße Luft" (GW 6: 135).[32] But the tension is increased as the fears of the knowing narrator about the spread of the fire are first conveyed speculatively in a future perfect tense ("es wird die Häuser rings um den viereckigen Platz erfaßt haben"), then superseded by a series of definite (mainly future tense) predictions about a church ("In den Dachsparren wird sich das Feuer zuerst fangen") (GW 6: 135). In mid-sentence there is a transition into a present passive ("auch die schwarze Tafel mit den Zahlen der Bibelverse wird auseinandergesprengt"), followed by a sequence of simple present tense *faits*

---

30 On the changes in Letham's character see Delfmann (1989, 250–253).
31 Benjamin (1977) mixes metaphors, comparing the suspense of narrative to the draught that drives the flames.
32 Ernst Weiß: *Gesammelte Werke*. Vol. 6: *Die Feuerprobe. Roman*, ed. Peter Engel et al., 135 (Frankfurt/M.: Suhrkamp, 1982). All further references are marked as GW 6: page number in the text.

accomplis ("und durch die letzte Ziffer, das letzte Wort geht ein gewaltiger Riß"), cumulating in the loss of the organ and the simultaneous liquefying of the organ pipes and the ultimate engulfing of the nave (GW 6: 135–136). The tension can be linked directly to these shifts in aspect and tense, which reflect the complex splitting of the self, of the first-person narrator intertwining *erzählendes* and *erlebendes Ich* (Kindt 2008, 163–171), as the former uses the latter to focus the narrative of an *Ich* in the process of recovering his identity. The continuous, largely present-tense narrator's monologue makes each scene present to himself (as *sich erinnerndes Ich*), but with the immediacy of being witnessed first-hand by the *erlebendes Ich* (Müller and Tatzel 1998, 9).[33]

In the 1929 edition of *Die Feuerprobe*, the Expressionist visions and pathos of the 1923 edition are toned down but still evident in the invocation of fire as a medium of judgement and Apocalypse, and in the disorientated and tormented first-person narrator's biblical-style self-trial. Here unreliability (Müller 1992, 186–196; Kindt 2008, 163–171) is something rooted in character: first in the identity crisis of this nameless amnesiac narrator, who sets out on a supposedly random journey, both topographical across Berlin and allegorical in the Expressionist sense of the *Weg* (Müller and Tatzel 1998, 5–6), while grasping at personal memory fragments in an Oedipus-like recovery of identity (ibid., 5), painfully oscillating between his overtly sexist and self-exculpatory account of his marital relations and then remorse both for the murder of his wife and for the general conflagration that ensues from it, which even engulfs the orphanage where his young daughter was given shelter in a separate third-person narrative strand involving a caring *alter ego*.[34] As he relives the murder and clear-sightedly witnesses the conflagration he remains strangely passive.[35] His disbelief at finding himself (with blood-stained clothes) squatting by his dead wife, yet feeding the flames with downy feathers from her slipper, is akin to Kafka's country doctor's *Fehlleistungen*: "Was soll diese unnütze Arbeit? Es wäre doch noch Zeit, etwas gutzumachen. Nein, es ist nicht mehr Zeit, etwas gutzumachen." He considers extinguishing the candles and smothering the spreading flames under the carpet, but, too late: soaked in wax, this resembles "ein gewaltig ausgedehnter Docht"; and the pounding he hears is his own heart thumping, not his young daughter at the inexplicably locked door of her room. Yet he still remains passive and even bizarrely entertains a collusion with the fire: "Ich sage nichts.

---

33 On the process of "Sich-Selbst-Bewußtwerden[]" on the "Ebene der Performanz," albeit incorporated as "Teil der Präsentation," see Delfmann (1989, 177–178, 183). On the foregrounding of the *erlebendes Ich* by the partially retrospective detachment of the *erzählendes Ich* see Kindt (2008, 160, 165).

34 On the 'visionary' descriptions of fire and on the subsumption of this *alter ego* role in the first-person narrator's growing anxiety over the girl's fate, see Müller and Tatzel (1998, 10).

35 On a novel's expression of "die tiefe Ratlosigkeit des Lebenden," see Benjamin (1977, 443).

Ich tue nichts. Ich beherrsche mich. Ich weiche dem Beweis aus, ich lasse alles gehen. Ich sage zu dem kleinen Feuer nicht nein. Was durch Flammen begonnen hat, mag durch Feuer enden" (GW 6: 105).

Here, and in the course of the narrative, it is by no means clear that the witnessing narrator-protagonist is not speaking from beyond the grave, as the past is made present for the reviewing, recovering narrator, who is unable to intervene; it is as if he is living the moment not just of killing but of his own end.[36] According to Weiß's view of Christianity in *Der Mythos und das Unabwendbare* (GW 16: 99), no deed on Earth is ever finally completed, no death is definitively died, since completion is in the Hereafter. In *Der Erzähler*, Benjamin links modernity and the modern novel with the dying of experience (*Erfahrung*); whereas for the traditional storyteller, death was something he had witnessed that gave his narration its authority, and not as "a discrete beginning and endpoint," but as a point outside history (Benjamin 1977, 439, 449–452; Leahy 2007, 57–58, 64, 67). Leahy (2007, 64) argues that in their "Christian narratives" the Expressionists saw the need for modernism to "re-establish a view of itself from beyond itself." So does *Die Feuerprobe* suggest such a "view from beyond" narrative's "own death," but "in the continuous narrative of its survival" (Leahy 2007, 64)? Or does it resort to a more conventional fictional death or ending, retrospectively revealing the life's meaning (Benjamin 1977, 456)?[37] Jacques Derrida conceives of the "cinder" as testimony to the death of narrative *per se*, to be realized only so long as the retreating conflagration – that is, narrative – is not completely extinguished (Derrida 1991, 49, 61).[38] With his 'cinders' metaphor he seems to conceive of the fire's dying as a process, not merely the definitive death he postulates. The relation of continuity and finality are also of concern in Weiß's *Die Feuerprobe*. At the very climax of wholesale loss of innocent life in the conflagration there, a hiatus heralds an abrupt conclusion of clarification and resolution that is barely defensible in a modernist aesthetic. This cursorily proclaimed reinstatement of life values puts an end to the arduous journey that preceded it, to all the anguished retracing and reconstructing of a lost self as (accidental) murderer and (accidental) arsonist, but thereby also to the process that had given the narrative its power so long as the impending catastrophe had not reached its climax. This state of suspension cannot be sustained indefinitely,

---

36 See Weiß: "Tod, Erkenntnis, Heiligkeit," where one of the limits to speaking meaningfully about death that Weiß considers is the impossibility of thinking one's own absence from the world (GW 16: 38–39).

37 On whether the fictional doctors of Weiß and others are less intent on protecting life than on rebelling against (their own) transience and death, see Hnilica (2006, 28).

38 On "cinders" as a "remainder" from the defeat of signification, "from which transmission, or representation, must proceed," see Leahy (2007, 151–153).

it seems, unless expressed metaphorically by analogy with 'cinders', or, say, formlessly, in an anacoluthon.

The ending of *Die Feuerprobe* is a kind of "erpreßte Versöhnung" ('extorted reconciliation'), to borrow Adorno's reproach against Georg Lukács (Adorno 1974, 179-180): the cliché of waking up after a bad dream forestalls the collapse of narrative. The *deus ex machina* ending of *Die Feuerprobe* would not satisfy Benjamin's questioning, but only point to a future of narration by default, as the logic of this failure leaves a vacuum that could be filled, after all, by Ransmayr's ambivalent and open-ended metafictions. I remain somewhat diffident towards the discourse of powerlessness identified in Ransmayr's early novels by critics, in so far as the modern sublime power that threatens or dwarfs the subject may be man-made and its irresistibility may certainly be the hypothesis of a narrative *Instanz*. My comparison may have suggested not only a contrast but Ransmayr's affinity or continuity with modernists like Ernst Weiß, but it is no surprise that Weiß paid tribute to Joseph Conrad's plots as eternal voyages "ins Außer-Ich" (GW 16: 208) that end "am Nordpol der Seele": "Es gibt im Grunde im neunzehnten Jahrhundert keine weißen Flecken mehr auf den Landkarten der Erde, nur auf den Landkarten der menschlichen Seele" (GW 16: 206-207). The polar flashback in *Georg Letham* peters out inconclusively, leaving a disquieting hiatus, the legacy of a survival myth weighing upon the son-narrator and thus on his fateful intervention in the world. Unlike the more prosaic Mazzini, he does not himself have to venture to the Arctic to witness his "Nordpol der Seele": it is embedded within the contrasting climate of his "tropisches Abenteuer" as a repression, insurmountable, but fuelling a correspondingly chilling narrative.

Literature

Adorno, Theodor W. (1974). Erpreßte Versöhnung. Zu Georg Lukács' 'Wider den mißverstandenen Realismus.' In Theodor W. Adorno: *Gesammelte Schriften. Vol. 11. Noten zur Literatur*, ed. Rolf Tiedemann, 251-280. Frankfurt a. M.: Suhrkamp.
Benjamin, Walter (1977). Der Erzähler. In Walter Benjamin: *Gesammelte Schriften. Vol. II. 2*, ed. Rolf Tiedemann and Hermann Schweppenhäuser, 438-465. Frankfurt a. M.: Suhrkamp.
Bombitz, Attila (ed.) (2015). *Bis zum Ende der Welt. Ein Symposium zum Werk von Christoph Ransmayr* (Österreich-Studien Szeged 8). Vienna: Praesens.
Cieślak, Renata (2007). *Mythos und Geschichte im Romanwerk Christoph Ransmayrs* (Gießener Arbeiten zur neueren deutschen Literatur und Literaturwissenschaft 27). Frankfurt a. M.: Peter Lang.
Delfmann, Thomas (1989). *Ernst Weiß. Existenzielles Heldentum und Mythos des Unabwendbaren* (Münstersche Beiträge zur deutschen und nordischen Philologie 7). Münster: Kleinheinrich.

Derrida, Jacques (1991). *Cinders*, trans. Ned Lukacher. Lincoln, London: University of Nebraska Press.

Engel, Peter and Hans-Harald Müller (eds.) (1992). *Ernst Weiß – Seelenanalytiker und Erzähler vom europäischen Rang. Beiträge zum Ersten Internationalen Ernst Weiß-Symposium aus Anlaß des 50. Todestages Hamburg 1990* (Jahrbuch für Internationale Germanistik, Series A, Kongressberichte, 31). Bern: Peter Lang.

Fetz, Bernhard (2015). Schauen und Starren. Zu einer Poetik des Starrens im Werk von Christoph Ransmayr. In *Bis zum Ende der Welt. Ein Symposium zum Werk von Christoph Ransmayr*, ed. Attila Bombitz, 19–27. Vienna: Praesens.

Fröhlich, Monica (2001). *Literarische Strategien der Entsubjektivierung. Das Verschwinden des Subjekts als Provokation des Lesers in Christoph Ransmayrs Erzählwerk* (Literatura 13). Würzburg: Ergon.

Grimm, Florian (2008). *Reise in die Vergangenheit. Reise in die Fantasie? Tendenzen des postmodernen Geschichtsromans*. Frankfurt a. M.: Peter Lang.

Grimm, Reinhold (1981). Eiszeit und Untergang. Zu einem Motivkomplex in der deutschen Gegenwartsliteratur. *Monatshefte für den Deutschunterricht* 73/2: 155–186.

Hauenstein, Robin (2014). *Historiographische Metafiktionen: Ransmayr, Sebald, Kracht, Beyer* (Epistemata: Reihe Literaturwissenschaft 820). Würzburg: Königshausen & Neumann.

Hnilica, Irmtraud (2006). *Medizin, Macht und Männlichkeit. Ärztebilder der frühen Moderne bei Ernst Weiß, Thomas Mann und Arthur Schnitzler*. Freiburg i. B.: Fördergemeinschaft wissenschaftlicher Publikationen von Frauen e. V.

Kindt, Tom (2008). *Unzuverlässiges Erzählen und literarische Moderne. Eine Untersuchung der Romane von Ernst Weiß*. Tübingen: Niemeyer.

Kluge, Alexander (1978). Nachbemerkung. In Alexander Kluge: *Schlachtbeschreibung. Der organisatorische Aufbau eines Unglücks*. Munich: Goldmann.

Leahy, Caitríona (2007). *"Der wahre Historiker." Ingeborg Bachmann and the problem of witnessing history* (Epistemata: Reihe Literaturwissenschaft 547). Würzburg: Königshausen & Neumann.

Metzner, Joachim (1976). *Persönlichkeitszerstörung und Weltuntergang. Das Verhältnis von Wahnbildung und literarischer Imagination* (Studien zur deutschen Literatur 50). Tübingen: Niemeyer.

Mitscherlich, Alexander and Fred Mielke (eds.) (1978). *Medizin ohne Menschlichkeit: Dokumente des Nürnberger Ärzteprozesses*. Frankfurt/M.: Fischer.

Mosebach, Holger (2003). *Endzeitvisionen im Erzählwerk Christoph Ransmayrs*. Munich: Meidenbauer.

Müller, Beate (2000). Sea Voyages into Time and Space: Postmodern Topographies in Umberto Eco's *L'isola del giorno prima* and Christoph Ransmayr's *Die Schrecken des Eises und der Finsternis*. *Modern Language Review* 95/1: 1–17.

Müller, Hans-Harald (1992). Zur Funktion und Bedeutung des 'unzuverlässigen Ich-Erzählers' im Werk von Ernst Weiß. In *Ernst Weiß – Seelenanalytiker und Erzähler von europäischem Rang. Beiträge zum Ersten internationalen Ernst-Weiß-Symposium anläßlich des 50. Todestages Hamburg 1990*, eds. Peter Engel and Hans-Harald Müller, 186–196. Bern: Peter Lang.

Müller, Hans-Harald and Armin Tatzel (1998). "Das Klarste ist das Gesetz. Es sagt sich nicht in Worten." Ernst Weiß' Roman 'Die Feuerprobe'. Eine Interpretation im Kontext von Weiß' Kritik an Kafkas 'Proceß'. *Euphorion* 92: 1–23.

Müller-Funk, Wolfgang (2015). Ästhetische Hybridität. Fakt und Fiktion in Christoph Ransmayrs *Die Schrecken des Eises und der Finsternis*. In *Bis zum Ende der Welt. Ein Symposium zum Werk von Christoph Ransmayr*, ed. Attila Bombitz, 69–83. Vienna: Praesens.

Ovid (1981). *The metamorphoses of Ovid*, transl. Mary M. Innes. Harmondsworth: Penguin.

Pfeiferová, Dana (2015). Das Ende der Welt und der "unverrückbare Ort". Christoph Ransmayrs Erzählen zwischen Dystopie, Utopie und Mystik. In *Bis zum Ende der Welt. Ein Symposium zum Werk von Christoph Ransmayr*, ed. Attila Bombitz, 28–40. Vienna: Praesens.

Ransmayr, Christoph (1997) [1984]. *Die Schrecken des Eises und der Finsternis*. Roman. Frankfurt a. M.: Fischer. (= SEF)

Ransmayr, Christoph (1997) [1988]. *Die letzte Welt*. Roman. Frankfurt a. M.: Fischer. (= LW)

Ransmayr, Christoph (2014) [2012]. *Atlas eines ängstlichen Mannes*. Frankfurt a. M.: Fischer.

Schäfer, Walter Erich (1962). Malmgreen. In *Frühe Hörspiele. Sprich, damit ich dich sehe*, Vol. 2, ed. Heinz Schwitzke, 72–102. Munich: List.

Scuderi, Vincenza (2015). Figuren der Verdopplung im Werk von Christoph Ransmayr. In *Bis zum Ende der Welt. Ein Symposium zum Werk von Christoph Ransmayr*, ed. Attila Bombitz, 41–52. Vienna: Praesens.

Streuter, Manuel (1990). *Das Medizinische im Werk von Ernst Weiss*. Herzogenrath: Murken-Altrogge.

Trapp, Fritjoff (1982). Ein nicht justitiabler Mörder. Zu Ernst Weiß' Roman 'Georg Letham: Arzt und Mörder'. In *Ernst Weiß – Seelenanalytiker und Erzähler vom europäischen Rang*, eds. Peter Engel and Hans-Harald Müller, 266–283. Bern: Peter Lang.

Weiß, Ernst (1982). *Gesammelte Werke. Vol. 6: Die Feuerprobe*. Roman, eds. Peter Engel and Volker Michels. Frankfurt a. M.: Suhrkamp, 1982. (= GW 6)

Weiß, Ernst (1982). *Gesammelte Werke. Vol. 10. Georg Letham. Arzt und Mörder*. Roman, eds. Peter Engel and Volker Michels. Frankfurt a. M.: Suhrkamp. (= GW 10).

Weiß, Ernst (1982). *Gesammelte Werke. Vol. 16. Die Kunst des Erzählens. Essays, Aufsätze, Schriften zur Literatur*, eds. Peter Engel and Volker Michels. Frankfurt a. M.: Suhrkamp. (= GW 16).

Weiß, Ernst (1982). Tod, Erkenntnis, Heiligkeit. In Ernst Weiß: *Die Kunst des Erzählens. Essays, Aufsätze, Schriften zur Literatur*, 38–44. Frankfurt a. Main: Suhrkamp.

Weiß, Ernst (1982). Der Mythos und das Unabwendbare. In Ernst Weiß: *Die Kunst des Erzählens. Essays, Aufsätze, Schriften zur Literatur*, 97–100. Frankfurt a. Main: Suhrkamp.

Weiß, Ernst (1982). Ernest Shackleton. In Ernst Weiß: *Die Kunst des Erzählens. Essays, Aufsätze, Schriften zur Literatur*, 162–165. Frankfurt a. Main: Suhrkamp.

Weiß, Ernst (1982). Joseph Conrad. In Ernst Weiß: *Die Kunst des Erzählens. Essays, Aufsätze, Schriften zur Literatur*, 204–208. Frankfurt a. Main: Suhrkamp.

Welsch, Wolfgang (1993). *Unsere postmoderne Moderne*. Berlin: Akademie-Verlag.

Zima, Peter V. (1997). *Moderne/Postmoderne*. Tübingen, Basel: Francke.

Daniela Henke (Freiburg im Breisgau)

Den Menschen kartographieren. Zu Funktion und Bedeutung der Stein-, Vogel- und Pflanzensymbole bei Christoph Ransmayr

Ein häufig formulierter Befund über Christoph Ransmayrs Romane lautet, sie seien menschenleer und kalt. Tatsächlich liegen ihre Schauplätze zumeist abseits der menschlichen Zivilisation in der Peripherie – sei es das Nordpolarmeer in *Die Schrecken des Eises und der Finsternis* (SEF), Tomi in *Die letzte Welt* (LW), das österreichische Gebirgsdorf Moor in *Morbus Kitahara* (MK) oder ein namenloser Berg in *Der fliegende Berg*. Selbst noch dem Zentrum der Macht in seinem neusten Roman *Cox oder der Lauf der Zeit* haftet Menschenleere und Unbegehbarkeit an, da der Zutritt zur Verbotenen Stadt allein der Familie und dem Hofstaat des chinesischen Kaisers zusteht. Ein großer Teil der ransmayrschen Prosa gilt der sprachlichen Durchschreitung und literarischen Kartographierung solcher heterotopen Orte. Naturräume sind bei Ransmayr stets „geologisch sehr differenziert" und „geomorphologisch" präzise beschrieben (Rudtke 2014, 180). Die Figuren, die diese Räume durchschreiten, scheinen weniger plastisch und spezifisch, selten nur wird ihre Innensicht präsentiert. Stattdessen drücken ihre Beschreibungen eine Vorsicht aus, die in der Einsicht gründet, dass sich der Andere als fremdes Subjekt einer *„unwiederholbaren Empfindung* [kursiv im Original, Anm.]" (SEF, 191) der Deutbarkeit und somit auch der Erzählbarkeit entzieht. (Henke 2016)

Dennoch – dies sei hier auseinandergesetzt – steht der Mensch und das Menschliche bei Ransmayr im Zentrum. Nicht von ungefähr zählt der Klappentext des Erzählbandes *Atlas eines ängstlichen Mannes* (AM) „Seelenlandschaften" zu den darin kartographierten Gegenständen. Jedoch ist das Menschliche nicht unmittelbar und explizit thematisiert, sondern vielmehr mittelbar in der Sprache der Symbole zu finden, die zuhauf und wiederholt auftreten und dabei ein einzeltextübergreifendes Motivgeflecht bilden. Der Symbolbegriff ist mit Günter Butzer und Joachim Jacob als „ein konkretes Ding, Phänomen oder auch eine Tätigkeit" zu definieren, „die mit einem über die lexikalische Bedeutung hinausweisenden Sinn verknüpft ist" (Butzer/Jacob 2012, V).

Die in Ransmayrs Oeuvre am häufigsten mit Symbolfunktion eingesetzte Kategorie bilden Vögel aller Art. Neben diesen gehören Steine zu den immer wiederkehrenden Motiven. So ist *Die letzte Welt* von einer vielschichtigen Steinmetaphorik geprägt, wie Tanja Rudtke (2014) herausgearbeitet hat. Es sind jedoch nicht nur Ovids Versteinerungsmythen, die den Roman inspirieren, auch seine Vogelmetamorphosen spielen eine Rolle. *Morbus Kitahara* greift diese Inspiration auf und verwendet ebenso sowohl Stein- als auch Vogelsymbole zur Darstellung der Figuren und ihrer Entwicklung. Da die dargelegte kartographische Erzählstrategie in diesem Roman am dominantesten und vielschichtigsten angelegt ist, wird er im Folgenden vornehmlicher Bezugspunkt bleiben. Dabei wird das Hauptaugenmerk sinnfälligerweise den genannten Symbolen gelten, obgleich der Roman mit einer Vielzahl an Einzelsymbolen und Symbolfeldern arbeitet. Dem ist durch Verweise an gegebener Stelle Rechnung zu tragen. Anschließend soll der Konnex zwischen Symbolrepertoire und dem Thema des Menschlichen anhand eines Beispiels aus *Atlas eines ängstlichen Mannes* aufgezeigt werden, wobei die augenfällige Kontinuität der Motivfiguration in Ransmayrs Werk deutlich wird. In den Erzählungen des *Atlas* wimmelt es geradezu von Vögeln, wobei sie die unterschiedlichsten Bedeutungen annehmen. In Form menschlicher Nachahmung als Teil eines grotesken Ritus um Macht und Prestige verweisen sie auf die Hoffart und Dummheit der Menschen,[1] als Objekt der Beobachtung bringen sie Weisheit[2] oder lassen gar gesunden.[3] Auch die Vogel-Stein-Kombination wiederholt sich in einigen der 70 Episoden.[4] Zuletzt greift auch *Cox oder der Lauf der Zeit* eine bereits in *Morbus Kitahara* auftauchende Variante des Vogelmotivs auf: das des mechanischen Vogels, also wiederum der flugunfähigen Nachahmung.[5] Wo immer bei Ransmayr der Vogel vom Menschen imitiert wird, ist der Versuch von der Aura des ikarischen Scheiterns oder zumindest der Lächerlichkeit umgeben, wodurch alle zum Ausdruck gebrachte Technikfaszination die immergleiche Mahnung inkludiert: „Unsere Flugzeiten haben uns schließlich nur die Reisezeiten in einem geradezu absurden Ausmaß verkürzt, nicht aber die Entfernungen, die nach wie vor ungeheuerlich sind. Vergessen wir nicht, daß wir, physiognomisch gesehen, Fußgänger und Läufer sind." (SEF, 9)

---

1 Gemeint ist die Episode *Im Schatten des Vogelmannes* (Ransmayr 2012, 400–412).
2 *Reviergesang* (Ransmayr 2012, 20–27).
3 *Flugversuche* (Ransmayr 2012, 67–71).
4 *Im Schatten des Vogelmannes, Reviergesang.*
5 In *Morbus Kitahara* schmiedet Bering aus dem letzten noch verwertbaren Schrott der deindustrialisierten Region mechanische Spielzeugvögel (MK, 234); in *Cox oder der Lauf der Zeit* ist es der titelgebende Uhren- und Automatenbauer, der für seine Tochter „[f]latternde Vögel aus Silber" baut. „Zwitscherndes, singendes Metall. Zum Leben erwecktes, totes Material" (Ransmayr 2016, 45).

Die kartographische Methode. Symbolhandlungen und die Bedeutung des Raums

Die in Ransmayrs Prosa vorkommenden Symbole bilden häufig Symbolfelder, also Gruppen von Einzelsymbolen aus derselben Kategorie; so tauchen in seinem Werk auffällig viele Vögel unterschiedlichster Arten auf. Sie werden in direkter Form mit Figuren in Verbindung gebracht, sind aber auch Teil von Symbolhandlungen im Raum, in dem sich die Figuren bewegen. Unter Symbolhandlung ist in diesem Zusammenhang ein von den Figuren losgelöstes Geschehen zu verstehen, das sich motivisch und reflexiv auf die Figurenhandlung bezieht. Dies sei beispielhaft an einer Szene aus *Morbus Kitahara* erläutert, in der die Figur Lily im kontrafaktischen Nachkriegspanorama des Romans im Gebirge auf eine Schlägerbande trifft:

> Es war das immergleiche Fieber, das sie befiel, ein überwältigendes Gefühl, Angst, Triumph und Wut, wenn sie endlich auf ihre Feinde stieß: Die Jägerin lautlos und unsichtbar in den Felsen – und tief unter ihr, insektenhaft und gesichtslos im Zielfernrohr, eine Horde von Lederleuten oder eine Marschkolonne steckbrieflich gesuchter Veteranen auf dem Pfad eines Gegenhanges, auf einer Alm oder im Geröll. Das Gelächter und Gebrüll war manchmal selbst auf diese Entfernung hörbar und unverwechselbar. [...] Hatten sie einen Kampf hinter sich, grölten sie sich betrunken Erinnerungen an besonders vernichtende Schläge zu; hatten sie Beute gemacht, stolperten sie oft in grotesken Verkleidungen dahin, in den blutigen Kleidern ihrer Opfer, und äfften dazu das Gejammer der Geschlagenen nach, plärrten lachend um Hilfe in dieser Steinwüste, in der bei Windstille schon der Schrei einer einzigen Dohle hallte. (MK, 129)

Lily befindet sich hier im Gebirge; dieser spezifische Raum wird mittels mehrerer beschreibender Substantive gekennzeichnet: der Pfad des Gegenhanges, die Alm, das Geröll, die Steinwüste. Der Schrei der Dohle – durch seinen Widerhall am Gestein im selben Raum lokalisiert – fungiert als Symbolhandlung. Der Schrei eines Rabenvogels symbolisiert traditionell den nahenden Tod (Butzer/Jacob 2012, 334); Lily wird auf ihre Feinde schießen. Es kommt bei Ransmayr vergleichsweise selten vor, dass Gefühle wie zu Beginn der Passage explizit benannt werden; auch hier beschränkt sich ihr Beschreibungsarsenal auf allgemeine Begriffe. Gleichzeitig stellt die Parallelisierung von direktem und symbolischem Ausdruck eine ästhetisch anspruchsvolle Komposition auf sprachlicher Ebene dar, wie ihre Zusammensetzung offenbart: Angst-Schrei, Triumph-Schrei und Wut-Schrei sind so usuell wie eindrücklich. Der Dohlenschrei als Laut überträgt durch seine symbolische Nahbeziehung zur Figurenhandlung auf der einen Seite und seine lexikalische Nahbeziehung zur Gefühlsbeschreibung auf der anderen Seite Lilys Inneres ins sinnlich Erfahrbare und katapultiert es in den Vordergrund des Erzählten.

Ein weiteres Beispiel für die Relevanz des Raumes findet sich gleich zu Beginn des Romans: Bering, neben Lily einer der drei Protagonisten, wird in seinem ersten Lebensjahr in einen einzigen, dunklen Raum gesperrt. Er liegt in einem an der Decke aufgehängten Korb und außer ihm befinden sich lediglich drei Hühner in dem Zimmer. Das Huhn bleibt der wichtigste symbolische Bezugspunkt für die Figur. Bereits in der Beschreibung dieser ersten Lebensphase werden Möglichkeiten der räumlichen Anordnung von Figur und Symbolen spielerisch variiert: Bering schwebt in seiner Wiege über den Hühnern und hört „aus der Tiefe unter sich die brüchigen Stimmen" (MK, 18). Einige Zeilen später wird die Ambiguität der Präposition ‚unter' in ein metaphorisches Spiel integriert, das den Raum reorganisiert: „Bering, ein Fliegender unter gefangenen Vögeln, schien die Hühner zu lieben […]." (ebd., 19)

Die Bedeutung des Raumes für die Funktion der Symbole verweist auf das Kartographische als Erzählprinzip Ransmayrs. Wie eine Landkarte den Raum durch die je einzigartige Kombination von Symbolen abbildet, gehen Positionierung und Bewegung der Symbole und der Figuren im Raum immer neue Kombinationen ein. So erlaubt es die literarische Adaption der kartographischen Methode, das Menschliche durch das Zusammenspiel der Symbole auszuloten, zu kartographieren und erzählbar zu machen.

Zwischen Geschichtsfatalismus und Geschichtslosigkeit. Ambras und die Steine

Um nun die Prinzipien des ransmayrschen Symbolspiels sowie Funktion und Bedeutung der herausragenden symbolischen Felder zu erhellen, sei mit den Steinen begonnen. Gestein bestimmt den Raum des Romans *Morbus Kitahara*. Das Gebirgsdorf Moor besteht seit seiner Bombardierung im Zweiten Weltkrieg aus Steinruinen,[6] ist umgeben von einem Zentralmassiv mit dem Namen ‚Steinernes Meer' und liegt an einem Steinbruch, der unter der Naziherrschaft ein Arbeitslager war. Als es den drei Hauptfiguren Ambras (KZ-Überlebender), Bering (Sohn des Schmiedes und Ambras' Chauffeur, Leibwächter und Gehilfe) und Lily (Schwarzhändlerin und Ambras' Vertraute) gelingt, die vergessene Gegend zu verlassen und ein neues Leben zu beginnen, landen sie in Brasilien wieder in einem Gebirge, genauer in einem Dorf, das nach dem portugiesischen Wort für ‚Moor' benannt ist: Pantano. Bei ihrer Ankunft glaubt Bering „in einen Traum zurückzufallen: Ein Gebirge! Ein schwarzes Gebirge wuchs aus dem Ozean empor, aus dem Rauch perlmuttfarbener Nebelbänke: Granittürme,

---

6 Zum Ruinenmotiv in *Die letzte Welt* vgl. Rudtke 2014, 180–187.

Felswände, so dunkel und mächtig wie die Abstürze des Steinernen Meers." (MK, 409) Die Kreisstruktur der Handlung wird also im Wesentlichen durch den Stein hergestellt. (Honold 1999) Das Gebirge scheint das Schicksal der Figuren zu symbolisieren.

In besonderer Weise wird die Steinsymbolik der Figur Ambras zugeordnet, dessen Name bereits das Wort für ‚Bernstein' in einigen Sprachen – *amber* (engl.), *ambre* (frz.), *ambra* (it.), *ámbar* (sp.) – verweist. Ambras ist nach seiner Befreiung aus dem KZ nach Moor zurückgekehrt und wird zur Zeit der Handlung von der Besatzungsmacht als Steinbruchverwalter eingesetzt. Der Bezug zwischen dem Symbolfeld des Gesteins und Ambras wird wie im Falle der eingangs genannten Textbeispiele mittels räumlicher Verortung der Figur – „der hockt irgendwo in den Felsen" (MK, 86) – oder ihrer Blickrichtung – er „[starrt] durch sein Fernglas ins Gebirge" (ebd., 235) – hergestellt. Er betätigt sich außerdem als von seiner Obsession ergriffener Steinsammler:

> [Er] war den Steinen verfallen. Noch im Halbschlaf berechnete er manchmal flüsternd die Kubaturen jener ungeheuren Granitblöcke, die er von seinen Mineuren aus den Halden des Blinden Ufers sprengen ließ, und träumte von den zentnerschweren Quadern, die er in seinen Lagerjahren auf einem hölzernen Traggestell und unter Peitschenhieben geschleppt hatte... Aber seit Lily ihm [...] einen Smaragd im Tausch gegen einen seiner Welpen angeboten hatte, verlor er sich immer öfter in den schimmernden Tiefen kristalliner Strukturen. [...] In diesen winzigen Kristallgärten, deren Blüten und Schleier im Gegenlicht silbergrün glommen, sah er ein geheimnisvolles, laut- und zeitloses Bild der Welt, das ihn die Schrecken seiner eigenen Geschichte und selbst seinen Haß für einen Augenblick vergessen ließ. (MK, 110)

Dieses Zitat enthält einen ersten Hinweis auf den Bedeutungsgehalt des Steines – seine Geschichts- und Erinnerungslosigkeit. „Aufgrund seiner Empfindungslosigkeit ist der Stein von zwei menschlichen Grundvermögen, sich zu erinnern und zu hoffen, entlastet und damit entzeitlicht [...]." (Butzer/Jacob 2012, 422) Der prähistorische Status des Steins und der Berge verweist auf eine menschen- und damit geschichtsfreie Wirklichkeit. In diesem Sinne symbolisiert er Ambras' Sehnsucht nach Vergessen und Befreiung von der Geschichte.

Die häufigsten Steinsymbole in *Morbus Kitahara* sind der Granit, der Smaragd, der namensgebende Bernstein sowie Versteinerungen. Auf die letzten drei wird später zurückzukommen sein. Granit ist der Stein, der im Roman am Steinbruch Moors abgebaut wird. Die häufige Nennung im Text weist auf seine tiefere Bedeutung hin. Interessanterweise war dieser Stein im Nationalsozialismus Gegenstand regelrechter Verehrung und die Vorstellung, Granit entspreche dem deutschen Wesen, machte ihn zum Symbol nationaler Identität. „Kein anderer Naturstein wurde so sehr nachgefragt und ideologisch überhöht wie der Granit: *Möge die Neugestaltung des Reiches durch unseren Führer eng verbunden sein mit dem Wiederaufstieg der deutschen Granitindustrie als einem Glied un-*

serer deutschen Wirtschaft – möge für den ewigen Bestand und die Festigkeit Deutschlands der Granitfels das Symbol sein: Granit, der ewige Stein! [kursiv im Original, Anm.]" (Fuhrmeister 2001, 251, F. zitiert aus Künzel 1937, 83) Vor diesem ikonographischen Hintergrund deutet der Granit im Roman auf die spezifische historische Ursache von Ambras' individuellem Schicksal. Es betont das Leiden der Zwangsarbeiter auf zynische Weise, dass sie hier das ideologisierte Material, das für den Aufbau der granitenen Kultur[7] ihrer Peiniger bestimmt ist, abbauen müssen. Dass der Granitabbau am Ende der Romanhandlung in Brasilien fortgesetzt werden soll, verweist nicht nur auf die fatale Auswegslosigkeit, in der sich Ambras befindet. Vielmehr wird jene Granitideologie insofern parodiert, als sich der vermeintlich urgermanische, nordische Stein als Element einer exotischen Dschungellandschaft wiederfindet. Dabei ist nicht einfach irgendein Granitvorkommen vorzustellen, sondern ein „*Granitbruch, aus dem die Blöcke noch jetzt so makellos, ohne die feinsten Risse und so tiefgrün geschnitten wurden, wie früher einmal nur noch am Blinden Ufer und nur zu Moors größten, für immer verlorenen Zeiten.* [kursiv im Original, Anm.]" (MK, 388) Die Verlegung des deutsch-nationalen Materials nach Südamerika kann drittens als Anspielung auf die vielen Kriegsverbrecher interpretiert werden, die sich nach dem Krieg über die sogenannten Rattenlinien nach dort abgesetzt haben.

Geschichte und Schuld: Bering und die Vögel

So wie die Steine hauptsächlich, aber nicht ausschließlich die Figur Ambras begleiten, ist die Vogelsymbolik hauptsächlich, aber – wie das eingangs angeführte Beispiel Lilys belegt – keineswegs ausschließlich, auf die Figur Bering bezogen. Auch dessen Name bezieht sich auf eine Vertreterin des zugeordneten Symbolfeldes – die Beringmöwe. Bering ist als Nachkomme der Kriegsgeneration in jenen Gebirgsdörfern gefangen, die die Schuld an den Verbrechen der Naziherrschaft büßen müssen, indem die Region entindustrialisiert und in eine Agrargesellschaft umgewandelt wird. Begleitet das Kleinkind Bering das ständige Gegacker der Hühner in der Ruine seines Elternhauses, hegt er als Heranwachsender ein obsessives Interesse an allen Vogelarten, bestimmt und imitiert ihren Gesang fehlerfrei. Erweitert wird sein Interesse durch eine Faszination für Maschinen, insbesondere für solche, die der Fortbewegung dienen, da deren „Geschwindigkeit ihm eine Ahnung vom Leben der Vögel" (MK, 95) vermittelt.

---

7 Die Granitideologie der Nationalsozialisten kann sich auf eine Verehrung des Gesteins berufen, die auf das 19. Jahrhundert zurückgeht. Julius Langbehn proklamiert in *Rembrandt als Erzieher*: „Die Griechen hatten eine Kultur von Marmor, die Deutschen sollten eine solche von Granit haben." (Langbehn 1926 [1890], 277)

Wie im Fall der Obsession Ambras' für die Steine drückt auch Berings Obsession eine Sehnsucht aus – die Sehnsucht, seinem Schicksal zu entkommen. Berings Schicksal ist der von den Besatzern auferlegte Stillstand seiner Lebenswelt – also wie bei Ambras ein historisch bestimmtes Schicksal. Bering schmiedet Ambras' Auto – das einzige in der Gebirgsregion – zum Abbild einer Krähe um. Beim Fahren gibt er sich „in den Augenblicken der höchsten Geschwindigkeit einer Illusion vom Fliegen" (MK, 233) hin. Das zum Vogel umgeschmiedete Auto vereint Vogelsymbolik und Maschinensymbolik miteinander und verbildlicht Berings spezifische Sehnsucht nach der sprichwörtlichen Freiheit der Vögel, nach Bewegung und Fortschritt, die den Stillstand aufheben. Indem der Vogelliebhaber Bering mit dem Huhn als einen Vogel, der kaum fliegen kann, assoziiert wird, kommt seine Ohnmacht gegenüber der Übermacht des Schicksals zum Ausdruck.

Ist in beiden Fällen Befreiung vom Schicksal mit der Befreiung von der Geschichte gleichzusetzen, generieren Stein- und Vogelsymbolik doch zwei gegensätzliche Bilder der Befreiung – Befreiung durch Erstarrung auf der einen und Befreiung durch Bewegung auf der anderen Seite. Die Symbolgestaltung rekurriert auf Ovids Metamorphosen. Ransmayr greift hier also auf den schon für *Die letzte Welt* maßgeblichen Prätext zurück. Bei Ovid versteinert beispielsweise Niobe in ihrer Trauer um ihre von ihrer Rivalin Leto getöteten Kinder. (Ovid/Fink 1994, 137–142) Prokne, Philomela und Tereus werden nach einer Geschichte der gegenseitigen Schändung und Blutrache von Zeus in Vögel verwandelt, mit dem Zweck, das gegenseitige Töten zu beenden. (ebd., 146–154) Doch nicht allein die Bildspender scheinen Ovid entlehnt zu sein, sondern auch das Verwandlungsmotiv als solches ist in das Spiel mit den Symbolen integriert. Im zweiten Kapitel des Romans wird Bering durch einfache Vergleiche mit den Hühnern assoziiert. Es endet mit den Sätzen: „Der Schreier kollerte wie eine Legehenne! Der Schreier ruderte mit den Armen, streckte verkrampfte weiße Fingerchen wie Krallen aus seinem Korb. Und hob er nicht auch ruckend den Kopf? Der Schreier wollte ein Vogel sein." (MK, 20) Im dritten Kapitel wird die Vergleichsform noch überboten, indem das Bild als Identifikation fortgesetzt und Berings Metamorphose suggeriert wird: „[Bering] *war* ein Huhn, war eine Türkentaube, war ein Kauz. [kursiv im Original, Anm.]" (ebd., 21) Als sein Vater aus dem Krieg heimkehrt, beginnt er in dessen Armen „zu *gackern!*, rasend zu gackern, ein panisches Huhn, das mit den Armen, den Flügeln schlägt, ein zu Tode geängstigter Vogel, den der dünne Mann endlich nicht mehr zu halten vermag. Flatternd stürzt er der Erde entgegen [kursiv im Original, Anm.]" (ebd., 28). Zwei Kapitel darauffolgend verliert Bering „seine Vogelstimmen" wieder, als er während einer Sühneveranstaltung anfängt, laut zu lachen: „Wann immer der Sohn des Schmieds nach diesem Lachkrampf Zuflucht in Hühnerställen oder im Schatten auffliegender Vogelschwärme suchte, pfiff, gurrte und krächzte er nur noch wie ein Mensch, der ein Huhn, eine Drossel oder eine Taube bloß nachzuahmen versucht – und war doch nie wieder die Vogelstimme selbst." (ebd., 37)

Zusammenfassend lassen sich dem Text drei Formen der Bezugsetzung zwischen Figur und Symbolfeld entnehmen: die Konfiguration im Raum, die Obsession der Figuren für den symbolischen Gegenstand und das Spiel mit der Metamorphose. Der intertextuelle Rekurs auf Ovid bereichert den Roman jedoch nicht nur um ein interessantes Motiv, sondern verweist auch auf sein inhärentes Geschichtsbild, nach der die menschliche Historie im Wesentlichen einer Aufeinanderfolge gegenseitigen Misshandelns und Tötens gleichkommt. Einer der wenigen Erzählerkommentare, die allgemeine Anschauungen beinhalten, formuliert dieses pessimistische Menschen- und Geschichtsbild: „Bering [sah] in ihrer [Lilys] lauernden, wachsamen Haltung […] den Keim eines Übels, das immer dort zum Ausbruch kam, wo Menschen allein waren mit sich und ihresgleichen […]." (ebd., 305)

Dieserart ist der weltanschauliche Bezugsrahmen, in dem die Figuren des Romans verortet werden. Diese Verortung der Figuren ist als eine der Funktionen, die die Symbole ausfüllen, anzusehen. Vor dem Hintergrund dieser Funktion ist die Dominanz des Huhns als Symbolvogel zu deuten. In der christlichen Tradition symbolisiert die Henne den Schutz und die Barmherzigkeit Gottes mit dem Sünder, ist also direkt mit dem Komplex der Schuld verknüpft. (Butzer/Jacob 2012, 179) Am Beginn des Romans schreibt die Identifikation mit dem Huhn dem Nachgeborenen Bering den Status eines Unschuldigen an der im Roman skizzierten Geschichte zu. Als Bering das erste mal einen Menschen tötet, zur Stunde, in der die Erbschuld zur individuellen Schuld wird (Henke 2016, 97), „flatterten […] Hühner in die Finsternis" (MK, 56). Diese Symbolhandlung macht deutlich, dass der Protagonist seine Unschuld an der Geschichte verloren hat. Und rückblickend lässt sich Berings Remetamorphose, der Verlust seiner Vogelstimmen, als Vorausdeutung darauf lesen – bezieht er sich doch durch seinen Lachkrampf angesichts eines Sühnerituals erstmals aktiv und das auf blasphemische Weise auf Geschichtliches. Als er sein Elternhaus verlässt und zu Ambras in die ‚Villa Flora' zieht, irren Hühner durch die Küche des ersteren. (ebd., 137) Wurden zu Beginn der Handlung selbst die Vogelkrallen mit den Fingerchen des Säuglings als Inbegriff der Unschuld assoziiert, erhalten sie in der Rede der verlassenen Mutter an ihren Sohn eine gegensätzliche Konnotation: „‚Der Satan soll seine Krallen nehmen von dir', flüsterte sie […]." (ebd., 134) Fortan begleiten Bering vermehrt die todbringenden Krähenvögel, die als symbolischer Gegenpol zu den Hühnern die Schuld und das Böse verkörpern und am zweithäufigsten anzutreffen sind. Sie positionieren die Figur neu und verweisen so auf seine unausweichliche Wandlung vom individuell schuldlosen Kleinkind, das den Wirkungen des Schicksals dennoch ausgeliefert ist, zum schuldhaft in den Kreislauf der Geschichte eingetretenen Totschläger. Der Höhepunkt dieser

Entwicklung wird von einer weiteren Variation des Krallenmotivs markiert. Nachdem ein wütender Mob Steinbrecher das Krähenauto angezündet hat, fertigt der Schmiedsohn aus einer der Krallen eine Stahlrute, ein Mordwerkzeug, und ergeht sich dabei in regelrechten Hinrichtungsphantasien, kurz bevor er seinen zweiten Mord begeht: „Er spürte den Griff der Stahlrute in seiner Faust [...], schmiedete Dutzende, Hunderte Krallen und schlug sie alle in die höhnischen Gesichter Moors, [...] zerriß und zerhackte alles, was er [...] zu fassen bekam." (MK, 369)

Die Funktion, die innere Entwicklung einer Figur darzustellen, erweist sich durch die Vogelreihe, die für die Verwandlungserzählung genutzt wurde – Huhn, Türkentaube, Kauz (s. o.). Die mit einzelnen Vögeln verbundenen Bedeutungen verorten Berings Fatum zwischen Schuld, Unschuld, Totschlag und Entsühnung (zur Bedeutung der einzelnen Vögel vgl. Butzer/Jacob 2012, 104, 441).

Funktionen, Anordnungen und Sinnstiftung der Symbole

Das Beispiel veranschaulicht, dass zur Bestimmung von Funktion und Bedeutung der Symbole innerhalb des Spiels mit der kartographischen Methode nicht nur die Beziehung zwischen Symbolfeld und Figur, sondern auch die Konfiguration der Symbole untereinander zu beachten ist. Neben Symbolreihungen sind Symbolkomprimierungen eine weitere Variante. Dabei verdichtet sich das Zusammenspiel der Symbole als Motivgeflecht zu Bildern, die den symbolischen Gehalt erweitern oder pointieren. In *Morbus Kitahara* finden sich solche Symbolverdichtungen als Landschafts- und Interieurbeschreibungen. Sie stellen Ambras' Resignation und Berings Illusion als Reaktionen auf die Übermacht des Schicksals einander kompromittierend entgegen. Ein Beispiel dafür ist das Bild des Steinfrachters, das auf dem See am Steinbruch „all den Kormoranen, Möwen, Silberreihern und Bleßhühnern seine tote Fracht [zeigt]: Kipploren voll Urgestein, grünen, zu Schotter zermahlenen, zersprengten und zerschlagenen Granit, Schotter für Bahndämme und Straßen, die irgendwo gebaut werden sollten, nur nicht hier herauf an den See [...]. Jeder Kiesel dieser Ladung [...] erinnerte an die Unwegsamkeit und Abgeschiedenheit Moors, an seinen leeren Bahndamm und an seine Güterwege und Schlammstraßen, auf denen kein Fortkommen war." (MK, 224)[8] Die Vögel, die der Seeregion gehören, aber Sinnbild der Freiheit sind, kompromittieren die Steine, die den Ort zwar wechseln werden, aber tot bleiben.

---

8 Beispiele für Interieurbeschreibungen sind der Edelsteine beherbergende Vogelschrank (MK, 200–204) und auch ein gewebter Teppich, der noch weitere, weniger dominante Symbole aufgreift (ebd., 200).

Die Steine ihrerseits kompromittieren die Vögel, indem sie darauf verweisen, dass Freiheit für sie als Stellvertreter der Seeregion eine Illusion bleibt.

Neben der Figur-Symbol-Konstellation und der Symbol-Symbol-Konfiguration, die beschreiben, wie die Symbole in den Text integriert und in ihre Funktion gefügt werden, stellt sich die Frage, wie sich die Bilder zu ihrer Bedeutung verhalten oder anders ausgedrückt, wie die Bedeutung der Symbole generiert wird. Auch hier liegt eine Vielfalt der Formen vor. Die wichtigsten Formen der Bedeutungskonstitution sind der R e k u r s auf traditionelle Bedeutungen, das Ausschöpfen ihrer V a r i a n z und die D e k o n s t r u k t i o n der Bedeutung.

Die traditionellen Bedeutungen der Vogel- und Steinsymbole sind zwischen den allgemeinen Bedeutungen der Kategorien und den spezifischen Bedeutungen der einzelnen Vogel- und Steinarten zu unterscheiden. Wie bereits erläutert, steht der Stein in seiner allgemeinen Bedeutung für Geschichts- und Erinnerungslosigkeit, die kategorialen Bedeutungen des Vogels sind Freiheit und Schwerelosigkeit. Von den spezifischen Gesteinsarten, die im Roman vorkommen, überwiegen die Smaragde und die Bernsteine. Der Smaragd zeichnet sich durch seine Seltenheit aus und verfügt einem altertümlichen Volksglauben nach über die Kraft, Gefangene zu befreien. (Becker 1998, 275; Butzer/Jacob 2012, 404) Der Bernstein seinerseits erhält seinen Sammlerwert durch eingeschlossene, also gefangene, Insekten. Ihr Gefangensein bedeutet die Konservierung ihrer Gestalt zu einem ganz bestimmten historischen Zeitpunkt. Das symbolische Zusammenspiel dieser beiden Steinarten in dem Roman lässt sich dahingehend deuten, dass Ambras auf der einen Seite zu den seltenen Befreiten der KZs gehört, gleichzeitig aber innerlich gefangen und rückwärtsgewandt in seinem historisch determinierten Schicksal eingeschlossen bleibt. Um dies darzustellen, werden wiederum Symbolhandlung und Figurenhandlung parallelisiert, wie die folgende Erzählsequenz zeigt, in der Bering Ambras vom Tod seiner Mutter berichtet und ihn um einen freien Tag bittet:

> Als Bering gegen Mittag in die Villa Flora zurückkam, um Spitzhacke und Schaufel aus dem Gartenhaus zu holen, saß [...] [Ambras] dicht am rotglühenden Ofen des großen Salons und betrachtete einen Bernsteinsplitter unter der Lupe. Er blickte kaum auf und nickte nur, als Bering mit dem Grabwerkzeug in den Salon trat und ihn um einen freien Nachmittag [...] bat. Ambras war so sehr in den Anblick des neuesten Stückes seiner Sammlung versunken, daß er selbst die Beschreibung einer reifbedeckten Toten zu überhören schien. Der Bernstein enthielt einen organischen Einschluß von seltener Schönheit, eine Florfliege, die im Aufschwirren von einem Harztropfen überrascht worden und darin erstarrt war. Bering [...] wandte sich zum Gehen. [...] [Ambras] hielt den Bernstein gegen das Licht: Halt! [...] *wie alt?*, auf welches Alter schätzte er diese Fliege im Stein? [kursiv im Original, Anm.] (MK, 258–259)

Statt am Geschehen der Gegenwart teilzunehmen, meditiert Ambras über dem Stein und beschwört dabei die Vergangenheit. Der Bernstein, dem seine konzentrierte Aufmerksamkeit gilt, spiegelt dabei einen doppelten Vergangenheitsbegriff. Die Vergangenheit, auf die Ambras starrt, ist seine eigene, die ihn bannt. Die Florfliege repräsentiert aber zugleich eine Vorvergangenheit frei von der Menschheitsgeschichte, das Paradox eines historischen Zeitpunktes der Geschichtslosigkeit als Fixpunkt der Sehnsucht Ambras'.

Die spezifischen Symbole kommen in *Morbus Kitahara* häufig in ihrer ganzen Bedeutungsvarianz zum Einsatz. Das Huhn beispielsweise wird, wie bereits dargelegt, schon zu Beginn als hinsichtlich seiner Bedeutung ambivalent in die Erzählung eingeführt. Es symbolisiert den Schutz, der Bering in seinen Kindertagen zuteil wird, in denen er „geborgen [war] in den Stimmen gefangener Hühner" (MK, 166). Das Gefangensein der Hühner verweist zugleich darauf, dass jener Schutz ein unzureichender ist. Schon in der ersten Szenenbeschreibung hört der Säugling Bering die Laute der Hühner auch als „Stimmen der Angst", wenn sein Bruder, ein Tierquäler, die Vögel „mit einer Kerzenflamme in Panik [versetzt]" (ebd., 19).

Die Bedeutung des Schutzes referiert auf die christliche Tradition, die sich aus der Metapher der sprichwörtlichen Fittiche der Henne für die Fürsorge des Vatergottes speist.[9] Im Roman erhält das Hühnersymbol durch die Referenz auf die dem Geflügel eigene Schreckhaftigkeit eine zweite Bedeutungsdimension. So symbolisiert das Huhn nicht nur den Schutz als Grundbedürfnis, das dem in der Geschichte gefangenen Menschen nicht gewährt werden kann, sondern, indem Bering selbst mit dem Huhn identifiziert wird, auch den Schutzbedürftigen selbst. Berings Wesen entspricht dem eines aufgescheuchten (ebd., 366) und panischen (ebd., 28) Huhns. Die Flugunfähigkeit des Huhns verbildlicht die Vergeblichkeit seiner Versuche, sein Schicksal hinter sich zu lassen und sich aus der Geschichte zu befreien. Je aktionistischer er wird, desto tiefer verstrickt er sich selbst in den Kreislauf des Tötens. Selbst als er Moor verlässt, gleicht der vermeintliche Befreiungsschlag dem kurzen Aufflattern des Huhns, das kurz darauf wieder zu Boden geht. Die Schutzthematik wird durch Berings Metamorphose noch um eine weitere Bedeutungsfacette ergänzt. Als Identifikationstier versinnbildlicht das Huhn Berings Funktion als Leibwächter, in welcher er selbst Schutz bietet.

Die christliche Bedeutungstradition belegt das Huhnsymbol darüber hinaus mit weiteren Nuancen. So steht die Henne auch für die Barmherzigkeit Gottes mit dem Sünder. (Butzer/Jacob 2012, 179) Auch die männliche Variante des Huhns kommt im Roman vor und kann auf seine religiöse Ikonographie bezogen werden. So referiert der „Hahnenschrei" (MK, 19), der gleich zum Handlungsbeginn in Beziehung zur Figur Bering gesetzt wird, auf die biblische Geschichte der Verleugnung des Petrus und ist als Warnung vor der Sünde zu verstehen – eine

---

9 Vgl. Psalm 91,4 und Matthäus 23,37.

Warnung, die vergeblich über der Figur schwebt. Nachdem die Steinbrecher das Krähenauto verbrannt haben, wird Bering die Aufgabe zuteil, die Stilllegung des Steinbruchs zu beaufsichtigen. Immer noch auf Rache sinnend, erscheint er aus der Perspektive der Arbeiter wie ein kampflustiger, selbstgefälliger Hahn. (ebd., 380) Die Varianten des Huhnsymbols verweisen durch unterschiedliche Perspektiven und Schattierungen auf den Komplex der Schuld; auf diese Weise kommt ihnen die Funktion zu, Berings Lebensthema narrativ zu gestalten.

Die Bedeutungskonstruktion durch Rekurs und Varianz wird ergänzt durch die Bedeutungsdekonstruktion als Mittel der Symbolgestaltung. Dekonstruktionen finden sich viele und sie bewirken, dass ein und dasselbe Symbol gegensätzliche Bedeutung tragen kann. Dies sei anhand der Steinsymbolik exemplifiziert. Die traditionelle Symbolik, die für den Roman von immenser Wichtigkeit ist und nach der Steine und Felsen für die Geschichtslosigkeit der Prähistorie stehen, ist von ihrer Unveränderlichkeit und Unbeweglichkeit abzuleiten. Die Vorstellung des unbeweglichen Steines wird im Roman jedoch vielfach gebrochen. Dies geschieht zum einen durch die Wahl spezifischer Steinsarten. Neben dem Bernstein sind hier auch die gehäuft auftauchenden Versteinerungen zu nennen. Beide haben gemeinsam, dass sie von einer eingefrorenen Zeitlichkeit und somit von der Historizität des Steines selbst und vom „Paradox der Konservierung des Augenblicks" (Rudtke 2014, 99) zeugen. Auch der Name des Gebirges im Roman, das ‚Steinerne Meer' verweist auf eine gewesene Bewegung. Diese Vorstellung des Gebirges in Bewegung verbindet den Roman mit seinem Vorgänger. In *Die letzte Welt* wird das beobachtbare Wachstum eines Berges beschrieben. (LW, 262) In einem letzten Beispiel wird die widersprüchliche Figur der Ewigkeit des geschichtlichen Augenblicks geradezu übertrieben dargestellt. Zum Strafenkatalog, der über die Moorer Dorfgesellschaft verhängt wird, gehört die Errichtung einer mannshohen Schrift in den Felsen, die lautet „Hier liegen 11.973 Tote, erschlagen von den Eingeborenen dieses Landes. Willkommen in Moor" (MK, 33). Dieses Bild der in Stein gemeißelten Geschichte wird durch Ambras' Verkrüppelung in Folge seiner Folter im Arbeitslager dupliziert, die ihn dauerhaft in der Bewegung einschränkt und schmerzt. Die Verleiblichung der nicht vergehenden Vergangenheit sowie die steinerne Schrift verweisen auf Ambras' Seelenleben, das nach seiner Deportation erstarrt ist und permanent rückwärtsgewandt auf seine Geschichte fixiert verharrt.

Der Stein und das Gebirge stehen also sowohl für den Wunsch, zu vergessen, als auch für das Nicht-vergessen-Können. Das Symbol für das Schicksal und die Sehnsucht nach Befreiung vom Schicksal ist ein und dasselbe. Diese Identität trägt zum Eindruck der Ausweglosigkeit bei. Wohin auch immer die Figur Ambras bewegt wird, verfolgen sie die Steine und umgibt sie das Gebirge. Folgerichtig kann nur der Tod ihn befreien. Sein Todessturz von einem Felsen des brasilianischen Granitgebirges am Ende der Handlung wird denn auch unter Rückgriff auf den aufgebauten Symbolkontext beschrieben: Ambras „tritt ins Leere" und ist „von allen Blöcken und Steinen befreit." (ebd., 440)

Den Menschen, das Menschliche, das Zwischenmenschliche erzählen

Durch die Einbettung der Figuren in ein Geflecht von Symbolen und Motiven und die Anordnung der Symbole in Reihungen und Ketten erlauben die drei herausgearbeiteten Strategien – Rekurs auf traditionelle Ikonographien, Varianz und Dekonstruktion der Symbolbedeutungen – den Sinn nicht nur zu konstituieren, sondern zu verschieben und zu fluidieren. Daraus folgt, dass das menschliche Individuum zwar erzählt, dabei aber nicht festgelegt wird. Die ‚Unbegehbarkeit' des Anderen wird letztlich nicht überwunden. Auch das bringt die Wahl der Symbole zum Ausdruck; sowohl das Gebirge als auch der Vogelflug zeichnen sich durch Unzugänglichkeit aus. So gilt, was Linda Karlsson Hammarfelt über die Selbstdarstellung im *Atlas* konstatiert, auch für die Figurendarstellung in *Morbus Kitahara*: „Indem Ransmayrs Atlas wiederholt das Kartographische heranzieht, um über die Grenzen der Darstellbarkeit zu reflektieren, lässt sich der Text im Kontext eines postmodernen autobiographischen Schreibens lesen, das spielerisch auf Formate und Konzeptionen der Welt- und der Selbstrepräsentation zurückgreift, um diese im selben Moment zu dekonstruieren." (Karlsson Hammarfelt 2014, 72)

Obgleich der einzelne Mensch keine Festlegung erfährt, lässt sich als Impetus des Symbolspiels doch eine allgemeine Anschauung des Menschlichen ausmachen. So vermittelt der Roman ein negatives Bild von der Geschichte und eine fatalistische Perspektive auf den Menschen. Die Figuren sind in der individuellen Rolle, die sie innerhalb der Geschichte einnehmen, gefangen. Dem KZ-Überlebenden Ambras ist es nicht möglich, seiner Vergangenheit zu entkommen. Als seine Lebensgefährtin und er von einem SA-Trupp abgeholt werden, versucht er noch, gegen das Schicksal anzukommen, indem er sich tätlich zur Wehr setzt. Die Episode wird durch eine der wenigen Sequenzen in wörtlicher Rede vermittelt. Das Klopfen der SA-Männer an die Tür wird mit einem Steinschlag verglichen – ein Ausdruck, der die Assoziation mit dem Wort ‚Schicksalsschlag' geradezu aufzwingt und dem Steinsymbol dadurch auf sprachlich-assoziativer Ebene seiner Bedeutung zuordnet. (ebd., 214) Seine Lebensgefährtin erscheint Ambras bei dem Geschehen „wie versteinert" (ebd., 215), als er sie nach dem Krieg sucht und zur gemeinsamen Wohnstatt zurückkommt, ist „[d]ie Gasse [...] eine Schutthalde" (ebd., 217). Nachdem alle Versuche scheitern, gegen die Übermacht seines steinernen Schicksals anzukommen und seine Geschichte selbst in die Hand zu nehmen, resigniert Ambras.

Bering, der die deindustrialisierte Gebirgsregion nicht verlassen darf, ist als Täterkind verstrickt in den Schuldkomplex seines Volkes. Sein Handlungsspielraum ist begrenzt und auch er setzt sich vergeblich zur Wehr. Er tötet, um gegen das Schicksal anzukommen, was statt zur Befreiung zur Individualisierung der Schuld führt. Die Freiheit der Vögel, nach der er sich sehnt, kann er nur als Illusion erleben.[10] Die Illusion begleitet ihn auch im Todessturz, der wie für Ambras die einzig mögliche Befreiung ist. So imaginiert er das Meer, auf das er zustürzt, als einen bewölkten Himmel und wird – gemäß des zyklischen Aufbaus eine Wendung vom Handlungsbeginn aufgreifend – als „Fliegender unter Vögeln" (ebd., 439) bezeichnet.

Dass das historisch bestimmte Schicksal in dieser Romanwelt der einzige Agens zu sein scheint, ist hinreichend deutlich geworden. Einen Kontrapunkt scheint die Figur Lily zu setzen. Auch deren Spur folgt die Erzählung auf den Pfaden des Symbolspiels. Doch ist sie den Vogel- und Steinsymbolen von vornherein auf andere Weise zugeordnet. Vor allem ihr Bezug zu den Steinen illustriert die Autonomie dieser Figur. Statt sie zu sammeln, handelt sie mit ihnen. Das Gebirge bezwingt sie auf ihren Touren zwischen Tiefland und Moor spielend leicht und macht sich so das Schicksal symbolisch untertan. Mit ihrem Namen verweist Lily auf die organische Natur, der innerhalb der Motivik des ransmayrschen Gesamtwerkes oft genug eine triumphierende Rolle zukommt, indem sie sich die Hoheit über den Raum zurückerobert und so Menschheitsgeschichte vergessen macht. (Fröhlich 2001, 139–143) So wird Tomi in *Die letzte Welt* von sintflutartigen Regenfällen heimgesucht, sodass die Pflanzenwelt alles überwuchert, und auch in *Morbus Kitahara* selbst tauchen an mehreren Stellen Beschreibungen von beispielsweise „Gestrüpp und Moospolstern" (MK, 92) auf, die die Überreste der Zivilisation, der Gebäude und Industrie Moors, unter sich begraben.

Teil der Bedeutungsvarianz jener Blume, deren Namen Lily trägt – der Lilie – ist der Tod. (Butzer/Jacob 2012, 246) Indem sie, wie eingangs angeführt, Mitglieder der raubenden Banden tötet, tritt sie auch als Rächerin an der Geschichte auf. In Anbetracht des tötenden Berings erkennt sie jedoch, dass sie dadurch selbst in den Kreislauf der Gewalt und Wiedergewalt eintritt und trifft die freie und befreiende Entscheidung, sich ihrer Waffe zu entledigen. (MK, 318) Auch

---

10 Die Reichweite der Tragik kommt in dem Gedanken zum Ausdruck, dass die Vögel selbst nur dort frei sind, wo der Mensch nicht ist, also im geschichtsleeren bzw. -befreiten Raum. Auf ihrer Reise fährt das Protagonistentrio an Orten ehemaliger Städte wie Nürnberg vorbei, im Roman nur noch „Steppe [...], dort draußen habe sich die Natur einigermaßen von den Menschen erholt, dort gebe es nun wieder Vogelarten, die hier lange für ausgestorben gehalten worden waren [...]" (MK, 399–400).

dieser Figur ist eine Obsession zugeschrieben, und zwar für die Rockmusik. Während Ambras auf die Reise nach Brasilien ein Säckchen Steine und Bering seine Stahlrute mitnimmt, ihre Schicksalssymbole sie also weiter begleiten, misslingt Lilys Plan, sich vor dem Aufbruch ein neues Radio zu besorgen. (ebd., 392–394) Somit durchbricht sie auch hier symbolisch die Wiederkehr des Immergleichen. Sie ist die einzige der „drei Geschichtsflüchtigen", wie Alexander Honold (1999, 260) sie treffend nennt, deren Geschichte nicht im brasilianischen Gebirge endet, die stattdessen aus dem Raum der Symbole und aus dem Erzählkontext ent- und somit freigelassen wird. Während die anderen noch sterben, verlässt sie Pantano und setzt ihre Reise fort. Als Kriegsflüchtige auf dem Weg nach Brasilien waren Lily und ihre Eltern auf dem Gelände des Kurbades von Moor gestrandet, nach dem Tod ihrer Mutter bewohnte die junge Frau den zugehörigen Wetterturm. Jene „auf den Uferwiesen von Moor unterbrochene Flucht" (ebd., 401) will sie nun zu Ende bringen. Ihr Ziel ist Santos an der Küste Brasiliens. (ebd., 414) Der Hinweis auf diesen konkreten Ort enthält wiederum eine mögliche Dekonstruktion des autonomen Status' der Figur, denn Santos ist vor allem als Badekurort bekannt. Diese Information gibt der Roman nicht preis, aber die Wahl des Zieles deutet an, dass auch die Figur Lily von der Kreisstruktur des Schicksals eingeholt wird. Als Fazit ist also festzuhalten, dass auch die Hoffnungsträgerin innerhalb der menschlichen Tristesse der Ambiguität des fluidierenden Symbolspiels unterworfen ist, das bewirkt, dass jede vermeintliche Festlegung, auch die hoffnungsvolle, eo ipso die Möglichkeit ihrer Konterkarierung enthält. Im Falle Lilys ist diese Ambiguität auch in ihrem Namen angelegt, der auf die Todesblume zurückgeht, also als bildsprachliches Phänomen zwischen Wachstum und Vergehen changiert. So ist der folgenden Einschätzung Monica Fröhlichs nur eingeschränkt zuzustimmen: „In der Figur der zur Selbsterkenntnis fähigen, zielstrebigen Grenzgängerin Lily entwirft der Text [...] zugleich ein Handlungsmodell, das Überleben garantiert." (Fröhlich 2001, 74)

Neben den Vogel- und Steinsymbolen, die in *Morbus Kitahara* eine sehr dominante Stellung einnehmen, neben Musik und Pflanzenwelt, gibt es noch viele weitere symbolisch und motivisch eingesetzte Elemente wie beispielsweise Licht und Dunkel, Blick und Blindheit (Henke 2016, 96) und weitere Tiere wie Hunde, Wölfe, Löwen. Sie alle sind Teil eines Geflechtes von Symbolen und Motiven, die in einem Netz aus teilweise ambigen Verweisen und Bedeutungsbrüchen einander so mannigfaltig zugeordnet und ineinander verschränkt sind, dass eine klare Schematisierung nicht möglich ist. Das Zusammenspiel der Symbole gleicht vielmehr einer eklektizistischen Allegorie, die Spuren in den Text legt, sie spielerisch verfolgt und wieder fallenlässt. Hier konnte nur eine Auswahl von Symbolen aufgegriffen und ihre Funktion und Bedeutung beschrieben werden. Auch konnten nur einige der Spuren herausgestellt werden, die mittels der Symbole in den Text gelegt werden und auf den Menschen und das Menschliche verweisen.

Über die Reflexion auf das Gefangensein des Menschen in der Geschichte und den Strategien einzelner Individuen, sich dazu zu verhalten, hinaus, erzählt *Morbus Kitahara* an wenigen Stellen auch vom Zwischenmenschlichen, von Nähe und Distanz, mit Hilfe der Symbole. So wird eine Liebesszene zwischen Bering und Lily unter Rückgriff auf die Vogelsymbolik dargestellt, die beiden Protagonisten als Vögel im Nest. (MK, 165–166) Die Beziehung zwischen Bering und Ambras wird an einer Stelle mit der eines Hundes zu seinem Herrn verglichen. (MK, 366) Das Verhältnis von Macht und Ohnmacht wäre in diesem Zusammenhang ein denkbarer Analyseaspekt.

Um das Thema der Zwischenmenschlichkeit durch einen kürzeren Text zu ergänzen, sei noch eine Episode aus dem *Atlas* auf ihre Verwendung der Stein- und Vogelsymbolik hin untersucht. In *Reviergesang* sind es gerade die Begegnung und das Gespräch, die räumlich und inhaltlich zwischen den Steinen und dem Flug der Vögel stattfinden. Der Ich-Erzähler trifft auf einer Wanderung über die frisch beschneite Chinesische Mauer auf einen britischen Hobbyornithologen namens Mr. Fox. Die Beiden unterhalten sich über die an der Mauer beheimateten Singvogelarten sowie Geschichte und Beschaffenheit der Mauer, bevor jeder seinen eigenen Weg fortsetzt. Ort der Begegnung ist ein ungangbarer Mauerabschnitt, auf dem zu wandern eventuell sogar verboten ist. Doch nicht allein Ransmayrs Präferenz für menschenleere Räume, auch einige seiner typischen Bilder tauchen auf. So wird die Szenerie nicht nur mit „Mauerwerk, Ruinen, Felsen" (AM, 20) ausstaffiert, auch der Triumph der Flora über Insignien menschlicher Baukust wird heraufbeschworen: „Den etwa fünfhundert Kilometern gut erhaltener oder gut restaurierter, jederzeit zugänglicher Mauerabschnitte lagen Abertausende Kilometer eines oft überwucherten, in der Wildnis kaum noch als Architektur erkennbaren Trümmerwalls gegenüber." (ebd., 21) Dabei gestaltet die Vogel-Stein-Komposition mindestens vier Facetten des Menschlichen aus, die sie gleichsam zusammenführt. Erstens wird die Überlegenheit der Vögel gegenüber der Unzulänglichkeit des Menschen hochgehalten, wenn der Ornithologe den Reviergesang der Vögel gegen die steinerne Territorialbegrenzung ausspielt: „Reviergesang statt zinnenbewehrter Mauern! Tonfolgen anstelle von Steinen [...] Vogellieder, die weiter und weiter und immer noch gesungen wurden, wenn selbst die stärksten Mauern und vermeintlich unbezwingbare Wehrtürme bereits zu Schutt zerfallen waren." (ebd., 25–26) Die Gegenüberstellung enthält eine Mahnung zur Demut, die im Werk dieses Autors so häufig angestimmt wird. Zweitens führt die Meditation über die Vogelgesänge zur anthropologischen Beschreibung des Menschen als Wesen, das sich in seiner Jugend durch den sozialen Bezug zum Anderen und im Alter durch seinen Selbstbezug konstituiert. Während die Singvögel im Frühling zu Zwecken der Brautwerbung und Revierverteidigung singen, müsse „der Herbstvogel [...] niemandem mehr groß imponieren. Der sang, wenn er sang, mehr für sich als für oder gegen jemand anderen." (ebd., 27) Vor dem Hintergrund der Unbegehbarkeit des Anderen, der folglich immer fremd bleibt, ist das Thema des zwischenmenschlichen Bezugs zueinander eher schwierig zu bearbeiten und gerade deshalb besonders interessant, da das Individuum als finale Konsequenz dieser Annahme als Solitär zu denken ist. Es sind die altbewährten Vogel- und Steinsymbole, die in *Reviergesang* dazu dienen, die Möglichkeiten der zwischenmenschlichen Berührung auszuloten: sowohl jene von Dauer wie in der Liebe, als auch die temporäre wie in der Begegnung. Diese beiden stellen die dritte und vierte Bedeutungsdimension des Symbolsettings dar.

Die epische Kurzform erlaubt es, Figuren auf wenige Eigenschaften reduziert zu charakterisieren. So reicht es aus, Mr. Fox als Vogelbeobachter vorzustellen. Dieser erzählt von seiner Frau, „einer Archäologin, die sich immer wieder mit der Großen Mauer befasst hatte" (ebd., 22). Das ist wiederum die einzige Information, die der Text über diese preisgibt. Im gemeinsamen Projekt, die Stimmen sämtlicher an der steinernen Mauer heimischen Singvogelarten zu sammeln, erfährt die Einheit zweier Individuen in der Liebe ihren verdichteten Ausdruck. Die symbolische Verdichtung im Raum, die in der Beschreibung liegt, Mr. Fox und seine Frau „folge[n] den Gesängen der Vögel entlang der Linie [der Großen Mauer]" (ebd., 23), deutet die Möglichkeit dieser Form der Berührung an, ohne eine Festlegung des Phänomens der Liebe auf eine Wahrheit oder eine Regel zu statuieren.

Ebenfalls zwischen den Steinen und den Vögeln findet die temporäre Begegnung statt. Was durch die Begegnung passiert, wird wiederum nur in Bildern angedeutet, die im Raum der Symbole verankert werden. So geht der Ich-Erzähler zu Beginn im unwegsamen Gelände seinen solitären Weg – „die dünne Schneedecke vor mir trug keine Spuren" (ebd., 21). Das Ende der Episode weist darauf hin, dass der Fremde in ihm einen Eindruck hinterlassen, dass die Begegnung ihn verändert hat: „Der Drosselgesang klang uns noch eine Weile nach, als wir uns auf dieser unvorstellbar langen Mauer wieder voneinander entfernten und jeder seinem Ziel entgegenging, er nach Simatai, ich nach Jinshanling, jeder in der Spur des anderen." (ebd., 27)

Anhand der angeführten Beispiele konnte die Frage nach Funktion und Bedeutung der Symbole bei Ransmayr selbstredend nicht erschöpfend beantwortet werden. Es wurden jedoch wiederkehrende Prinzipien ihrer Anordnung, ihrer Integration in den Text sowie ihrer Bedeutungsgenerierung aufgezeigt. Das auffällig dichte Vorkommen bestimmter Symbole konnte der literarischen Adaption der kartographischen Methode als ein Erzählprinzip Ransmayrs zugeordnet werden. Darüber hinaus wurde ihre beachtliche Kontinuität im gesamten Werk aufgezeigt. Vor allem konnte mit dem Hinweis auf die immer wieder kehrenden Symbole und ihre Beziehung zu den ransmayrschen Figuren belegt werden, dass der Mensch und das Menschliche als werküberspannendes

Thema an zentraler Stelle aufgegriffen, angedeutet und variiert wird. In diesem Zusammenhang kommt den Symbolen die Funktion zu, den Menschen in der Geschichte zu verorten, die innere Entwicklung der Figuren zu erzählen, ohne sie dabei einer eindeutigen Deutung zu überlassen, und den Spielraum des Zwischenmenschlichen auszuloten. Und eines wurde dabei deutlich: Wenn eingangs formuliert wurde, dass Ransmayrs Orte menschenleer sind, so ist dem entgegenzuhalten, dass der Autor seine Figuren gerade in diese Räume versetzt, um das Menschliche umso exponierter reflektieren zu können.

Literatur

Becker, Udo (1998). *Lexikon der Symbole*. Freiburg: Herder.

Butzer, Günter und Joachim Jacob (2012). *Metzler Lexikon literarischer Symbole*. 2. Auflage. Stuttgart: Metzler.

Fröhlich, Monica (2001). *Literarische Strategien der Entsubjektivierung – Das Verschwinden des Subjekts als Provokation des Lesers in Christoph Ransmayrs Erzählwerk*. Würzburg: Ergon.

Fuhrmeister, Christian (2001). *Beton, Klinker, Granit – Material macht Politik*. Berlin: Bauwesen.

Henke, Daniela (2016). *Geschichte neu denken – Postmoderne Geschichtsphilosophie und Historiographie im Romanwerk Christoph Ransmayrs*. Marburg: Tectum.

Honold, Alexander (1999). Die steinerne Schuld – Gebirge und Geschichte in Christoph Ransmayrs Morbus Kitahara. Sinn und Form 51/2: 252–267.

Karlsson Hammarfelt, Linda (2014). Literatur an der Grenze der Kartierbarkeit. Ransmayrs Atlas eines ängstlichen Mannes. Studia Neophilologica 86/1: 66–78.

Künzel, Carl Georg (1937). *Die deutsche Granitwirtschaft in der Nachkriegszeit*. Hof: Mintzelsche Buchdruckerei.

Langbehn, Julius (1926) [1890]. *Rembrandt als Erzieher – Von einem Deutschen*. 67–71. Auflage. Leipzig: Hirschfeld.

Ovid (1994). *Metamorphosen. Das Buch der Mythen und Verwandlungen*, übersetzt und hrsg. v. Gerhard Fink. 4. Auflage. Zürich, München: Artemis & Winkler.

Ransmayr, Christoph (2003) [1984]. *Die Schrecken des Eises und der Finsternis*. Roman. Frankfurt a. M.: Fischer. (= SEF)

Ransmayr, Christoph (1989) [1988]. *Die letzte Welt*. Roman. *Mit einem Ovidschen Repertoire*. Frankfurt a. M.: Eichborn. (= LW)

Ransmayr, Christoph (1995). *Morbus Kitahara*. Roman. Frankfurt a. M.: Fischer. (= MK)

Ransmayr, Christoph (2012). *Atlas eines ängstlichen Mannes*. Frankfurt a. M.: Fischer. (= AM)

Ransmayr, Christoph (2016). *Cox oder Der Lauf der Zeit*. Roman. Frankfurt a. M.: Fischer.

Rudtke, Tanja (2014). *Herzstein und Wortkristall – Eine literarische Mineralogie*. Heidelberg: Winter.

Anna-Lena Eick (Augsburg)

Narratives Mapping – Grenzen und Möglichkeiten der literarischen Bearbeitung historischer Stoffe. Christoph Ransmayrs *Die Schrecken des Eises und der Finsternis* als Auflösung der großen Geschichte in Möglichkeitsformen einzelner Geschichten

Soll Literatur als Raum kartographisch fassbar gemacht werden, so muss das Gebiet zweifelsohne als ein weitläufiges mit nach außen hin durchlässigen Grenzen zu verwandten oder benachbarten Disziplinen sowie zu potenziellen stofflichen Inspirationsquellen konzipiert sein. Grenzen zu benachbarten Disziplinen wie den Bereichen der Linguistik, Kulturwissenschaft und Psychologie umschließen das Land „Literatur" an den äußeren Rändern. Eine Grenze von besonderer Bedeutung verläuft zwischen dem Reich der Literatur und dem der Historie – definiert als Bereich des Faktischen, des Wirklichen. Seit jeher ist besonders diese Grenze stark umkämpft, was sich in Hoheitsansprüchen der verschiedenen Disziplinen, verschärften – beidseitigen – Grenzkontrollen und gar kriegerischen Auseinandersetzungen (wissenschaftlicher Natur) im Grenzbereich niederschlägt. Dementsprechend bewegt sich das Verhältnis von Geschichte und Geschichten seit jeher in einem von erheblichen Diskrepanzen und vermeintlich unüberwindbaren Grenzen geprägtem Spannungsverhältnis. Hierbei oszilliert der Diskurs zwischen dem Vorwurf an die Literatur, lediglich ästhetische Stilisierung zu sein und der Annahme, die Historiographie würde eine Autorität des Faktischen propagieren. Besonders seitens der Historiographie, welche sich Authentizität, Objektivität und einen Anspruch auf Wahrhaftigkeit zum Ziel setzt, wurde in einem deutlich literaturkritischen Diskurs auf die Grenzen sowie auf methodologische Unterschiede verwiesen, welche ein Zusammendenken von Literatur und Geschichte unmöglich machen. Auch zu Zeiten der Gegenwartsliteratur hat sich die Lage an jenem Grenzübergang nicht merklich beruhigen können, weswegen auch heute noch erbitterte Auseinandersetzungen um die Hoheitsansprüche toben. Nur besonders waghalsige Literaten oder ausgesprochen abenteuerlustige Historiker wagen daher eine Annäherung an jene Grenzlinie: so auch Christoph Ransmayr.

Das Erzählprogramm in *Die Schrecken des Eises und der Finsternis* als metahistoriographische Reflexion der narrativen Transponierung von Fakt zu Fiktion

Christoph Ransmayr macht sich in seinem Roman *Die Schrecken des Eises und der Finsternis* (SEF) auf eine narratologische Expedition, welche ihn an die Grenze zwischen Fakt und Fiktion, zwischen historischer Wirklichkeit und Erzählung führt. Hierbei werden auf einer Metaebene zentrale Fragen nach der Erzählbarkeit von Geschichte, dem Verhältnis von Historiographie und Literatur sowie dem potenziellen Mehrwert, den eine literarische Bearbeitung von historischem Stoff liefern kann, aufgeworfen.

Auf diese Weise gelingt Ransmayr, was ihn von der Last jeglicher Authentizitäts- und Vollständigkeitsgebote sowie von dem Anspruch auf historischen Wahrheitsgehalt zu befreien vermag: Die Illusion, dass literarische Bearbeitung und Ausgestaltung eine historische Wirklichkeit abbildet, wird konsequent durchbrochen. Durch die Loslösung von dem Diktum, welches eine literarische Auseinandersetzung mit Geschichte an eine historische Wahrheit bindet, eröffnet sich Ransmayr erzählend einen literarischen Möglichkeitshorizont, jedoch ohne die Wirklichkeit zu verfremden oder zu instrumentalisieren. Frei von dem Anspruch einen historischen Raum zu rekonstruieren, kann die Literatur ausgehend von den historischen Quellen und mit Mitteln der Ästhetisierung eine Erfindung von Wirklichkeit schaffen, welche ihre Grenzen stets im Blick hat und nach eigenen Gesetzmäßigkeiten und Regeln funktioniert.

Somit kann anhand des Romans *Die Schrecken des Eises und der Finsternis* die Erzählstrategie Ransmayrs als Möglichkeit ausgewiesen werden, dem Spannungsfeld von Historiographie und Literatur kreativ und gleichzeitig methodologisch reflektiert zu begegnen und den Rezipienten somit sowohl an die Chancen und Potenziale einer derartigen Auseinandersetzung mit Geschichte, als auch an die Grenzen, welche eine Fiktionalisierung von Historie mit sich bringt, erzählend heranzuführen. Dies gelingt im Wesentlichen durch die Konzeption der Erzählerfigur, welche die Transponierung von Fakt zu Fiktion narrativ reflektiert, kommentiert und explizit offenlegt sowie durch einen integrativen Umgang[1] mit Zitationen faktisch-verbürgter Quellen. In einem ersten Schritt sollen die Möglichkeitsformen, welche Ransmayr ausgehend von überlieferten Fakten der Nordpolexpedition von 1872–1874 unter Carl Weyprecht und Julius Payer durch die Installation einer selbstreflexiven Metaebene erzeugt, am Beispiel des Erzählprogrammes aufgezeigt werden. Die narrative Offenlegung

---

[1] Der „integrative Umgang" mit den faktisch-verbürgten Quellendokumenten verweist in diesem Kontext auf ein textuelles Nebeneinander von Quellendokument und literarischem Text, welcher eine Integration der Quellendokumente in das fiktionale Textkonstrukt anstrebt.

des literarischen Produktionsprozesses gewährleistet jene Art von literarischer Metareflexivität, welche von Nöten ist, um Möglichkeiten der literarischen Bearbeitung auszuschöpfen und gleichzeitig die legitimierende Grenzziehung zur Geschichtswissenschaft zu wahren. In einem zweiten Schritt gilt es sich jenen, den narrativ abgebildeten Möglichkeitsformen der Geschichtsthematisierung diametral entgegenstehenden Grenzen der literarischen Bearbeitung historischer Stoffe, den von Ransmayr so genannten *Sperrgebieten* der literarischen Abbildung historischer Wirklichkeit im Ransmayr'schen Sinne, zu widmen. Hierbei soll nach dem im Roman abgebildeten Scheitern der Erzeugung einer vollständigen Abbildung historischer Wirklichkeit und der daraus resultierenden Bedeutung für den Rezeptionsprozess gefragt werden. Christoph Ransmayr vollzieht somit in seinem Roman *Die Schrecken des Eises und der Finsternis* eine narrative Auffächerung eines literarisch-fiktionalen Möglichkeitshorizontes in einzelne Geschichten, der die historische Wirklichkeit nicht länger als unumstößliche Geschichtswahrheit, sondern vielmehr als ein Konstrukt, bestehend aus verschiedenen Wirklichkeitsperspektiven, versteht, welches gerade aus der Multiperspektivität der Wirklichkeit seine Seinsberechtigung zieht. Somit kann der Poetik der Verschriftlichung historischer Ereignisse nach Christoph Ransmayr, welche literarische Schreib- und Sinnstiftungskonzepte als gleichwertige Alternative zu Fakten und Quellendokumenten präsentiert, die folgende Sentenz programmatisch vorangestellt werden: „Die Wirklichkeit ist teilbar" (SEF, 42).

Es gilt im Folgenden die Konzeption der Erzählinstanz mit den metapoetologischen Kommentierungen des Romans zu einem Erzählprogramm zusammenzuführen, welches die metahistorisch gefärbte Reflexion der narrativen Transponierung von Fakt zu Fiktion, von Wirklichkeit zu Wahrscheinlichkeit leistet. Demgemäß soll die Bedeutung des namenlosen Erzählers – als Dreh- und Angelpunkt des Ransmayr'schen Erzählprogrammes – für die intendierte Wirkungsweise und die metahistoriographischen Implikationen herausgestellt werden. Hierbei soll das Selbstverständnis des Erzählers als das eines Grenzgängers zwischen Fakt und Fiktion ausgewiesen werden.

Narratives Hinüberwechseln aus der Wirklichkeit in die Wahrscheinlichkeit: Die Erzählinstanz als Grenzgänger zwischen Fakt und Fiktion

Der Roman *Die Schrecken des Eises und der Finsternis* stellt eine Montage dreier zeitlich und örtlich verschieden situierter Handlungsstränge dar, welche von einer teils homo-, teils heterodiegetischen Erzählinstanz[2] wiedergegeben und

---

2 Im Verlauf des Romans stellt sich heraus, dass der zunächst heterodiegetisch anmutende Erzähler nur scheinbar außerhalb des Erzählten steht, was sich anhand seiner Bekanntschaft

insgesamt von drei als Exkursen betitelten Einschüben, die thematisch-inhaltlich an die Auseinandersetzung mit Geschichte im Allgemeinen und mit dem Mythos der abenteuerlichen Nordpolexpedition im Speziellen anknüpfen, unterbrochen werden. Der Erzähler, „ausgestattet mit einer starken metareflexiven Erzählposition" (Hauenstein 2014, 16), versucht – gleich einem historiographisch arbeitenden Chronisten – retrospektiv logische Verknüpfungen herzustellen und historischen Sinn zu stiften, indem die Handlungsstränge erzählend – über die Jahrhunderte hinweg – miteinander verwoben werden:

> Während in meiner Vorstellung die *Admiral Tegetthoff* die ersten Treibeisfelder unter Dampf passiert und Josef Mazzini in einer Linienmaschine der *Scandinavian Airlines* grellweiße Wolkentürme unter sich aufragen sieht, lasse ich mich sachte zurücksinken in das Dunkel der Zeit und gleite durch die Jahrhunderte hinab zu den Anfängen einer Sehnsucht. (SEF, 49, Hervorhebung im Original)

Während der Name der Schiffes *Admiral Tegetthoff* zum derzeitigen Wissensstand des Rezipienten eindeutig dem Handlungsstrang um die Payer-Weyprecht-Expedition zuzuordnen ist, verweist die Transportmöglichkeit von Linienflugzeugen auf eine spätere Zeitepisode und auf die Nachforschungen des Italieners Josef Mazzini im Jahre 1981. Metafiktional thematisiert die Erzählinstanz bereits hier ihr „[G]leite[n] durch die Jahrhunderte", welches somit dem Erzählkonzept entsprechend als Parallelführung und Verflechtung der einzelnen Handlungsstränge ausgewiesen werden kann (ebd.). Hierbei bildet die historisch-verbürgte, österreichisch-ungarische Nordpolexpedition von 1872–1874 unter den Kommandanten Weyprecht und Payer die erste und zeitlich am weitesten zurückliegende Stufe. Die beiden anderen Handlungsstränge stehen in einem sich gegenseitig beeinflussenden Wechselverhältnis, einem narrativen „Gedankenspiel", oszillierend zwischen Fakt und Fiktion (ebd., 52).

Die innerhalb der Chronologie an zweiter Stelle stehende Erzähleinheit thematisiert das Schicksal des Italieners Josef Mazzini, der sich dem Projekt der „Erfindung der Wirklichkeit" verschrieben hat, der den in Dokumenten und Erzählungen heldenhaft stilisierten Nordpolforschern ins ewige Eis nachfolgt – „Es ist der 10. August 1981. Der Tag des Auslaufens" – und letztlich selbst spurlos verschwindet (ebd., 21, 124). Die den beiden Handlungssträngen übergeordnete Erzählebene ist die des namenlosen Ich-Erzählers, welche die Verbindung zur Erzählgegenwart herstellt und zur Erzählebene Mazzinis im selben Verhältnis steht, wie „Mazzini zu den Aufzeichnungen der Expeditionsteilnehmer" (Cieślak 2007, 74). Keimzelle für das erzählerische Verfolgen des Schicksals Mazzinis durch den Ich-Erzähler und die damit einhergehende Auseinander-

---

zu Mazzini belegen und ihn somit zum Teil der Handlung und zur homodiegetischen Erzählinstanz avancieren lässt.

setzung mit der historischen Überlieferung der Expedition von Weyprecht und Payer, stellt die Lektüre seiner Aufzeichnungen dar: „Ich bin mit den Aufzeichnungen [Mazzinis] verfahren, wie jeder Entdecker mit seinem Land, [...] ich habe sie getauft" (SEF, 186). Parallel dazu beginnt auch die Rekonstruktion der besagten Nordpolexpedition durch Mazzini ebenfalls mit der Lektüre und Sammlung aller verfügbaren Quellen und Zeitdokumente: „und [Mazzini] schrieb wahllos und unablässig aus den Büchern ab; ein Sekretär der Erinnerung [...] Wollte er *alle* Bilder des Nordens sammeln und sie durch die Abschrift zu seinen eigenen machen?" (ebd., 186, Hervorhebung im Original)

Somit kann man dem Roman *Die Schrecken des Eises und der Finsternis* eine Struktur doppelter Rekonstruktion zusprechen: Mazzini rekonstruiert einerseits die österreichisch-ungarische Nordpolexpedition und gleichzeitig thematisiert und reflektiert die Erzählinstanz sowohl die wirkliche Expedition als auch die fiktive Reise Mazzinis. Dadurch wird der Ich-Erzähler zu einem kommentierenden, interpretierenden und selektierenden Chronisten, welcher die Materialien aus verschiedenen Zeitebenen konstruktiv zusammenfügt und darüber hinaus mit eigenen Überlegungen – und Phantasie – die Lücken der Überlieferung erzählend schließt.

Diese Konzeption der Erzählinstanz bildet eine deutliche Betonung des potenziell konstruktiven Mehrwertes poetischer Arbeit, da das „Strandgut historischer Überlieferung" in Ransmayrs Roman den „Ausgangspunkt poetischer Rekonstruktionen und Konstruktionen" bildet (Fetz 2009, 36). Als Erzählanlass wird das Verschwinden Josef Mazzinis im Zuge seiner Rekonstruktion der Nordpolexpedition ausgewiesen, welcher offensichtlich einer „verjährten Wirklichkeit nach[rannte]" (SEF, 24). Begründet durch die Unvollständigkeit der dokumentarischen Aufzeichnungen der Payer-Weyprecht-Expedition sowie der Tagebücher Mazzinis, ist es der Erzählinstanz unmöglich, sowohl das Verschwinden des Italieners als auch den Verlauf der Weyprecht-Payer Nordpolexpedition abschließend und kohärent zu rekonstruieren, wodurch der Spielraum der Fiktion an Bedeutung gewinnt: „Was die Überlieferung offen lässt, erfindet die Erzählung hinzu" (Fetz 2009, 36). Der Frage, was genau die Überlieferung offen lässt, nähert sich der Roman, indem die Unzulänglichkeiten und Defizite der überlieferten Quellen, Dokumente und Tagebucheintragungen im Roman an mehreren Stellen explizit thematisiert, reflektiert und zugunsten der durch die Erzählinstanz mithilfe von Phantasie und Imagination erdichteten Ergänzungen dem Zweifel preisgegeben werden. So konstatiert der Erzähler in Bezug auf die historiographische Berichterstattung über die Befahrung der Nordostpassage: „Die Chronisten hatten mit ihren Aufzeichnungen von Katastrophen im Eis Folianten gefüllt, hatten von Schiffen berichtet, die mit Handelsgütern, Geschenken [...] ausgelaufen, nirgendwo angekommen und niemals zurückgekehrt waren" (SEF, 50). Doch der Fülle der zu verzeichnenden Eintragungen und Dokumentationen zum Trotze erscheinen diese Statistiken defizitär, unvollständig und von Zuordnungsschwierigkeiten verfälscht: „Schließlich hatten selbst die Chronisten nicht mehr gewußt, wie viele Seeleute auf der Suche nach der nordöstlichen Route umgekommen waren. Tausend Tote? Tausendvierhundert oder mehr?" (ebd.) Somit erlangt die Erzählinstanz Einsicht in die Unvollständigkeit der Fakten, der Dokumente und der überlieferten Quellen, welche keinesfalls den Ansprüchen der Wissenschaftlichkeit genügen können: „Die Statistik des Untergangs blieb stets widersprüchlich und unvollständig, ein vergeblicher Versuch, das Entsetzen und die Ungeheuerlichkeit dieses mythenverzauberten Weges in Zahlen zu fassen" (ebd.).

Die Quellen, welche schon in ihren Zahlenwerten unzuverlässig und ungenau zu sein scheinen, sind darüber hinaus durch die Funktionsmechanismen historiographischer Dokumentation als verfälscht, subjektiv und somit als nicht repräsentativ zu bezeichnen. Selektivität und Kombination, welchen offensichtlich nicht nur imaginierte Texte, sondern gleichsam auch (vermeintlich) objektive, historiographische Quellendokumente und Ausführungen zum Opfer fallen, markieren einerseits die von Hayden White (1994, 123–161) propagierte Parallelität von literarischem Kunstwerk und historiographischer Abhandlung – in Anlehnung an das beiden gemeinsame Charakteristikum: ein narratives Konstrukt darzustellen – und verweisen andererseits auf die Tendenzen der Geschichtsschreibung zu Heldenstilisierung, dem Erschaffen nationaler Mythen und dem Impuls, historische Kohärenz zu fokussieren und die individuellen Geschichten hingegen der Nivellierung anheimfallen zu lassen.

Im weiteren Verlauf der SEF finden sich darüber hinaus mehrere Textpassagen, welche anhand der metafiktionalen Kommentierung durch die Erzählinstanz den Status und die Qualität von vorliegendem Quellenmaterial fundamental in Frage zu stellen vermögen. So verweisen die Aussagen: „Aber nein, was sie gesungen haben, ist nicht überliefert, und nicht überliefert auch, was auf jener Fotographie zu sehen war [...]," „es ist der Augenblick, in dem irgendeiner an Bord, wer es war, ist nicht überliefert, plötzlich *Land!* schreit" und „[e]s gibt keine Aufzeichnungen und keine Zeugenaussagen darüber, wie Josef Mazzini die Vormittagsstunden des 6. September 1981 verbracht hat", allesamt auf das schlichte Nicht-Vorhandensein der benötigten Informationen in den Dokumenten und somit auf die Abwesenheit und Unvollständigkeit dieser (Inspirations-)Quellen (ebd., 120, 158, 238, Hervorhebung im Original). Am Ende des narrativen Abwägens der Aporien der Geschichtsschreibungsmechanismen im Allgemeinen und der konkreten Unsicherheiten der vermeintlich objektiven Quellen im Speziellen, steht die für das Erzählprogramm wegweisende Entscheidung des Erzählers, sich von dem Streben der Historiographie nach Faktentreue und Quellenbeweis endgültig zu lösen und sich somit für ein „Hinüberwechseln aus der Wirklichkeit in die Wahrscheinlichkeit" zu entscheiden (ebd., 63). Der Erzähler versteht sich dementsprechend als Mittlerfigur zwischen Fakt und Fiktion, wobei er sich beiden Bereichen je nach Informationslage bzw. -defizit in selbstbewusster Manier erzählend und ergänzend bedienen kann. Zusammenfassend erweist sich die Erzählinstanz somit als Grenzgänger zwischen den diametral entgegengesetzten Polen Fakt und Fiktion, wobei die Ausdifferenzierung der Diskursbereiche stets aufrechterhalten bleibt, was der Erzähler auch selbstreflexiv in Bezug auf die Abreise Mazzinis gen Nordpol formuliert:

> So ordne ich, was mir an Hinweisen zur Verfügung steht, fülle Leerstellen aus und empfinde es am Ende einer Indizienkette doch als Willkür, wenn ich sage: So war es. Mazzinis Abreise erscheint mir dann als ein Hinüberwechseln aus der Wirklichkeit in die Wahrscheinlichkeit. (ebd.)

Ransmayr verwirklicht anhand dieses narrativen Vorgehens eine Poetik der Überblendung von historischen Quellendokumenten und poetischer Rekonstruktion. Bernhard Fetz formuliert programmatisch, was auf die literarische Verfahrensweise Ransmayrs übertragen werden kann: „Die Fiktion bedarf der Wirklichkeit, um sich von ihr wegzubewegen" (Fetz 2009, 37). Nur ausgehend von historischen Quellen und Dokumenten kann mit Mitteln der Fiktionalisierung und Ästhetisierung eine Erfindung von Wirklichkeit erschaffen werden, welche ihre Grenzen stets im Blick hat. So positioniert sich der Erzähler schon zu Beginn des Romans als subjektive Instanz, welche die Arbeit mit narrativen Mitteln reflektiert und offenlegt: „Mir war die Tatsache oft unheimlich, daß sich der Anfang, auch das Ende jeder Geschichte, die man nur lange genug verfolgt, irgendwann in der Weitläufigkeit der Zeit verliert [...]" (SEF, 11). Anschließend an diese Reflexion über die Gestaltung des Erzählanfangs, präsentiert die Erzählinstanz einen imaginierten Anfang der Geschichte, da die genauen Fakten – „ich weiß es nicht" – trotz Recherche und Quellenstudium unbekannt sind (ebd.). So steht die fiktive Romaneröffnung: „[Ich] beginne am Meer und sage: Es war ein heller, windiger Märztag des Jahres 1872 an der adriatischen Küste [...]" gleichwertig neben Vermutungen wie: „Vielleicht standen auch damals die Möwen wie filigrane Papierdrachen im Wind über den Kais [...]," welche die Erzählhoheit und Zuverlässigkeit des Erzählers wiederholt bewusst in Frage stellen (ebd.). Letzten Endes kommt es zu einer kritischen Abgleichung der Erfindung der Wirklichkeit mit den historischen Dokumenten, den gesicherten Fakten: „Überliefert ist aber, daß an diesem Tag Carl Weyprecht, ein Linienschiffslieutenant der k.u.k. österreichisch-ungarischen Marine, vor dem Hafenamt jener Stadt, die von den Italienern Fiume und von ihren kroatischen Bewohnern Rijeka genannt wird, eine Rede hielt" (ebd.). Die integrative Gegenüberstellung von fiktivem Auffüllen der Leerstellen und der Präsentation überlieferter Fakten wird anhand der Installation „konventionsstabilisierter

[Fiktions-]Signale", welche in wiederum selbstreflexiver Manier auf die Fiktionalität und den Modellcharakter des Textes verweisen, für den Rezipienten evident und intensiviert (Iser 1990, 27–28).³

So vollzieht die Erzählinstanz anschließend an die Präsentation der eigenen Vorstellung von Weyprechts Rede: „Ich habe lange an der Vorstellung festgehalten, daß im Verlauf der langen Rede Weyprechts ein plötzlicher Frühlingsregen einsetzte [...]" (SEF, 12), ein literarisches Nebeneinander von Fakt und Fiktion durch das Zitieren eines Teilstücks der historisch-überlieferten Rede Weyprechts, welche durch Kursivdruck den Quellenstatus unmittelbar von der erzählten Welt scheidet:

> *Das trostlose Einerlei einer arktischen Reise, die tödtende Langeweile der endlosen Nacht, die gräßliche Kälte, das sind eben die nach allen Seiten variierten Schlagworte, mit denen die Civilisation den armen Polarreisenden zu bedauern gewöhnt ist.* (ebd., 13, Hervorhebung im Original)

Parallel zur potenziellen Unzuverlässigkeit, Fehlerhaftigkeit oder zum schlichten Fehlen der Quellen, konstatiert die Erzählinstanz im Zuge des verfolgten Schreibprogrammes, dass sowohl recherchiertes Material als auch imaginierte Möglichkeitsoptionen von Hypothesen, Vermutungen und ungesicherten Annahmen durchzogen sein können. Somit bleibt auch das narrative Vorgehen insofern defizitär, als dass es weiterhin unmöglich ist, das Leben Mazzinis oder die Nordpolexpedition von Weyprecht und Payer in ihrer historischen Wahrheit abbilden zu können: „Habe ich mich vor einem solchen Ausgang meiner Nachforschungen gefürchtet? Allmählich beginne ich mich einzurichten in der Fülle und Banalität meines Materials, deute mir die Fakten [...] meine Fakten über das Eis, immer anders und neu [...]" (ebd., 274). Hieran wird deutlich, dass auch die fiktionale Geschichtsschreibung, setzt man sich die Abbildung historischer Wirklichkeit zum Ziel, aufgrund der Nicht-Erreichbarkeit von Vollständigkeit zum unmöglichen Unterfangen avanciert. Trotz der Einsicht in das Erzähldilemma in Auseinandersetzung mit historischem Stoff, hält Ransmayr gemeinsam mit seiner Erzählinstanz am Erzählen von Geschichte(n) fest: Das Erzählen von Geschichten – als Präsentation von Möglichkeiten – wird von Ransmayr nicht aufgegeben oder der Absurdität preisgegeben: Vielmehr wird die objektive Geschichtsdarstellung zu Gunsten der diskursiven Erzählelemente relativiert und das Nebeneinander von Fakt und Fiktion wird als gleichwertiges Verhältnis inszeniert.

---

3 Vgl. Iser (1990, 27): Unter Fiktionssignalen werden diejenigen Phänomene verstanden, die auf mehr oder weniger eindeutige Weise anzeigen oder nahelegen, dass ein Text fiktional ist, wie beispielsweise die gehäufte Verwendung des Subjektivitätspronomens *Ich* oder der narrativen Infragestellung der eigenen Aussage durch textimmanente Ausdrücke des Zweifelns und der expliziten Ausweisung des Erzählten als Vermutung oder Vorstellung.

Somit gelingt es Ransmayr durch die Konzeption seiner Erzählinstanz den unumstößlichen Glauben an die eine historische Wahrheit der Quellendokumente ins Wanken zu bringen und gleichzeitig die Imagination und fiktionale Auseinandersetzung mit Historie als Methode zur historischen Sinnstiftung zu stärken.[4] Die fiktionale Auffaltung der recherchierten historischen Dokumente, welche aus Tagebucheinträgen, Logbüchern, Listen, Fotografien und Landkarten bestehen, legt das Augenmerk nicht länger auf die Geschichte als großes Ganzes, sondern hat den Einzelnen und das persönliche Schicksal im Blick. Damit geht unweigerlich eine Pluralität an Blickwinkeln, Möglichkeiten und Ansichten einher, welche dem Erzähler ermöglicht, die große Geschichte „wieder in die Möglichkeitsform von einzelnen Geschichten" aufzulösen, wobei Fakt und Fiktion, Dokument und erfundener Episode im Zuge des Ransmayr'schen Schreibprogrammes eine ontologische Gleichwertigkeit zugesprochen wird (Fetz 2009, 38).

Kritik an singulärer Geschichtswahrheit anhand des integrativen Umgangs mit historischen Quellen: Multiperspektivität und Polyphonie

Die multiperspektivische Auffächerung der abgebildeten Perspektiven, welche durch die verschiedenen, erzählend ineinander verwobenen, Handlungsstränge generiert wird, erfährt durch den literarischen Umgang des Romans mit dem durch den Autor recherchierten Quellenmaterial eine Intensivierung. So formuliert Christoph Ransmayr selbst in einem als *Hinweis* beteiltem Schlusskapitel, welches direkt an die letzte Erzählepisode anschließt, programmatisch: „Die Figuren haben an ihrer Geschichte mitgeschrieben. Ich habe die entsprechenden (kursiv gesetzten) Passagen folgenden Schriften entnommen und mit den Namen der jeweiligen Autoren gekennzeichnet" (SEF, 277). Somit vollführt der Roman aufbauend auf einem Verzicht auf Chronologie und lineare Erzählordnung, nicht allein das Nebeneinander der verschiedenen Zeit- und Erzähleinheiten, sondern auch eine Gleichzeitigkeit divergierender Perspektiven, wobei die Scheidung von faktisch-verbürgtem Quellenstatus – trotz der narrativ geleisteten In-Frage-Stellung der Objektivität dieser Dokumente – und fiktionaler Bearbeitung des historischen Stoffes anhand der vom Autor im Nachwort explizit erklärten semantisch-aufgeladenen Verwendung des Kursivdruckes stets aufrechterhalten bleibt.

---

4 Historismus, Positivismus sowie universalgeschichtliche Ansätze der Geschichtsdarstellung vertraten vielfach die Ansicht, dass es eine historische Wahrheit gibt, welche lediglich aus den Quellen zu exzerpieren und in die historische Darstellung kohärent und linear einzupflegen sei.

Der Kursivdruck, als funktionierendes Ordnungselement typographischer Natur, bietet dem sinnsuchenden Rezipienten auf dem Grenzgang des subjektiven Ich-Erzählers zwischen Fakt und Fiktion und inmitten von Achronologie und der Verwobenheit verschiedener Handlungsebenen, Orientierung und Anleitung im Rezeptionsprozess. Anhand der unterschiedlichen Herkunft der Quellentexte entsteht ein Panorama von Blickwinkeln verknüpft durch die selbstreflexive Narration des Erzählers. So weist auch Marc-Oliver Schuster den Roman als „eine postmoderne Collage von Fakten und Fiktionen" aus, woraus er eine „polyphone Romanstruktur" ableitet, welche den Montage-Charakter des Textes auf struktureller Ebene verortet (Schuster 2009, 127–128). Die Polyphonie und die daraus resultierende Multiperspektivierung leiten sich aus der Zitations-Praxis des Romans ab, welcher dem fiktiven Erzähltext integrativ Quellen, wie Tagebucheinträge der Expeditionsteilnehmer, veröffentlichte Reden im Rahmen der Nordpolexpedition sowie „Ausschnitte aus literarischen und journalistischen Texten, bis hin zum Manifest von Franz Joseph I *An Meine Völker*", zur Seite stellt (ebd., 127). Auch dem Etablieren und Aufrechterhalten eines synchronen Blickes auf die verschiedenen Zeitepisoden von der Nordpolexpedition 1872 einerseits und der Fahrt von Josef Mazzini andererseits, ist die Methodik des markierten Einfügens von Zitaten aus historischen Quellen zuträglich. So führt Ransmayr die narrative „Gleichzeitigkeit des Ungleichzeitigen" (Cieślak 2007, 75) *ad absurdum*, wenn die Erzählinstanz die Wirklichkeiten von 1981 und 1873 zusammenfallen lässt, indem zwei Erlebnisberichte, einerseits von Mazzini und andererseits von Johann Haller, einem Teilnehmer der Nordpolexpedition unter Weyprecht und Payer, direkt, unvermittelt und lediglich durch die Kursivierung markiert, nebeneinandergestellt werden: „Sonntag, 30. August: Windstille und Nebel. Schweres Eis. [...] Nichts geschieht. *Es war um die Mittagszeit, da wir über die Bordwand gelehnt, in die flüchtigen Nebel starrten* [...]" (SEF, 183). Diese nahtlose Montage zweier Ereignisprotokolle, welche in ihrer zeitlichen Situierung weit auseinanderliegen und lediglich die räumliche Situierung – im ewigen Eis des Nordpolarmeeres – als Gemeinsamkeit aufweisen, vermag auf das, dieser Erzählstrategie zugrundeliegende Prinzip der Analogiebildung zu verweisen, welches ein narratives Anknüpfen verschiedener Erfahrungen aufgrund ihrer Gleichartigkeit, über Jahres- und Ortsgrenzen hinweg, leisten kann. Somit wird nicht nur die Multiperspektivität, sondern vielmehr auch die Möglichkeit der Anknüpfbarkeit von zunächst disparaten Erfahrungsfragmenten aneinander und die Parallelität der Erfahrungen mit der landschaftlich-klimatischen Extremform des Nordpols, hervorgehoben.

Das Gesetz der Analogie wird am vorliegenden Beispiel insofern über eine inhaltlich-thematische Anknüpfbarkeit hinaus geführt, als dass der Rezipient aufgrund des unkommentierten Schriftartwechsels innerhalb eines sonst in sich logisch abgeschlossenen Abschnittes der Tatsache gewahr wird, dass ohne die

Hilfestellung des Kursivdruckes eine zuverlässige Zuordnung des reinen Wortlautes, allein aufgrund von Kriterien wie Inhalt, Form oder Stil nicht möglich wäre und somit die Grenzen zwischen Fiktion und faktischer Quelle auf struktureller oder textueller Ebene zunehmend durchlässig werden, da sich beide als narrative Konstrukte präsentieren. Hierbei garantiert der Kursivdruck den für den metahistoriographischen Impetus des Werkes wichtigen Statuszustand, welcher sich mit dem Aggregatszustand einer Emulsion insofern vergleichen lässt, als dass Quellenzitat und Fiktion eine Verbindung eingehen und ein neues Ganzes – in Form der kohärenten Passage über die Erfahrung im Eis – ergeben, wobei jedoch die Herkunft beider Inhaltsstoffe – trotz fehlender stilistischer Unterscheidbarkeit – weiterhin differenzierend aufrechterhalten wird. Die Reflexionsleistung, welche vom Rezipienten in Anschluss an die sich ihm präsentierende Vermischung von Quellenzitat und fiktionalisierter Episode verlangt wird, ist auf einer Metaebene zu situieren, welche erneut auf die Gleichartigkeit von narrativen Sätzen sowohl im historiographischen als auch im literarischen Bereich in Anklang an Hayden White verweist und gemäß der historiographischen Metafiktion konkrete Fragen nach dem Modus des Schreibens von Geschichte und speziell dem Verhältnis von Quellendokument und Fiktion aufzuwerfen vermag. Somit ermöglicht die Multiperspektivität, welche durch konstruktive Quellenintegration gewährleistet wird, über die Lenkung der Rezeption auf eine autoreflexive Metaebene hinaus auch eine Abbildung pluralistischer Modelle der Wirklichkeitskonstruktion, welche im Folgenden als Wendung gegen eine monumentale Geschichtsschreibung ausgewiesen werden soll.

Das nicht-hierarchisierte Nebeneinander historischer Quellendokumente aus verschiedenen Gesellschaftsschichten leistet, was als kritische Absage an eine unumstößliche Geschichtswahrheit verstanden werden kann, welche ihr Augenmerk auf die Geschichte als großes Ganzes einerseits und die Geschichte der großen Namen andererseits legt. Somit steht die monumentale Geschichtsschreibung einer fiktionalen Auffaltung in Auseinandersetzung mit Quellen verschiedenster und widersprüchlicher Art, die den Einzelnen und das persönliche Schicksal, die „private Zeitrechnung" fokussiert, antithetisch gegenüber (ebd., 42). Aus der Parallelisierung der verschiedenen Perspektiven, den Berichten aus dem jeweiligen Eis, ergibt sich ein Auffächern der einen Geschichtswahrheit in Möglichkeitsformen und damit einhergehend ein gesellschaftskritischer Aspekt, welcher besonders anhand der Auswahl der historischen Dokumente und der narrativen Kommentierung dieser Auswahl evident wird: „So spricht auch keiner mehr von verschollenen Walfängern und Tranjägern – von Seeleuten, die das Nördliche Eismeer jährlich befuhren, ohne ihre Unternehmungen mit dem emphatischen Namen einer *Expedition* zu versehen" (ebd., 91, Hervorhebung im Original). Parallel dazu heißt es beispielsweise auch im *Zweiten Exkurs*, welcher bezeichnenderweise als „Formblatt aus der Chronik des Scheiterns" betitelt ist: „*Zur Beachtung:* Wer auf einem Fischkutter rettungslos ins Eis gerät und ersäuft, verhungert oder erfriert, hat keinen Anspruch auf eine historische Notiz [...] Aber *Expeditionen*, und seien sie noch so erfolglos, ein Denkmal" (ebd., Hervorhebung im Original). Anhand der an mehreren Stellen des Romans explizit metahistoriographisch thematisierten Fokussierung der offiziellen Geschichte allein auf große Namen, auf Siegergeschichten und die damit einhergehende Nivellierung der kleinen Geschichten oder der Geschichten ohne namhafte Etikettierung, werden diejenigen Mechanismen deutlich, welche der Ausbildung und Tradierung des kollektiven Gedächtnisses und der damit einhergehenden, klassischen historiographischen Darstellung zugrunde liegen.

Innerhalb des Romans *Die Schrecken des Eises und der Finsternis* werden dementsprechend nicht nur divergierende und pluralistische Wirklichkeitsbilder dargestellt, diese werden vielmehr auch narrativ – in expliziter Kommentierung durch die Erzählinstanz – abgebildet. Es kommt zu einer Offenlegung des literarischen Produktionsprozesses, insbesondere der Transponierung von historisch-verbürgtem Faktum zur narrativ vermittelten Fiktion, welche durch die kommentierende und reflektierende Erzählinstanz geleistet und als „Spiel mit der Wirklichkeit" ausgewiesen wird (ebd., 21). Am Beispiel der historischen Überlieferung des genauen Ankunftsdatums der *Tegetthoff* in Tromsö, welches in den verschiedenen Tagebucheinträgen der Crewmitglieder zwar stets zwischen dem ersten und vierten Juli 1872 angesiedelt wird, jedoch in jedem einzelnen Expeditionsjournal anders datiert wird, lässt sich diese Vorgehensweise nachvollziehen. So schreibt etwa Gustav Brosch: „Nach einer ziemlich stürmischen Fahrt ankerten wir am 2. Juli 1872 vor Tromsö", während der Kommandant Julius Payer notiert: „Stürmisches Wetter hatte uns einige Zeit bei den Lofodden aufgehalten, so daß wir erst am 3. Juli in Tromsö anlangten", wohingegen der Maschinist Krisch dokumentiert und sogar mit der exakten Ankunftszeit ergänzt: „Am 4ten July um 11 Uhr Nachts in Tromsö angekommen" (ebd., 41–42). Die Erzählinstanz reagiert in historiographischer Manier auf die Widersprüchlichkeit dieser Datierungen des Ankunftstages mit Erklärungsversuchen und Relativierungsmodellen: „Am zweiten, am dritten, am vierten Juli: Wie es zu den Widersprüchen in der Datierung des Ankunftstages gekommen war, ließe sich ohne besondere Schwierigkeiten rekonstruieren – mit Vermutungen etwa über den Einfluß der Mitternachtssonne, die den Unterschied zwischen Tag und Nacht verwischte" (ebd., 42). Hieran wird ersichtlich, dass eine wissenschaftliche Geschichtsschreibung derartige Nuancen und Widersprüche nicht kohärent abbilden kann. Einfacher ist es, die Widersprüche zu nivellieren und eigentlich „untrügliche Indizien für ein objektives Datum der Ankunft" zu konstruieren, welche der Erzähler jedoch bewusst unerwähnt lassen will (ebd.). Die Frage, wie eine literarische Bearbeitung des historischen Stoffes mit Widersprüchlichkeiten,

Ungereimtheiten und verschiedenen Versionen der Wirklichkeit umgehen kann, beantwortet die Erzählinstanz selbstbewusst, indem den subjektiven Datierungen Vorrang vor dem objektiv festgelegten Ankunftsdatum gegeben und erklärend formuliert wird:

> Denn wirklicher als im Bewußtsein eines Menschen, der ihn durchlebt hat, kann ein Tag nicht sein. Also sage ich: Die Expedition erreichte am ersten, erreichte am zweiten, erreichte am dritten, erreichte am vierten Juli 1872 Tromsö. Die Wirklichkeit ist teilbar. (ebd.)

Um die Auffächerung der historischen Wirklichkeit in verschiedene Perspektivierungen und individuelle Zeitwahrnehmungen, „private Zeitrechnung" (ebd.), kontextuell einordnen zu können, rekurriert die Erzählinstanz auch hier auf soziale Unterschiede in Form einer Art von Klassengesellschaft an Bord der *Tegetthoff* sowie, auf die durch die von Subjektivität geprägte historische Wahrnehmung der einzelnen Individuen begründeten eklatanten Abweichungen der jeweiligen Berichterstattung: „Jeder berichtete aus einem anderen Eis" (ebd.). Infolgedessen gelingt es Ransmayr durch Abbildung des Transponierungsprozesses von Fakt zu Fiktion, auf die grundlegend unterschiedlichen Schwerpunkte der Geschichtsschreibung und Geschichtenschreibung aufmerksam zu machen: Erkenntnisinteresse und Fokussierung. Während es der Historiographie um exakte Datierung und ein möglichst hohes Maß an Objektivität geht, kann die literarische Bearbeitung den Einzelnen, das subjektive Erleben und somit auch die Möglichkeiten einer Geschichte in den Fokus setzen. Dementsprechend bieten Geschichtsschreibung und Fiktionalisierung auf ihre Weise Versionen oder Aspekte der Wirklichkeit an.

Sperrgebiete und Grenzen der literarischen Bearbeitung historischer Stoffe

Neben all den Möglichkeiten und Chancen, die eine literarische Ausarbeitung von historischem Stoff an Mehrwert, in Bezug auf Nachvollziehbarkeit und Verständnis einerseits und kritischem Bewusstsein gegenüber den Mechanismen der traditionellen Historisierung andererseits bieten kann, behält Christoph Ransmayr innerhalb seines Romans auch stets die Grenzen der literarischen Verarbeitung im Blick. Der vielrezipierte Gedanke, die Literatur könne niemals Abbildung, sondern immer nur ein Modell von gewesener Wirklichkeit sein (Assmann 1980, 15), gewinnt hier an besonderer Relevanz, da Ransmayr den Rezipienten auch am Scheitern der versuchten literarischen Abbildung historischer Wirklichkeit teilhaben lässt und somit den Rezeptionsprozess maßgeblich in Richtung metahistoriographischer Fragestellungen lenkt. Hierbei werden sowohl die Schaffung von narrativen Räumen, welche das Dokumentarische an Bildgewalt und Eindruckskraft zwar um ein Vielfaches übertreffen, als auch das Scheitern und die dadurch markierten Grenzen der Fiktionalisierung metafiktional reflektiert. Somit soll der konstatiert werden, dass Ransmayr die Gleichzeitigkeit von einerseits Möglichkeiten der poetischen Rekonstruktion als auch andererseits der unüberschreitbaren Grenzen einer an die Wirklichkeit angelehnte Ausarbeitung aufrechterhält und kritisch reflektiert. Im Folgenden gilt es daher sich diesen Grenzen des Möglichkeitshorizontes der Fiktionalisierung anzunähern. Hierfür soll das zu Beginn des Romans formulierte Erzählziel mit dem letztendlich erreichten Romanende abgeglichen werden und daran anschließend das Konzept der narrativen Sperrgebiete im Roman *Die Schrecken des Eises und der Finsternis* thematisiert und in Bezug auf die Rezeptionswirkung ausgedeutet werden.

Entsprechend der Zuordnung des Romans zur Kategorie der expliziten metahistoriographischen Fiktion nach Nünning (1995), bleibt der Konstruktcharakter der poetischen Arbeit, das „Spiel mit der Wirklichkeit", durchweg aufrechterhalten und es wird deutlich markiert, dass die Fiktionalisierung vielleicht hinzufügen kann, was in der Überlieferung an der einen oder anderen Stelle fehlt, dass es ihr jedoch nicht vergönnt ist, den an die Wirklichkeit angelehnten Imaginationsraum gänzlich zu vereinnahmen (ebd., 21). Dieses Scheitern einer vollständigen literarischen Erzeugung historischer Wirklichkeit wird besonders am Beispiel der Mission der Erzählinstanz deutlich, welche zu Beginn des Romans wie folgt beschrieben wird:

> Aber wenn einer verlorengeht, ohne einen greifbaren Rest zu hinterlassen, etwas, das man verbrennen, versenken oder verscharren kann, dann muß er wohl erst in den Geschichten, die man sich nach seinem Verschwinden über ihn zu erzählen beginnt, allmählich und endgültig aus der Welt geschafft werden. *Fortgelebt* hat in solchen Erzählungen noch keiner. (ebd., 11, Hervorhebung im Original)

Im weiteren Verlauf des Romans wird jedoch deutlich, dass der Erzähler die Geschichte – aufgrund des spurlosen Verschwindens Mazzinis – unmöglich zu einem abschließenden Ende bringen kann und es auch nicht gelingt, die dafür notwendige Objektivität zu wahren. Dies hängt mit der Erkenntnis zusammen, dass die Figur des italienischen Nachfahren der Weyprecht-Payer-Expedition – „Mazzini für [ihn, den Erzähler] zum Fall" wurde und „dass [er] längst in die Welt eines anderen hinübergewechselt war", dass er „gewissermaßen Mazzinis Platz eingenommen hatte" (ebd., 25). So konstatiert die Erzählinstanz, was als poetologisches Hinüberwechseln aus der Wirklichkeit in die Wahrscheinlichkeit im Rahmen des Erzählprogrammes gedeutet werden kann: „Ich tat ja *seine* Arbeit und bewegte mich in seinen Phantasien so zwangsläufig wie eine Brettspielfigur" (ebd., Hervorhebung im Original). Diesem ehrgeizigen Ziel des erzählenden

Chronisten, die Geschichte zu einem kohärenten Ende zu führen, das Verschwinden Mazzinis aufzudecken und zu erklären, setzt das Romanende die ernüchternde Erkenntnis der Unmöglichkeit einer Abbildung von Wirklichkeit entgegen, wenn der Erzähler formuliert: „Ich werde nichts beenden und nichts werde ich aus der Welt schaffen: Habe ich mich vor einem solchen Ausgang meiner Nachforschungen gefürchtet?" (ebd., 274)

Trotz vieler narrativer Versuche, die historische Wirklichkeit, mitsamt den Weiten des Eises und des Polarmeeres, dem ungeklärten Verschwinden Mazzinis sowie den historischen Dokumenten der Nordpolexpedition von 1872, zu domestizieren, also sinnstiftend in die Erzählung zu integrieren[5], muss dieses Vorhaben letztendlich scheitern, da die Fiktionalisierung zwar ein Modell von Wirklichkeit, niemals aber Realität selbst sein kann. Diese Erkenntnis formuliert die Erzählinstanz auch explizit, wobei die Metapher der Domestizierung durch das Symbol des Möbelstücks erneut auf den Versuch, sich die historische Wirklichkeit zu eigen zu machen, verweist:

> Allmählich beginne ich mich einzurichten in der Fülle und Banalität meines Materials, deute mir die Fakten über das Verschwinden Josef Mazzinis, meine Fakten über das Eis, immer anders und neu und rücke mich in den Versionen zu recht wie ein Möbelstück. (ebd.)

Aufbauend auf der Kernthese des Romans, dass „jeder aus [...] einem anderen Eis" berichtet, wird auch hier die Illusion einer allumfassenden historischen Wahrheit kontinuierlich durchbrochen (ebd., 42). Die Loslösung von der Illusion, Literatur könnte oder sollte historische Wirklichkeit abbilden, befreit Ransmayr und seinen Roman von dem Diktum, welches die literarische Auseinandersetzung mit faktisch-verbürgtem Stoff an eine spezifisch historische Wahrheit bindet. Somit kommt dem Markieren von Grenzen, von Hoheitsgebieten und von der Scheidung der erzählten Welt von der Wirklichkeit eine übergeordnete Bedeutung zu, welche im Falle des Ransmayr'schen Romans verhindert, dass die Wirklichkeit verfremdet und instrumentalisiert wird. Ausgehend von dieser narrativen Thematisierung der Unmöglichkeit einer Abbildung von historischer Realität durch Fiktionalisierung, gilt es darüber hinaus die narrativen *Sperrgebiete*, wie Ransmayr sie nennt, und deren Wirkung auf den Rezeptionsvorgang zu betrachten.

Auch der literarische Produktionsprozess in Form der Fiktionalisierung historischer Stoffe gerät im Verlauf des Romans an narrative und sprachliche Grenzen, was durch Erzählabbrüche, Lücken und das Ausweichen auf rhetorische Stilmittel evident wird. Hierdurch soll für den Rezipienten erzählerisch

---

5 „Meine Wände habe ich mit Landkarten, Küstenkarten, Meereskarten ausgeschlagen, gefalztem Papier in allen Blautönen, gesprenkelt von Inseln und durchzogen von den Zinnen der Eisgrenze." (Ransmayr 2012, 274)

abgebildet werden, was auf die grundlegende Problematik der Literarisierung von Historie verweist und die literarischen Verfahrensweisen mit historischem Stoff umzugehen reflektiert. Parallel zu Josef Mazzinis Vorhaben, welches als „Methode der Schreiber von Zukunftsromanen, nur eben mit umgekehrter Zeitrichtung" ausgewiesen wird, versucht sich die Erzählinstanz an einer „Erfindung der Wirklichkeit" (ebd., 21). Mazzini, welcher der Überzeugung erlegen ist, sein Ziel bereits erreicht zu haben, begnügt sich mit einem „privaten, insgeheimen Beweis", der Erfindung von Wirklichkeit, auch wenn Zweifel aufkommen, die unterstellen dass „eine phantasierte Geschichte, die tatsächlich schon einmal geschehen sei, [...] sich doch durch nichts mehr von einer bloßen Nacherzählung unterscheiden" würde und somit vermutlich niemand „eine solche Phantasie zu schätzen wissen und jeder glauben [würde], hier läge ein reiner Tatsachenbericht vor" (ebd.). Anhand dieser Reflexionen ob der Qualität der „Erfindung der Wirklichkeit" von Mazzini, wird erneut auf die seit Hayden White viel diskutierte Annahme der Gleichartigkeit von Quellendokument und narrativer Geschichtsfiktion – aufgrund der beiden gemeinsamen narrativen Struktur – verwiesen (ebd.). Angesichts der Tatsache, dass die vergangene Begebenheit lediglich in Form der narrativen Repräsentationen – der historischen Quellendokumente – zugänglich ist, ergibt sich eine gleichwertige Parallelität zur erfundenen, fiktionalen Erzählung in Anlehnung an eben jene historische Wirklichkeit, „da sich das vergangene Ereignis zwar nachweislich begab, es für uns jedoch nur mehr in seiner Erscheinung als Erzählung zugänglich ist" (Hauenstein 2014, 15).

Die Erzählinstanz, welche im Sinne des metahistoriographischen Erzählkonzeptes konsequent auf eine klar markierte Trennung von Fakt und Fiktion, von erzählter Welt und Wirklichkeit, hinarbeitet, muss diese Grenzen der Narration im andauernden Erzählvorgang jedoch erst ausloten. Somit lässt Christoph Ransmayr den Rezipienten durch die Konzeption seiner Erzählinstanz am literarischen Produktionsprozess, dessen partiellem Scheitern und der qualitativen Ununterscheidbarkeit von faktischer und fiktionaler Auseinandersetzung mit der Vergangenheit teilhaben, um eben jene Grenzen der Fiktionalisierung erzählend greifbar zu machen. Dadurch wird die Illusion der erzählenden Herstellung eines authentischen Bildes der Vergangenheit zugunsten einer Anerkennung der „Privilegien der Literatur" in Bezug auf die Vermittlung des Vergangenen, aufgegeben (ebd., 18). Es gelingt auf diese Art und Weise aufzuzeigen, dass die „Erfindung der Wirklichkeit" in Anlehnung an die Historie scheitern muss, eben um den der Fiktion *per definitionem* eigenen Modellcharakter wahren zu können (SEF, 21).

Exemplarisch für das narrative Ausbreiten des Scheiterns einer literarischen Vorstellung kann der Versuch, sich in die extremen Gefühlszustände der an der Expedition von 1872 beteiligten Matrosen hineinzuversetzen, angeführt werden:

> Ich habe mir vorzustellen versucht, was ein Einfältiger empfinden muß, der, auf einem festgefrorenen Schiff dahindriftend, umgeben von allen Schrecken des Eises und der Finsternis, plötzlich erkennt, daß sein Ziel ohnedies unsichtbar ist, ein wertloser Punkt, ein Nichts. Es blieb beim Versuch; ich konnte eine solche schmerzliche Enttäuschung nicht empfinden. (ebd., 43)

Auch der Versuch, die körperlichen und psychischen Anstrengungen einer von großer Erschöpfung geprägten Wanderung im Eis narrativ abzubilden, muss scheitern: „Ich breche hier ab und sage, daß die Anstrengung dieser und anderer Wanderungen nichts war gegen die letzte und größte Mühe Mazzinis, nichts gegen die Abrichtung der Hunde" (ebd., 242). Dieser markierte Abbruch der Narration kann als Grenze der Fiktionalisierung verstanden werden, welche versuchsweise mit dem rhetorischen Stilmittel des Vergleichs überwunden werden soll. Die Vergleichsstruktur „war nichts gegen" trägt jedoch nicht zur gewünschten Beschreibung der Entbehrungen der Eiswanderung bei, sondern wertet diese gegenteilig im Vergleich zu einer noch größeren Herausforderung ab (ebd.).

Das Fazit dieses, durch die Erzählinstanz kommentierten, Erzählabbruchs besagt somit, dass historische Erfahrungen narrativ nicht authentisch und in ihrer Ganzheit dargestellt werden können, was sich auch durch die Tatsache bestätigt findet, dass über Geschehnisse traumatischer Art oder Unerklärliches, wie beispielsweise das spurlose Verschwinden des italienischen Nachfahren, nicht länger gesprochen werden kann: „Aber was immer Josef Mazzini schließlich tat oder ließ – man sprach selbst an der Theke der Trinkstube kaum mehr darüber" (ebd.). Das im Vorhergehenden ausgeführte Abbrechen, das Ins-Leere-Laufen-Lassen des Erzählvorgangs und die damit einhergehende „Verweigerung der Darstellung" kann in ihrer illusionsstörenden Funktion dem explizit-metafiktionalen Schreibprogramm Ransmayrs insofern zugeordnet werden, als dass sie „zur Hinterfragung jeglicher kohärenter Darstellung aufruft" und somit auf die potenziell subjektiv aufgefüllten aber dennoch vorhandenen Leerstellen jeder historischen Darstellung verweist (Hauenstein 2014, 55). Gleichzeitig animieren derartige Leerstellen und deren metafiktionale Kommentierungen den Rezipienten zur „Einbeziehung [seiner] eigenen Vorstellungskraft" in den Rezeptionsvorgang und zu der damit einhergehenden Konfrontation mit jenen Lücken im Erzählvorgang (ebd.). Die Fiktionalisierung des Vergangenen kann dementsprechend als fruchtbare Möglichkeit zur Darstellung von Welt verstanden werden, welche jedoch in Konfrontation mit der Abbildung von Wirklichkeit und durch die individuelle Wahrnehmungsperspektive von historischer Wirklichkeit ihre unbedingte, aber im Falle der expliziten historiographischen Metafiktion reflektierte, Begrenzung erfährt: „Denn wirklicher als im Bewußtsein eines Menschen, der ihn durchlebt hat, kann ein Tag nicht sein" (SEF, 42).

Durch Anwendung der im Vorhergehenden präsentierten metafiktionalen Strategien zur expliziten Beleuchtung der notwendigen Inkongruenz von vergangener Realität und literarischer Abbildung, gelingt es Christoph Ransmayr sein Erzählprogramm positiv von Konzepten der traditionellen Historiographie und ihrer „Behauptung einer objektiven, authentischen, von den angeblich schlichtweg vorliegenden Fakten vorgegeben[e] Vergangenheitsdarstellung" abzuheben und diese somit zu unterlaufen (Hauenstein 2014, 58). So formuliert die Erzählinstanz gegen Ende des Romans, was programmatisch für die Einsicht in die Begrenzung der literarischen Bearbeitung historischer Wirklichkeit stehen und als narratives Sperrgebiet im Sinne Ransmayrs bezeichnet werden kann: „Das ist mein Land, sage ich. Aber die Zeichen auf meinen Karten bedeuten *Sperrgebiet*, bedeuten *darf nicht betreten werden, nicht bereist, nicht überflogen*. Ein verbotenes Land; es ist wüst und unzugänglich [...]" (SEF, 274–275, Hervorhebung im Original).

Poetik der geteilten Wirklichkeit – Christoph Ransmayrs *Die Schrecken des Eises und der Finsternis* als explizite metahistoriographische Fiktion

Zusammenfassend soll die Schreibstrategie Christoph Ransmayrs in seinem Roman *Die Schrecken des Eises und der Finsternis* in ihren vielfältigen Ausprägungen zu einer alternativen Poetik der literarischen Geschichtsschreibung zusammengeführt und der Roman dem Genre des „metahistorischen Romans" und hierbei der Subgattung der expliziten historiographischen Metafiktion nach Ansgar Nünning zugeordnet werden (Nünning 1995, 269). Im Anschluss daran gilt es, die Erkenntnisse, Spielartspezifika und Stoßrichtung der expliziten metahistoriographischen Thematisierung von Geschichte und Geschichtsschreibung zu einer Poetik der geteilten Wirklichkeit zusammenzuführen.

Ansgar Nünning weist den metahistorischen Roman als eine selbstreflexive Geschichtsfiktion aus, welche den Schwerpunkt von den historischen Personen und konkreten Ereignissen, hin zu einer „Metaebene der nachträglichen historiographischen Rekonstruktion" verlagert und somit charakteristisch auf die Darstellung geschichtlichen, der Chronologie entsprechenden, Geschehens verzichtet (ebd., 276–277). Diese Abwendung von einer reinen Repräsentation der Historie geschieht zugunsten einer „retrospektiven Sinnstiftung", welche die Fakten nicht länger direkt präsentiert, sondern vielmehr als „Objekte von Reflexionen, Erinnerungen und Rekonstruktionsbemühungen der [fiktiven] Figuren" ausweist (ebd., 278). Vergangenheitsbezüge werden entweder erinnernd oder in Auseinandersetzung mit dem Wissen der Geschichtsschreibung problematisiert.

Als Charakteristikum für den metahistorischen Roman weist Nünning darüber hinaus die Tatsache aus, dass „zwei oder mehrere Geschichten auf verschiedenen Zeit- und Erzählebenen" erzählt werden, was bei Ransmayr in Form der im Vorhergehenden ausdifferenzierten Handlungsstränge von Erzählinstanz, Mazzini und der Nordpolexpedition von 1872 vorliegt (ebd., 44). Die intensive Beschäftigung mit Geschichte, der Vergangenheitsthematisierung und der Problematik historiographischer Rekonstruktion in Auseinandersetzung mit den Möglichkeiten literarischer Bearbeitungen, stellen weitere Merkmale der metahistoriographischen Fiktion dar, welche bei Ransmayr, wie anhand der Erzählanalyse bereits deutlich wurde, besonders über die Konzeption der Erzählinstanz und deren metafiktionale Kommentierungen geleistet wird und gleichzeitig auch in Form der thematischen Ausrichtung der präsentierten Handlung (als Thematisierung von vergangenem Geschehen) inhaltlich gespiegelt wird. Im Gegensatz zur impliziten historiographischen Metafiktion kommt es bei der expliziten Spielart zu einer verbalen, also diskursiven Thematisierung geschichtsrelevanter Fragen, Problemstellungen und Aporien. Konstitutives Merkmal dieser Subgattung des metahistorischen Romans stellt die metahistoriographische Selbstreflexivität – also die kritische Auseinandersetzung mit dem eigenen narrativen Umgang mit dem historischen Stoff sowie mit allgemeinen Fragen zum Verständnis von Historik und Historiographie – dar, welche sich im vorliegenden Fall besonders durch den kritischen aber gleichzeitig integrativen Umgang der Erzählinstanz mit Quellendokumenten und historischen Tatsachenberichten abgebildet findet.

Innerhalb der kategorisierenden Ausdifferenzierung der expliziten historiographischen Metafiktion nach Ansgar Nünning kann Ransmayrs Werk eine überwiegend extradiegetische Vermittlung der metafiktionalen und geschichtsrelevanten Äußerungen attestiert werden. Erörterung und Vermittlung von epistemologischen oder methodischen Problemen der Historiographie sind zu großen Teilen der „übergeordneten Erzählinstanz vorbehalten, die auf der Kommunikationsebene der erzählerischen Vermittlung" angesiedelt ist (ebd., 328). Auch, wenn Fragen nach der Darstellbarkeit von Geschichte teilweise auch in den von Ransmayr explizit (durch Kursivdruck) als solche markierten, Quellendokumenten, Tagebucheintragungen, Zitaten, Bordbucheinträgen oder Briefen, inhaltlich aufgeworfen werden, so findet sich der für die metahistoriographische Wirkung zentrale Prozess der Auseinandersetzung mit der Darstellbarkeit des Vergangenen durch die namenlose Erzählinstanz verhandelt, kommuniziert und bewertet: „Mein Bericht ist immer auch ein Gerichthalten über das Vergangene, ein Abwägen, ein Gewichten, ein Vermuten und Spielen mit den Möglichkeiten der Wirklichkeit" (SEF, 227).

Die Konzeption der Erzählinstanz als Vermittlungsinstanz zwischen den verschiedenen Handlungs- und Zeitebenen des Romans, zwischen traditioneller Historiographie und potenzieller Kritik an dieser, kurz: als Grenzgänger zwischen Fakt und Fiktion, welcher seine Gratwanderung stets metafiktional zu kommentieren versteht, trägt maßgeblich dazu bei, dass die Darstellung des eigentlichen historischen Geschehens partiell hinter den geschichtstheoretischen und -kritischen Diskurs zurücktritt. Hierbei ist von besonderer Bedeutung, dass jene extradiegetische Vermittlung wiederholt mit metafiktionalen, illusionsstörenden Äußerungen verbunden ist, welche auf das Vorhandensein einer Metaebene verweisen, auf welcher Fragen und Probleme, welche die Fiktionalität und den Status des Textes selbst betreffen, in reflexiver Manier verhandelt werden können. Die Gleichzeitigkeit von andauernder Illusionsstörung und wiederholter Fiktionalitätsmarkierung dient dazu, den Status des Romans als fiktives Konstrukt, verstanden als unbedingter Gegenentwurf zum traditionellen historischen Roman, welcher durch realistische Darstellungstechniken eine Abbildung historischer Wirklichkeit anstrebt, hervorzuheben. Somit soll die Aufhebung eines illusionsbefördernden *effet du réel* – eines die Fiktionalität des Werkes verschleiernden Realitätseffektes – im Zuge der metahistoriographischen Schreibstrategie angestrebt werden (Barthes 1982, 81 ff.). Dementsprechend stellt die Präsentation der Gegenüberstellung von Fakt und Fiktion, von erzählter Welt und geschichtlicher Wirklichkeit ein weiteres Zuordnungsmerkmal des Ransmayr'schen Texts zum Gerne der expliziten metahistoriographischen Fiktion dar. Die explizite Markierung der Grenzen von Fakt und Fiktion – „Aber die Zeichen auf meinen Karten bedeuten *Sperrgebiet*" (SEF, 274, Hervorhebung im Original) – sowie deren Reflexion und Kommentierung verweisen auf den charakteristisch „hohen Grad an Fiktionalisierung von Raum, Zeit, Figuren und Handlung" (Nünning 1995, 279). So situiert auch Ansgar Nünning das Potenzial des metahistorischen Romans vor allem in seiner Funktion als Mittel zur metahistorischen Selbstreflexion, was bei Ransmayr vor allem daran evident wird, dass die Erzählinstanz mithilfe des charakteristischen „Ich weiß es nicht" auf Probleme und Hürden der historiographischen Rekonstruktion eingeht (SEF, 331).

In *Die Schrecken des Eises und der Finsternis* finden sich die expliziten, geschichtstheoretischen Reflexionen in einem derart hohen Maße in den Kontext und den Handlungsverlauf der erzählten Geschichte integriert, dass der Typologie Nünnings folgend von einer integrierten Form der historiographischen Metafiktion gesprochen werden kann (Nünning 1995, 331). Hierbei besteht aufgrund des hohen Grades an syntagmatischer Integration der historiographischen Reflexionen eine enge Verbindung zwischen metahistoriographischem Impetus und dem Inhalt der Geschichten der drei Handlungsstränge selbst. Dies wird besonders an der Konzeption und Darstellung der Figur des Josef Mazzini deutlich, welcher in intensiver – beinahe besessener – Auseinandersetzung mit

Dokumenten und Quellen selbst eine Annäherung an die historische Wirklichkeit zu vollziehen sucht: „Gewiß ist aber nur, daß Mazzini damals mit einem geradezu fanatischen Eifer begann, den wirren Verlauf dieser Entdeckungsreise zu rekonstruieren. Er durchwanderte die Archive" (SEF, 24). Weil die Archive – in ihrer stilistischen Funktion als *pars pro toto* für die Gesamtheit der Grenzen der Fakten, die defizitäre und teilweise unzuverlässige Quellenlage sowie die Leerstellen, welche sich innerhalb der Historie halten, – für Mazzini „zu eng, zu klein" werden, reist dieser schließlich selbst ins Eismeer: „Mazzini zelebrierte die Chronik der Payer-Weyprecht-Expedition vor den Kulissen der Wirklichkeit" (ebd.). Dieser Ausbruch des Protagonisten aus der reinen Beschäftigung mit Repräsentationen des Vergangenen und das damit unmittelbar einhergehende Hinüberwechseln der Erzählinstanz von der Wirklichkeit in die Wahrscheinlichkeit, kann insofern als Abbildung der Grenzen und Aporien der historiographischen Tätigkeit verstanden werden, als dass der Historiker in Auseinandersetzung mit dem historischen Material ebenfalls mit den Defiziten der Quellendokumente (Unvollständigkeit, Fehlen, Unzuverlässigkeit) sowie mit der Subjektgebundenheit jener Repräsentationen von vergangener Wirklichkeit konfrontiert wird und in Rekurs auf Methodologie und Theorie der Historik keinen gangbaren Ausweg aus diesen Aporien der historiographischen Auseinandersetzung zu finden vermag.

In Konfrontation mit charakteristischen Problemstellungen, welche die Beschäftigung mit der Historiographie – als retrospektive Verschriftlichung von historischer Wirklichkeit – aufwirft, gelingt es Ransmayr mit Hilfe seiner metafiktional-kommentierenden Erzählinstanz, Kritik an der Vorstellung einer singulären Geschichtswahrheit, an den Mechanismen der Homogenisierung und Egalisierung, welcher der traditionellen Historiographie zu Grunde liegen, sowie an der Nivellierung des Erinnerungsschatzes von Randgruppen zu üben. Ransmayr ermöglicht dem Rezipienten durch die (narrativ abgebildete) metahistoriographische Transponierung von Fakt zu Fiktion Einblick in den literarischen beziehungsweise historiographischen Produktionsprozess der Darstellung von vergangenen Ereignissen. Hierbei werden der Illusion eines homogenen Geschichtsmythos literarische Alternativkonzepte gegenübergestellt, welche die Funktionsmechanismen der traditionellen Historiographie sowie das historische Objektivitätsideal durch die Einsicht in die Theoriegebundenheit, Konstruktivität und Subjektabhängigkeit jeglicher historischen Repräsentation radikal in Frage zu stellen vermögen. Aus diesen narrativ vermittelten Einsichten in die Defizite und Grenzen der historiographischen Repräsentation und den damit einhergehenden theoretischen Aporien, ergibt sich das Schreibprogramm Ransmayrs in Form einer Poetik der geteilten Wirklichkeit. Der singulären Geschichtswahrheit werden die multiperspektivische Auffächerung der Wirklichkeiten, das Nebeneinander von potenziell widersprüchlichen Perspektiven, die

Gleichzeitigkeit des Ungleichzeitigen – durch die narrative Überblendung der verschiedenen Zeitebenen – sowie die für die literarische Bearbeitung historischen Stoffes, genau wie für die historiographische Tätigkeit gültigen *Sperrgebiete*, entgegengestellt.

Das Ransmayr'sche Erzählprogramm, welches sich in seiner Wirkkraft maßgeblich auf explizite metafiktionale und metahistoriographische Kommentierungen stützt, leistet in seiner Gesamtheit eine Überführung der offiziellen, oftmals singulären Geschichte „in individuelle Narrative, in einzelne Geschichten" (Hauenstein 2014, 67). Hierbei gelingt insofern eine Präsentation der Literatur als geeignetes Medium der Vergangenheitsthematisierung, als dass Verfahren der Multiperspektivierung, die Gleichzeitigkeit des Ungleichzeitigen und das Im-Blick-Haben der literarischen Sperrgebiete, welche das Dargestellte stets als Modell von Wirklichkeit, niemals aber als Abbildung historischer Wirklichkeit selbst ausweisen, einen reflektierten, kritischen Umgang mit Historie ermöglichen, welcher die Aporien der wissenschaftlichen Historiographie durch die Privilegien der Literatur produktiv und kreativ aufzulösen versteht.

Zusammenfassend kann man somit konstatieren, dass es Christoph Ransmayr mit seinem Roman *Die Schrecken des Eises und der Finsternis* gelingt, ausgehend von der narrativen Thematisierung verschiedener Aporien der traditionellen historiographischen Methodik, aufzuzeigen, wie eine Vergegenwärtigung von fremder historischer Erfahrung im Prozess der literarischen Genese, unter der Prämisse der Selbstreflexivität sowie der Wahrung der literarischen Sperrgebiete, zu einem besseren Verständnis der historischen Ereignisse, der Mechanismen historischer Sinnstiftung sowie des Verhältnisses von Fakt und Fiktion beitragen kann. Getreu der Poetik der geteilten Wirklichkeit werden geschichtstheoretische Probleme der Historiographie spezifisch-literarisch reflektiert und es werden narrative Lösungskonzepte für fragwürdige Sinnstiftungsversuche der klassischen Historiographie angeboten, um die „ehemals binäre Opposition von history und story" zunehmend zur Auflösung zu bringen (ebd.).

Literatur

Assmann, Aleida (1980). *Die Legitimität der Fiktion: Ein Beitrag zur Geschichte der literarischen Kommunikation*. München: Fink.
Barthes, Roland (1982). L'effet de réel. In Roland Barthes, Leo Bersani, Philippe Hamon, Michael Riffaterre et Ian Watt: *Littérature et réalité*, 81–90. Paris: Editions du Seuil.
Cieślak, Renata (2007). *Mythos und Geschichte im Romanwerk Christoph Ransmayrs* (Gießener Arbeiten zur neueren deutschen Literatur und Literaturwissenschaft 27). Frankfurt a. M.: Peter Lang.

Fetz, Bernhard (2009). Das lange Gedächtnis der Erzählung oder: Christoph Ransmayrs poetische Landnahme. *Die Rampe – Hefte für Literatur* 3 (*Porträt Christoph Ransmayr*, hrsg. v. Manfred Mittermayer und Renate Langer): 32–38.

Hauenstein, Robin (2014). *Historiographische Metafiktionen: Ransmayr, Sebald, Kracht, Beyer* (Epistemata: Reihe Literaturwissenschaft 820). Würzburg: Königshausen & Neumann.

Iser, Wolfgang (1990). *Fingieren als anthropologische Dimension der Literatur*. Konstanz: Universitätsverlag.

Nünning, Ansgar (1995). *Von historischer Fiktion zu historiographischer Metafiktion. Bd. 1: Theorie, Typologie und Poetik des historischen Romans* (Literatur – Imagination – Realität 11). Trier: Wissenschaftlicher Verlag.

Ransmayr, Christoph (2012) [1984]. *Die Schrecken des Eises und der Finsternis*. Frankfurt a. M.: Fischer. (= SEF)

Schuster, Marc-Oliver (2009). Christoph Ransmayr und die Postmoderne. *Die Rampe – Hefte für Literatur* 3 (*Porträt Christoph Ransmayr*, hrsg. v. Manfred Mittermayer und Renate Langer): 126–133.

White, Hayden (1994). Der historische Text als literarisches Kunstwerk. In *Geschichte schreiben in der Postmoderne: Beiträge zur aktuellen Diskussion*, hrsg. v. Christoph Conrad, 123–161. Stuttgart: Reclam.

Arno Herberth (Wien)

Die Relationen von Fremdem und Eigenem in Christoph Ransmayrs *Der Weg nach Surabaya*

Vom kulturell Fremden

1997 erscheint erstmals eine Sammlung von Reportagen und kürzeren Prosastücken, die unter dem Titel *Der Weg nach Surabaya* Texte Christoph Ransmayrs aus beinahe zwei Jahrzehnten im Fischer Verlag einem breiteren Lesepublikum zugänglich machte. Ergänzt wird der Band um drei Dankesreden aus den Jahren 1992 bzw. 1996, die der Autor anlässlich der Verleihung von Literaturpreisen gehalten hat: dem Großen Literaturpreis der Bayrischen Akademie der Schönen Künste (1992) und dem Europäischen Literaturpreis Aristeon (1996). Konstitutiv für alle jene Texte in *Der Weg nach Surabaya* ist es, dass in ihnen ein Netz von Orten aufgespannt wird, das den Blick sowohl für das Ferne als auch für das vermeintlich Nahe schärft.

Um die aus der Perspektive von Österreich „entlegeneren" Orte erfassen zu können, würde man eine Überblickskarte der Kontinente Europa, Afrika und Asien benötigen. Der südlichste Punkt in diesem in den Texten ausgesponnenen Netz geografischer Orte ist Zuurberg in Südafrika, der nördlichste die friesische Hallig Hooge im Wattenmeer und die östlichste Koordinate das titelgebende Surabaya. Die Orte der (scheinbaren) Nähe ließen sich besser ausleuchten, wenn, im geografischen Sinn, ein größerer Maßstab, eine Detailkarte, angewandt würde, um die Orte in und rund um Österreich punktgenau darzustellen. Waidhofen/Ybbs, Hallstatt oder Kaprun sind die eher ländlich gepägten Räume, denen hier das ethnologische Interesse Ransmayrs gilt.

Die Topoi des Eigenen und Fremden, wie sie in der Tradition des Phänomenologen Bernhard Waldenfels ausdifferenziert wurden, sind bisher kaum als Folie für die Betrachtung der Texte Ransmayrs herangezogen worden. Alexander Honold hat sich in einem Aufsatz dem ethnographischen Schreiben bei Gerhard Roth, Josef Winkler und Christoph Ransmayr gewidmet und konnte angesichts dieser werkübergreifenden Perspektive weniger detailliert auf einzelne Texte in Ransmayrs Reportagensammlung eingehen (vgl. Honold 1998). Konstanze Fliedl konzentriert sich in ihrem instruktiven Aufsatz über *Der Weg nach Surabaya* allein auf die Dankesrede, die der Reportagensammlung den Titel gibt, und beschäftigt sich mit den semiotischen und intertextuellen Voraussetzungen dieses narrativ angelegten Redetextes (Fliedl 2003).

Das *Fremde* scheint etwas zu sein, das sich der letztendlichen Bestimmbarkeit entzieht. Das mag vielleicht daran liegen, dass es mit Karl-Heinz Kohl als relationaler Begriff profiliert werden kann. So betrachtet existiert das Fremde nicht per se, als eine ontologische Konstante, und nicht als etwas, das für eine bestimmte soziale Gemeinschaft als Fremdes fixiert wäre. Mit Bernhard Waldenfels lässt sich festhalten: „Fremdheit bestimmt sich [...] okkasionell, bezogen auf das jeweilige Hier und Jetzt, von dem aus jemand spricht, handelt und denkt." (Waldenfels 1997, 23)

Das Fremde ist demnach ein sich dynamisch einstellendes Phänomen, das vom Standpunkt des Betrachters abhängt und sich in vielen Lebens- und Wissensbereichen entfalten kann. Der für die Ethnologie wesentliche Ethnos-Begriff sei – Karl-Heinz Kohl zufolge – „insofern situationsgebunden, als sich ein ethnisches Wir-Gefühl jeweils in Auseinandersetzung mit einer anderen ethnischen Gruppe konstituiert" (Kohl 2012, 28). Neben dem kulturell beschreibbaren Kontrast verschiedener Ethnien ist ein relationales Verhältnis, das ein Fremdes produzieren kann, auch „binnen- und intrakulturell" (Müller-Funk 2005, 92) vorhanden, also beispielsweise zwischen Milieus, Denkmustern, Traditionellem und Modernen oder zwischen Verdrängtem und Erinnertem vorstellbar.

Indem der Begriff des Fremden als etwas Relationales gedacht wird, wird er im selben Atemzug ubiquitär – alles kann, aus der Distanz, fremd gemacht und dadurch erst einem kritischen Blick ausgesetzt werden. Der Ethnologe Kohl leitet daraus gar ein Paradigma ab, das für das methodische Vorgehen des Ethnologen Relevanz besitzt: „Relationale ‚Fremdheit' kann so in den Rang eines methodischen Prinzips erhoben werden. Gerade darin besteht einer der großen Entdeckungen der Ethnologie: eine Perspektive entwickelt zu haben, die es erlaubt, die eigenen sozialen Institutionen, Normen und Werte, Gewohnheiten und kulturellen Selbstverständlichkeiten aus der distanzierten Sicht eines von außen kommenden Beobachters zu betrachten." (Kohl 2012, 96)

Die Literatin/der Literat als Ethnologe leistet hier einen wesentlichen Beitrag, indem sie/er die Grenze zwischen Eigenem und Fremdem in ethnographisch orientierten Texten dynamisch gestalten kann: Dass das, was als *fremd* wahrgenommen wird, einen konkreten kommunikativ-situativen Kontext hat, ist eine Erkenntnis, die in den Reportagen Ransmayrs geradezu verdeutlicht wird. Das Eigene bzw. das dem Eigenen Nahe wird in ein verfremdendes Licht gesetzt und das Ferne wird als scheinbar Fremdes aufgezeigt und vertraut gemacht. „Heimischwerden und Fremdwerden [sind]" – mit Bernhard Waldenfels gesprochen – „auf unzertrennliche Weise ineinandergewirkt" (Waldenfels 1997, 42). Jenen ideologischen Kräften, die von einer Gleichsetzung von Fremdheit und

Feindschaft ausgehen (vgl. Waldenfels 1997, 45 ff.), ist damit eine deutliche Absage erteilt.

Aspekte der Xenologie

Ausgehend von Bernhard Waldenfels *Studien zur Phänomenologie des Fremden* lassen sich ein soziologischer, ein politischer und ein psychologischer Fremdheitsbegriff differenzieren. Alle drei Aspekte werden nachweislich in den Reportagen in *Der Weg nach Surabaya* verhandelt.

In soziologischer Hinsicht definiert sich der Fremde (als Person) als jemand, der „nicht Teil der eigenen Gruppe ist" (Waldenfels 1997, 24), wobei es oft einer diskursiven Setzung oder Ausverhandlung bedarf, um zu bestimmen, wer als der Fremde, nicht Zugehörige gilt. „Die Externalisierung muss im Zweifelsfall sprachlich affirmiert werden." (Müller-Funk 2005, 93)

Der Außenseiter ist die (literarische) Paradefigur in diesem Kontext. Schon in der ersten Reportage *Ein Leben auf Hooge* kommt einem sogenannten Außenseiter – dem Maschinisten Theodor Adolf Mextorf, der sich selbst als Querulant innerhalb des sozialen Gefüges dieser nordfriesischen Insel bezeichnet, – die Rolle zu, gegen den auf der Insel herrschenden Mainstream zu opponieren: Den Tourismus als Einnahmequelle (durch Zimmervermietung oder Fahrradverleih) lehnt er ab, gegenüber der Ernennung von Hooge zum Nationalpark hat er lediglich harsche Kritik übrig, da die zahlreichen Naturschutzbestimmungen nur das Leben der Bewohnerinnen und Bewohner einschränken würden, wohingegen Ölbohrungen und Truppenübungen im näheren Umfeld der Insel stattfinden könnten (Ransmayr 1997, 24–25). Mextorf selbst übt dabei den distanzierten Blick auf seine Heimat: „Die Deutschen sind ein seltsames Volk [...]. Noch vor ein paar Jahrzehnten haben sie ganze Kulturen zugrunde gerichtet und Millionen Menschen verschleppt und erschlagen [...]. Und jetzt? Jetzt träumen sie von einer stillen, menschenleeren Natur und errichten um jeden verseuchten Seehund, um jeden Borstenwurm ein Gesetz." (Ransmayr 1999, 26)

Eine weitere Dimension des Fremden betrifft das Politische und umfasst jene Regulative, die die Zugehörigkeit bzw. den Ausschluss aus einem Staatsgebilde umfassen: „Fremd ist, wer nicht zum eigenen Staat gehört und nicht die gleiche Nationalität besitzt." (Waldenfeld 1997, 25; vgl. auch Kristeva 1990, 104) Radikale Ideologien haben aus dieser Zuschreibung an Personengruppen, fremd zu sein, eine Rechtfertigung für Exklusion und Gewaltanwendung abgeleitet (vgl. Müller-Funk 2005, 92–93). Waldenfels verweist in diesem Zusammenhang auf Carl Schmitt, der in seiner Schrift *Vom Begriff des Politischen* das Fremde mit dem Feindlichen in Kongruenz gesetzt hat (vgl. Waldenfels 1997, 45 ff.).

Wie sehr nationalistisches Gedankengut die Menschen gegeneinander aufbringen und ein Miteinander über nationale Grenzen hinweg verhindern kann, zeigt Ransmayrs Reportage *Przemyśl. Ein mitteleuropäisches Lehrstück* über die historischen Ereignisse von 1918 in der gleichnamigen ostpolnischen Stadt an der Grenze zur Ukraine. Nach Beendigung des Ersten Weltkrieges wurde der Versuch unternommen, eine „Freie Republik Przemyśl" zu begründen, in der jene völkerverbindende Utopie Wirklichkeit werden sollte, die bisher nur Gegenstand von Versprechungen war: „ein friedliches Miteinander freier, gleichberechtigter Völker in einem vielstimmigen und demokratischen Staat." (Ransmayr 1999, 200) Diesem Projekt des Sozialdemokraten Herman Lieberman war nur die kurze Dauer eines Tages beschieden, bevor ukrainische Nationalisten über die Stadt herfielen und Liebermans Utopie zunichtemachten. Zwei Wochen später eroberten wiederum polnische Truppen Przemyśl zurück. Diese kriegerische Auseinandersetzung hatte ein einziges Todesopfer zur Folge, bezeichnenderweise einen Polen jüdischen Bekenntnisses – also einen Angehörigen jener Bevölkerungsgruppe, gegen die alle neuen Nationen des ehemaligen Vielvölkerstaates sich in hetzerischer Absicht verbündet hatten (vgl. Ransmayr 1999, 203).

Die dritte Dimension, über die Eigenes und Fremdes verhandelt werden kann, ist eine psychologische: Als Fremdes in uns selbst kann mit Freud das Verdrängte angesehen werden, das als Unheimliches wiederkehrt. Freud folgt in seiner Definition des Unheimlichen einem Bestimmungsversuch Schellings, der das Unheimliche als etwas bezeichnete, „was im Geheimnis, im Verborgenen ... bleiben sollte und hervorgetreten ist" (Freud 1963, 51). Das Unheimliche bezeichnet also jenes Verdrängte, das ungewollterweise den Weg zurück an die Oberfläche findet.

Dieses Unheimliche oder Verdrängte ist in den Reportagen Ransmayrs mit dem Historischen verknüpft: Es sind die blinden, grausamen Flecken der Geschichte, die es in der Nachkriegszeit in der österreichischen Gesellschaft zu übertünchen galt. Unvermutet treten diese Flecken in der Reportage *Die vergorene Heimat. Ein Stück Österreich* zu Tage, in der zunächst das Landleben vergangener Zeiten im Mittelpunkt steht. Karl Piaty aus Waidhofen an der Ybbs (Mostviertel) wird mit seinem „[a]chttausendsechshundert Lichtbilder" (Ransmayr 1999, 43) umfassenden Diabild-Archiv als ein Bewahrer des Vergangenen vorgestellt. Beiläufig tritt dem Leser/der Leserin auf der zweiten Seite der Reportage die NS-Zeit vor Augen. Ausgehend von Porträtbildern des Karl Piaty werden skurrile Szenen des Kleinstadtlebens vorgestellt und an die beiden mit Downsyndrom geborenen Brüder Hans und Toni Brachner wird das Erinnerungsbild geknüpft, wie diese im Anschlussjahr 1938 mit NS-Insignien behängt lauthals durch die Stadt liefen und den Hitlergruß plärrten.

Erinnerungsstücke aus der NS-Zeit fehlen in Piatys Sammlung von Diabildern und volkskundlich interessanten Gegenständen allerdings vollkommen. Als Grund dafür wird Folgendes – in erlebter Rede – festgehalten: „In der *Heimat* war es immer schön: es wurden dort Brautbäume und Maibäume errichtet, aber keine Galgen. Und auf den Höfen wurden Senkgruben und Mostkeller ausgehoben, aber keine Massengräber." (Ransmayr 1999, 58) Das Massengrab einer vollkommen erschöpften Kolonne von Menschen aus dem KZ Mauthausen, die in Wolfsbach von Aufsehern erschossen wurden, ist dem Vergessen anheimgegeben. Christoph Ransmayr hat ihnen in seiner Reportage ein bleibendes Denkmal gesetzt.

Pointiert wird das Verdrängen des Vergangenen schließlich in der Erwähnung eines Gemäldes von Reinhold Klaus, der den Waidhofener Stadtplatz im Hakenkreuz-Fahnenschmuck festgehalten hat. „Das Werk hängt immer noch groß und prächtig im Waidhofener Rathaus; nur die Hakenkreuze wurden, wie so vieles in der Nachkriegsheimat, rot-weiß-rot übermalt und mußten seither vom Restaurator mehrmals abgedeckt werden, weil sie im Laufe der Zeit trotz des kräftigen Auftrags der Nationalfarben wieder und wieder durchschlugen." (Ransmayr 1999, 60)

Die zwischen 1938 und 1945 geltende Doktrin – das Bekenntnis zum Nationalsozialismus – wurde schließlich durch Verdrängung in der Nachkriegszeit fremdgemacht. Dass dieses Fremdgemachte als Unheimliches wiederkehrt, wird mit dem Bild von den übermalten und immer wieder hervortretenden Hakenkreuzen eindringlich verdeutlicht.

Dass sich die Verdrängung jedoch vor allem auf die vermiedene Erinnerung an die Opfer des Nationalsozialismus bezieht, macht eine andere Episode in *Die vergorene Heimat* deutlich. Im Programmheft des Wehrmachtsmuseums in Ardagger, das eine Sammlung von Kriegsgerät aus dem Zweiten Weltkrieg beherbergt, wurde als Bildungsziel das Folgende verlautbart: „*Tote Helden mahnen: Seit treu und stark, wie wir es waren ...*" (Ransmayr 1999, 58) Eine volksnationale Gesinnung, der es allein um das Gedenken an die Akteure und Täter des NS-Regimes geht, wurde – Mitte der 80er Jahre – unumwunden und selbstbewusst zur Schau getragen.

Relationen

In phänomenologischer Perspektive wird das Fremde relational erzeugt und diese Erzeugung des Fremden hat einen konkreten kommunikativ-situativen Kontext (vgl. Müller-Funk 2016, 130). In den Reportagen Ransmayrs lassen sich viele solcher Relationen aufdecken, wobei bemerkenswert ist, dass diese manchmal selbst nicht als stabil erscheinen, sondern changieren und in diesem Changieren wird implizit zum Ausdruck gebracht, dass das Fremde immer etwas Dynamisches ist, das mit dem Eigenen, Vertrauten, Zu-Sich-Gehörig-Empfundenen aufs Engste verflochten ist (vgl. Müller-Funk 2016, 126–127 und Waldenfels 1997, 67).

Gut aufzeigen lässt sich diese These anhand des Kontrastes vom modernen, mit einer ausgefeilten Technik unterstützten Leben und einem Leben, in dem die Bändigung der Natur nur ungenügend gelang. Das *Porträt einer untergehenden Gesellschaft* auf Hooge, einer nordfriesischen Hallig, nähert sich seinem Gegenstand zunächst über eine stimmungsvolle Beschreibung der Natur auf Hooge: „Hooge ist ein weiches Land ohne Steine und ohne Quellen. Gemessen an der langen Vergänglichkeit eines Gebirgszuges, eines Tales oder eines einzigen Steines, ist Hooge nur ein flüchtiges Schwemmland, das heute in der Brandung liegt und morgen wieder verschwunden ist." (Ransmayr 1999, 9) Was Besucher der Hallig erfahren wollen, ist gerade dieses von technischem Fortschritt scheinbar unberührte Land, das ihnen als ein fremd gewordenes Stück Wirklichkeit entgegentritt: „Spaziergänger und Radfahrer lösen sich vom Troß und fahnden stundenlang nach dem Idyll und der Halligeinsamkeit, einem kostbaren, fremden Stoff." (Ransmyar 1999, 13)

Ransmayr porträtiert die Insel nach der eingangs zitierten Naturschilderung anhand der Begegnung bzw. der Interviews mit einigen Bewohnern Hooges. Aus deren Blickwinkel erscheint das technisierte Leben und die temporären Migrationsbewegungen des Tourismus (auch ein Zeichen der Moderne) als das Fremde, das unzeitgemäß in einer scheinbaren Idylle erscheint: „als ob die letzten Jahrzehnte, in denen sich Hooge vom beschwerlichen, bäurischen Ort im Meer in eine von vielen Adressen des Fremdenverkehrs verwandelt hat, noch gar nicht angebrochen wären" (Ransmayr 1999, 12).

Die alte Zeit wird jedoch nicht der Verklärung überantwortet, vielmehr werden Stimmen zitiert, die sich das beschwerliche Leben nicht zurückwünschen und froh über den Fortschritt sind. Aus der Perspektive des technisierten Fortschrittes sind es sodann die Werkzeuge eines überkommenen Bauerntums und Handwerks, die fremd erscheinen und denen in dieser und anderen Reportagen Ransmayrs ein Denkmal gesetzt wird. Die Porträts von Sammlern alter Gegenstände und Erinnerungsstücke, die Zeugnis ablegen von Zeiten, die im Verschwinden begriffen sind, und die mit ihrer Sammelleidenschaft Museen des Erinnerns begründen – diese Porträts innerhalb der Reportagen werden selbst zum Erinnerungsort, ohne den Blick auf das Alte, fremd Gewordene verklärt oder kitschig werden zu lassen.

Bekenntnis zur Heterogenität von Kulturen

Aus den bisher angestellten Überlegungen, Thesen und Analysen lässt sich für die Reportagen Ransmayrs ein Gedanke ableiten, dessen Inhalt ein Bekenntnis zur Vielfalt und Heterogenität von Kulturen darstellt. Als Negativfolie für diesen Ansatz sei noch einmal auf ein Zitat von Bernhard Waldenfels verwiesen, der sich auch mit den destruktiven Erscheinungen von Fremdheitsdiskursen, etwa anhand der Schriften Carl Schmitts, auseinandergesetzt hat. „Immerhin machen Texte wie die von [...] Carl Schmitt [...] darauf aufmerksam, daß es eine Politik der Fremdheit gibt, die alle Verstehens- und Verständigungsbemühungen im buchstäblichen Sinne durchkreuzt." (Waldenfels 1997, 48)

Dass gegenseitiges Verstehen möglich ist, auch wenn die offensichtlichen Voraussetzungen dafür – z. B. ein gemeinsamer sprachlicher Code – nicht vorhanden sind, führt Ransmayr in seiner der Reportagensammlung den Titel gebenden Dankesrede anlässlich der Verleihung des Großen Literaturpreises der Bayrischen Akademie der Schönen Künste vor Augen. Ransmayr erinnert sich darin an eine Lastwagenfahrt auf Java, auf der sein Ich-Erzähler mit Fahrgästen eines nachfahrenden bzw. überholenden LKWs in ein Zwiegespräch gerät. Dieses Zwiegespräch ist einer Zeitung zu verdanken, die in der überregionalen Landessprache *Bahasa Indonesía* verfasst ist. Die *Bahasa Indonesía* stellt ein Konglomerat aus diversen indonesischen Sprachen, dem Malayiischen, Hindi, dem Arabischen und Niederländischen dar und wird in der lateinischen Schrift notiert. Die Mitreisenden des anderen LKWs, die das Ich dieser Erzählung im Besitz dieser Zeitung sehen, fordern ihn auf vorzulesen. Dank der phonetischen Notation der *Bahasa Indonesía* ist das auch möglich. Der Abschied von der auf dem zweiten LKW befindlichen Reisegruppe ist schließlich Beweis für gegenseitiges Verstehen über sogenannte Kulturgrenzen hinweg. Die Zuhörerschaft dankte dem Vorleser für die Darbietung und ein schlichtes *Terimakasih* war die Antwort an die Zuhörerinnen und Zuhörer in der Landessprache, das erste Wort, das der reisende Ich-Erzähler lesen, verstehen und sprechen gelernt hatte.

Eine dynamische Auffassung von Eigenem und Fremdem und die Einsicht, dass das Fremde immer mit Eigenem ineinandergewirkt ist, lassen sich in folgendem, abschließendem Befund ausformulieren: Sich zu Hause fühlen in verschiedensten Welten, die in ihrer Fremdartigkeit belassen werden können, ohne von (Macht)Interessen vereinnahmt bzw. nivelliert zu werden, diese Haltung bringen die hier versammelten Reportagen und Preisreden der LeserInnenschaft näher. Es wird dabei konsequent vermieden, nur den einen Blickpunkt einzunehmen, von dem aus Fremdes als etwas Fixes, Sich-Einzementierendes betrachtet würde und eine Dichotomie von Eigen und Fremd erst produktiv werden könnte. Die Gegenüberstellung von Eigenem und Fremdem wird konsequent von Ransmayr verwischt, indem er den Blickpunkt changieren lässt und auf diese Weise der phänomenologischen Einsicht eines Ineinander-Verwobenseins von Eigenem und Fremdem Rechnung trägt.

Literatur

Fliedl, Konstanze (2003). Unverständlich. Christoph Ransmayrs *Weg nach Surabaya*. In *Der Dichter als Kosmopolit*, hrsg. v. Patricia Broser und Dana Pfeiferová, 81-97. Wien: Edition Präsens.

Freud, Sigmund (1963). Das Unheimliche. In Sigmund Freud: *Das Unheimliche. Aufsätze zur Literatur*, 45-84. Frankfurt a. M.: Fischer.

Honold, Alexander (1998). Neues aus dem Herz der Finsternis. Ethnographisches Schreiben bei Christoph Ransmayr, Gerhard Roth und Joseph [sic!] Winkler. *Modern Austrian Literature* 31/3-4: 103-117.

Kohl, Karl-Heinz (2012). *Ethnologie – die Wissenschaft vom kulturell Fremden*. München: Beck.

Kristeva, Julia (1990). *Fremde sind wir uns selbst*. Frankfurt a. M.: Edition Suhrkamp.

Müller-Funk, Wolfgang (2005). Das Eigene und das Andere / Der, die, das Fremde. Zur Begriffsklärung nach Hegel, Levinas, Kristeva, Waldenfels. In *Habsburg postcolonial. Machtstrukturen und kollektives Gedächtnis*, hrsg. v. Johannes Feichtinger, Ursula Prutsch und Moritz Csáky, 83-95. Innsbruck: Studien Verlag.

Müller-Funk, Wolfgang (2016). *Theorien des Fremden. Eine Einführung*. Tübingen: Francke.

Ransmayr, Christoph (1999) [1997]. *Der Weg nach Surabaya. Reportagen und kleine Prosa*. Frankfurt a. M.: Fischer.

Waldenfels, Bernhard (1997). *Topographie des Fremden. Studien zur Phänomenologie des Fremden I*. Frankfurt a. M.: Suhrkamp Wissenschaft.

Attila Bombitz (Szeged)

Around the world. Zum Werk von Christoph Ransmayr

Christoph Ransmayrs Schriftkunst eröffnet einen Dialog zwischen der europäischen Moderne und der postmodernen Weltkonstellation, in deren Imagination die Metanarration des Erzählens zu einem lesbaren und systematisierenden Erzählen wird. In seinem sprachorientierten Bildkonzept und gattungsfreien aber dichten Erzählen löst sich die traditionelle Spaltung von epischen, dramatischen und lyrischen Texten auf. Fakten, fiktive Ereignisse und Figuren liefern eine neue Erkenntnis der Wirklichkeit in einer für Ransmayr charakteristischen „untrennbaren" Erzählweise. In seinen Romanen (*Die Schrecken des Eises und der Finsternis*, 1984; *Die letzte Welt*, 1988; *Morbus Kitahara*, 1995; *Der fliegende Berg*, 2006) kommen immer wiederkehrende Reflexionen erlebter und erfundener, naher und weiter zurückliegender allgemeingültiger gesellschaftlicher Epochenprobleme zum Ausdruck. Aufhebung der Metatextualität durch Fabulieren, Erfindung der Welt durch gesprochene Sprache sowie die Neuaufnahme alter und neuer Mythen sind typische Merkmale seiner „untrennbaren" Erzählweise. Ransmayr als archaisierender Erzähler erschafft imaginierte Welten – in welcher Gegend auch immer: eine Wüste oder ein Eismeer wilder Alpen, eine ostasiatische Insel oder das hohe Tibet oder eben einen ganz persönlichen Atlas in Momentaufnahmen, wie ein Ich seiner einzigen Welt hinlauschend sie beschreibt. Carl Niekerk (1997, 163) spricht bezüglich dieser umfassenden – Raum- und Zeitkonstituenten neu erschaffenden – Poetik Ransmayrs über „mögliche Welten", Klaus R. Scherpe (1999, 136) über „Repräsentation der Repräsentationen", Wendelin Schmidt-Dengler (2003, 30) über „das Phänomen der Gleichzeitigkeit des Ungleichzeitigen".

Die Wirklichkeit ist infolge ihrer nicht aufdeckbaren weißen Flecken bis zur Unendlichkeit teilbar und trennbar. So verwandelt sich in der Schriftkunst Ransmayrs das untrennbare und unteilbare Erzählen selbst in eine ganze, aber immerletzte Welt, ins erzählende Bild der Welt. Eine repräsentative Auswahl seiner früheren Reportagen aus den Zeitschriften Extrablatt, Geo, Merian, TransAtlantik, und weiterer kleiner Prosa, geschrieben für Anthologien oder als Dankreden, ist im Band *Der Weg nach Surabaya* (1997) zu lesen. Diese Texte sind eindeutige Exempel für die Funktionsfähigkeit des untrennbaren und unteilbaren Erzählens Ransmayrs. Es muss keinen Unterschied zwischen einer Reportage über reale Geschehnisse, einem Mythos der Alten Welt oder einer Rede aus der jeweiligen letzten Welt geben. Habach in Oberbayern oder Hooge in Schleswig-Holstein, von diesen kleinen Gemeinden und deren untergehenden Gesellschaften erzählt Ransmayr in Reportagen. Dabei handelt es sich um Präfigurationen seiner Kapstadt Tomi in der *Letzten Welt*. Der literarische Bericht über *Kaprun* und die Errichtungsmethode der Staumauer ist ein intertextueller Verweis auf die Beschaffenheit der Welt *Morbus Kitahara*. Der Raum des Imaginären, der zur Dissemination des Werks beiträgt, artikuliert sich im Erzählen. Auch Ransmayr als Figur nimmt an diesem ironischen Spiel teil: Er ist ein Ich im Roman *Die Schrecken des Eises und der Finsternis*, er ist ein Untertan unterwegs zur letzten Kaiserin Europas in der Reportage *Auszug aus dem Hause Österreich*, er ist der Braciszek, ein Christusträger, ein Fahrer und ein Pilger und auch der Kranzmeier in der polnischen Reportage *Die Königin von Polen*. Er ist im Weiteren ein Erzähler, der dem Zuhörer seinen Dank durch symbolische Geschichten aus aller Welt ausdrückt. Die kürzeren Prosastücke in Form von Dankreden im Band *Der Weg nach Surabaya* aber auch in den Bänden der „Weißen Reihe" wie *Die Verbeugung des Riesen* oder *Gerede* legen einen großen Wert auf die imaginäre und alles auflösende Kraft des Erzählens. Die Dankrede *Der See von Phoksundo* mit Nepal als geopoetischem Schwerpunkt ist ein Auftakt zum großen Erzählen über den Fliegenden Berg. Letztendlich ist er ein Seher im *Atlas eines ängstlichen Mannes*, der die Singularität der bestehenden Welt aus seiner subjektiven Erzählperspektive darstellt und verewigt: Mit einem brav unternommenen Personalpronomen, das in jedem Auftakt präsent ist, und das den Erzähler und Autor in seiner Position wieder verstärkt. Dieses Ich fasst unsere und seine einzige und fragile Welt durch seinen Blick authentisch zusammen.

Die Komplexität der Schriftkunst Ransmayrs baut auf starker Metafiktionalisierung der Wirklichkeit auf, aus der sich die Erfindung eines Übergangs zwischen Fiktion und Wirklichkeit ableitet. Die jeweilige Geschichte erzählt eine imaginierte All-Gegenwart, die parallel zum jeweilig bestehenden Zeitraum verläuft. Andrea Kunne (2005, 231) schreibt: „[D]ie gewandelte Geschichtsauffassung der Postmoderne [bietet] dem Schriftsteller bislang unbekannte Möglichkeiten. Er kann ‚ungeschehene Geschichte' schreiben, nicht realisierte Alternativen in Erwägung ziehen, geschehene Geschichte verfremden oder diese dadurch, dass er ungewohnte Perspektivierungen an die Stelle der vertrauten setzt, neu (bzw. um-) schreiben." So setzen *Die Schrecken des Eises und der Finsternis* (1984) eine wirkliche Geschichte voraus, indem die Dokumentation dieser Geschichte, mittels beigefügter authentischer Bilder und anderer Textsorten die Idee der Wirklichkeit als zerstreute, mehrschichtige Wirklichkeit betonen. Die Fiktion erhält den gleichrangigen ontologischen Status in dieser

Romanwelt. In der *Letzten Welt* (1988) wird die Leere der Wirklichkeit (der Grund der Verbannung Ovids aus Rom nach Tomi) mit einer Erfindung des Erzählers ausgefüllt, der sein Erzählen über verschiedene autorisierte Erzählungen, Erinnerungen, Dokumente, Träume und Deutungen zu legitimieren versucht. *Morbus Kitahara* (1995) rief naheliegende Assoziationen in der Rezeption hervor: Stunde Minus und Morgenthau-Plan statt Stunde Null und Marshall-Plan (vgl. Neumann 1997). Die Leere der Wirklichkeit bei Ransmayr brauchte eben hier die stärkste Defiktionalisierung. Weil Fiktion unwahr ist und den Erfahrungen gar nicht entsprechen kann, wird immer wieder der Anspruch erweckt, einen sicheren und gleichzeitig übertriebenen Übergang zwischen der eigenen letzten und der jeweilig bestehenden letzten Welt finden zu können; in diesem Übergang aber sind die poetischen Oppositionen in ihrer aufgelösten Ganzheit nicht mehr im Schweben. *Der fliegende Berg* (2006) nimmt als Folie Reinhard Messners tragische Bergsteigergeschichte am Nanga Parbat (am Nackten Berg), wo sein Bruder – ebenso wie Ransmayrs erfundene Bruderfigur – nach einem unerklärlichen Unfall stirbt; Erinnerungsrituale des Überlebenden verwandeln die gemeinsame Geschichte wiederum ins Prämoderne, ins Archaische, ins Kosmologische.

Verwandlung kann als Grundprinzip der Erzählstrukturen Ransmayrs betrachtet werden, aber nicht in Form einer simplen Wiederholung der Ovidschen *Metamorphoses*. Das strukturierende Grundprinzip verwandelte kohärent schon die zerstreute Struktur des ersten Romans *Die Schrecken des Eises und der Finsternis* in eine Kopie innerer und äußerer Welten, in eine Fiktionalisierbarkeit der Fakten und eine Teilbarkeit der Wirklichkeit. Als thematisches Element erscheinen die Verwandlungen auf natürliche Weise in der Sprache und Bildlichkeit der *Letzten Welt*. Der Ovidsche Stehsatz „Keinem bleibt seine Gestalt" hält aber weiterhin eine Verwandlung des Prätextes für möglich, obwohl jener entgegen der ständigen Veränderungsprozesse strikt am statischen Zustand festhält. Cotta als Leser der antiken *Metamorphosen* braucht also nicht Nasos schon fertiggeschriebenes Buch zu suchen, er muss Nasos Werk in sein eigenes Werk verwandeln und dadurch auch die ganze Welt, Naso und sich selbst. Alternativ müsste eine Verwandlung des Werkes, Nasos, der Welt, und auch Cottas selbst vonstattengehen, damit alles erklärt werden kann. Die Verwandlung und die Erklärung Ovids und seines Werkes bauen auf einem Rollentausch zwischen Autor und Leser auf. Das Werk *Metamorphosen* beginnt sich zu verwandeln und zwar in *Die letzte Welt*. In der poetischen Welterfindung Ransmayrs behält buchstäblich keiner seine Gestalt bei. *Die letzte Welt* überschreibt die *Metamorphosen* und mittels dieser Modifizierung wird eine neue Geschichte erzählt. Die Verwandlungsgeschichten bei Ovid erzählen von Veränderungs- und Verwandlungsprozessen der Welt und trotzen als Menhirgruppen der Zeit. Durch Ransmayrs *Letzte Welt* jedoch werden sie aus diesem sicheren, statischen Zustand herausgerissen und im Laufe der Zeit dynamisiert. Über die Voraussetzungen zu *Morbus Kitahara* schreibt Klaus R. Scherpe (1999, 138): „Ransmayr zeichnet alle Erfahrungsgehalte und die bekannten Motive der KZ-Folter und des rituellen Gedenkens, des Heimkehrer- und Flüchtlingsschicksals, des Schwarzen Marktes, der Reeducation-Politik, der industriellen Demontage und des Morgenthauplans in seinem Text auf, zum Teil durch Kursivschrift als *Diskurszitat* kenntlich gemacht. Vorausgesetzt wird eine Konsensbildung des kulturellen Gedächtnisses, die in der geltenden Geschichtsschreibung und in der Literaturgeschichte überliefert ist." In *Der fliegende Berg* ist das Verwandlungsprinzip auf die scheinbar natürlichste Art und Weise präsent: eine Figur verwandelt sich seelisch wie physisch in die jeweils andere; abendländische Denkweise und ostasiatische Weltauffassung suchen nach einem gemeinsamen Dialog; das Phänomen Berg und das Phänomen Meer ergänzen einander geopoetisch.

Strahlender Untergang (1982), Ransmayrs erste Publikation verweist auf die Grundthemen und Motive seines Werks wie das Verschwinden des Individuums, die Last der Geschichte und Kultur, Anfang und Ende aller möglichen Existenzen. *Strahlender Untergang* vermittelt in vier Textvarianten das Entwässerungsprojekt einer „Neuen Wissenschaft", die das natürliche und verlorene Ich von seinem zivilisatorisch-psychisch beladenen Teil durch Verschwinden befreien will. In der Nähe der Oase Bordj Moktar wird mit wissenschaftlicher Zielrichtung eine Ebene in einem von einer Aluminiumwand umschlossenem Terrarium gebaut. Ohne Beobachtung und ohne jeden Schutz werden freiwillige Probanden der natürlichen Strahlung der Sonne ausgesetzt. Die Theorie des Verschwindens setzt voraus, dass das jeweilige Ich seine Lebensdauer trotz aller wissenschaftlichen Erfolge nur verlängern kann, dabei würde es sich um eine einfache Verlangsamung des Verfallsprozesses handeln, weil diese der gesetzmäßigen Natürlichkeit des Seins widerspricht. Die „Neue Wissenschaft" versichert sich der künstlich-natürlichen Verhältnisse der vollkommenen Verfallsmethode. In den letzten Momenten des rapiden Austrocknens kann sich das originale Ich – befreit von seinem Bewusstsein – erkennen. Diese Art Halluzination in Form eines inneren Monologs findet sich bei Ransmayr wiederholt: Cottas Reflexionen über seine unbestimmte Existenz in der *Letzten Welt*, Ambras' und Berings Todesarten in *Morbus Kitahara* oder Padraics Erinnerung im ersten Kapitel *Des fliegenden Berges* sind Konstruktionsprinzipien, die Leben und Tod, Sterben und Auferstehung gleichzeitig imaginieren können. Die Halluzination des Probanden während des Verschwindens und des Erkennens des Ich im *Strahlenden Untergang* gibt eine programmatische Antwort auf die zeitlich-räumlichen Weltendzustände des Gesamtwerkes von Ransmayr, in denen das jeweilige Subjekt regelmäßig nur einen Ausweg hat: Aus der Welt geschafft worden zu sein. So betrachtet: In *Die Schrecken des Eises und der Finsternis* lässt das erzählende Ich Josef Mazzini verschwinden, der der ehemaligen Expedition nachfährt. Mazzini findet seinen Ort und den Ort seiner Geschichte im Packeis des Imaginären oder im Inneren. Er betritt ein nur ihm zugängliches Bild, das als Übergang zwischen Fiktion und Wirklichkeit existiert. Die Verbindung zwischen seiner erfundenen und wirklichen Geschichte wird durch eine Vermischung der Zeitebenen über das Vorhandensein aller Expeditionsteilnehmer auf der Liste hergestellt. Cottas letzter, zweigliedriger Ruf, den er am Ende der *Letzten Welt* den Felsen zuschreit und der die letzte Verwandlung seiner und der Welt ohne Namen ersetzt und referenzielle Bezüge hat, kann nur in dem imaginären Raum des Erzählens beantwortet werden. Nasos, des Autors Weg führt in die Richtung des plötzlich emporgehobenen Olympos hinter Tomi – dieser enigmatisch-prämodernen Richtung folgt Cotta, der Leser, und verschwindet wie Naso, der Autor. Die Konsequenz ist, dass sich die ehemaligen *Metamorphoses* in die Geschichten Cottas verwandeln. *Die letzte Welt* Ransmayrs tritt an die Stelle der *Metamorphoses* Ovids. Die drei Hauptfiguren des *Morbus Kitahara*, Ambras, Bering und Lily werden zu Gefangenen einer Geschichte, die in ethischer Hinsicht der allmählichen Verdunkelung der Welt vorausgeht. Die ständigen unerklärbaren Modifikationen des Weltzustandes *Morbus Kitahara* machen die jeweilige Gegenwart unmöglich. In der individuellen Sphäre bleibt nur die Sehnsucht nach einer verschwundenen Vergangenheit für Ambras und nach einer unerreichbaren Zukunft für Bering. Als die Protagonisten den Augenblick der Verwirklichung dieser Sehnsüchte erkennen, werden sie mitsamt ihrer Welt aus der Welt geschafft. Dass sie sterben und sich vom Gewicht des Lebens endlich befreit fühlen, kann nur im imaginären Raum des Erzählens erklärt – und erzählt – werden! Der Tod und die Auferstehung von Padraic bzw. dessen Kontaminierung mit seinem Bruder Liam im *Fliegenden Berg* gilt als aufhebende Wiederholung direkter ontologischer Grenzen im Werk. Anfang und Ende, Anwesenheit und Abwesenheit, Zeit und Raum sind Elemente einer erzählerisch-imaginären Poetik, in der die uns logisch klingenden Begriffe und Orientierungspunkte einen neuen Erkenntnisgewinn zulassen.

Die Schrecken des Eises und der Finsternis (1984) thematisiert die Entdeckungsmöglichkeit des Imaginären im Dialog von realitätsbezogener Entdeckungsreise und fiktiver Erfindungsreise, fokussiert von einem Ich, das zur gleichen Zeit Leser, Schreiber und Erzähler ist. Der Roman dialogisiert zwischen einer wahren Geschichte – der österreich-ungarischen Nordpol-Expedition in den Jahren 1872–74 – und der erfundenen, fiktiven Variation derselben Geschichte. Die wirklichkeitsrezipierende Validität der Dokumentationen, die der Sachverhalte der Geschichte, wird im Dialog verunsichert. Die Wirklichkeit ist – so im Roman – teilbar, weil die Dokumentation keinen fokussierten Gesichtspunkt hat, zerstreute Erzähleinheiten berichten über dasselbe Ereignis. Nach der erzählerischen Erkenntnis kann die Fiktion als ontologischer Fokus wegen der teilbaren Attribute der Wirklichkeit nicht ausgeschlossen werden: Fiktion und

Wirklichkeit agieren gemeinsam gegen- und füreinander in der erfundenen wirklichen Welt. Das Demonstrationsmittel des Imaginären ist Josef Mazzinis Lese- und Lebensstrategie, das sogenannte Gedankenspiel, das als poetischer – und metafiktionaler – Gesichtspunkt diese Geschichten generiert, die nach ihrem Maß der Wahrscheinlichkeit überprüfbar sind. Der Erzähler, der nur als erschaffende Stimme präsent ist, geht den Spuren im Vermächtnis Mazzinis in der Gegenwart nach, wie Mazzini dem Abenteuer der Expedition in der Vergangenheit. Die Geschichte Mazzinis als Autor und Leser, die Geschichte der Nordpol-Expedition auf der Basis der Aufzeichnungen der Teilnehmer und der Textsammlung Mazzinis und eine dritte Bildergeschichte des Ich über die Eiswelt ohne Autor und Leser werden ins Imaginäre konstruiert. In diesem Imaginären erscheinen die drei Ebenen als eine Gesamtkomposition. *Die letzte Welt* (1988) erfindet Naso ähnlich wie Josef Mazzini die wahren Geschichten der Welt: Naso erzählt die Welt in seinen *Metamorphoses* bis zum Ende, er betritt auch das nur ihm zugängliche Bild. Jetzt ist es Cotta, der römische Bürger, angeblicher Freund, der gleichzeitig als allegorischer Autor und Leser in der schon erfundenen Welt, die Naso auch für ihn bis zum Ende erzählte, das für und durch ihn erfundene Bild der Welt erkennen muss. Wie die *Metamorphoses* Nasos die ganze Geschichte der Welt enthalten, so wird *Die letzte Welt* Ransmayrs die jeweilige letzte Welt der Zeit und des Raumes. Cotta sucht Naso und sein geheimnisvolles Werk. Während des Recherchierens, während des Buchstabierens, das ein Zerlesen ist, weil der Ort der Suche das wirklich-erfundene bestehende Werk selbst ist, entstehen die Verwandlungsgeschichten, die die Ontologie der letzten Welt von ihrem Anfang bis zu ihrem Ende ins Imaginäre erzählen. Cotta erlebt in neukodierter, mythischer Verwandlung die Geschichte der allmählichen Erkenntnis, erfüllt die Funktion des letzten Lesers als letzter Autor in der definitiven Verwandlung der Zeit und des Raumes. In diesem Weltbild wiederholt und verwandelt sich Cottas äußere Reise in eine innere durch die Zeit, durch die ganze Weltgeschichte vom Anfang der mythischen Alten Welt bis zur jeweiligen Gegenwart der letzten Welten. Diese *Metamorphosen* Ovids/Ransmayrs, die in der *Letzten Welt* Nasos/Cottas nicht buchstabiert existieren, sind dadurch präsent, dass sie verschiedenen Zuhörern proportional erzählt werden, und dass ihnen der abwesende Erzähler ein Erzählen, das dem jeweiligen, subjektiven Rezeptionsgrad entspricht, gibt. Jeder kann ein nur ihm zugängliches Erzählen besitzen. Die Orale Poetry als Erzählmodus setzt das Buch der Natur (liber naturalis) voraus, das in weitere drei Bücher geteilt werden kann: Das Buch der Vögel (bestiarium), das Buch der Steine (lapidarium) und das Buch der Pflanzen (herbarium) bilden den Rahmen und Schwerpunkt des sonst menschenleeren Buches. In *Morbus Kitahara* (1995) wird die postmoderne Konstellation der Welt in die Prämoderne zurückgeführt, in der sich der Chronotopos des Romans vom Mythisch-Archaischen, vom Anfang der Welt über ihre Globalisierungstendenz, bis zu ihrem Ende ausweitet. Der Roman ist ein Exerzierplatz für die Imagination, in der Ransmayr nach seinem oder Mazzinis metafiktionalem Gedankenspiel die europäische Geschichte und die traditionelle Kultur als Folie erscheinen. Den globalen Hintergrund der Geschehnisse, und in diesem Sinne die Kondition der neu erschaffenen Welt, bildet ein weltweiter Krieg. Der Krieg als ständiger, existenzgefährdender Zustand relativiert die bestehende Welt und in dieser Welt die letzten Möglichkeiten des individuellen Seins und der menschlichen Verbindungen. Der Roman dialogisiert zwischen verschiedenen Weltkonditionen: zwischen Siegern und Besiegten, zwischen der vernichteten und der wiederbelebten Natur und der High-Tech-Gesellschaft, zwischen der verschwindenden Tradition und der zu erobernden Medienkultur. Die Oppositionen lösen sich unbemerkt und unerklärbar auf: Es bleibt kein Unterschied zwischen Krieg und Frieden, Vergangenheit und Gegenwart, Europa und Amerika. In diesem neuorganisierten Weltbild verwandelt sich der Anfang wieder ins Ende und das Ende wieder in den Anfang. Wie die Zeit in der Welt aufgehoben wird, so verwandelt sich auch der Raum: Die Handlungsorte hier und da werden aufeinander kopiert. In der Übergangssituation des allmählichen Verschwindens der Tradition, die die lokale Welt des Romans bestimmt und des Raumgewinnes der anderen Kultur, die die Welt globalisiert, stürzt die Welt ausschließlich nicht auf dasjenige Individuum, das ein Grenzgänger ist und die Übergangssituationen erkennt. Ambras ist ein Gefangener der Vergangenheit, Bering ist ein blinder Kenner der großen Geschichte, die auch in der Gegenwart präsent ist, und Lily ist die Grenzgängerin, die nach der Zukunft strebt – und überlebt. Im metaphorischen Sinne fliegt *Der fliegende Berg* (2006) um sich herum: Der Anfang ist wie gewöhnlich das Ende und das Ende braucht einen neuen Anfang, das Erzählen ist ein Flashback, eine Erinnerung, während die Stationen dieser Erinnerung, die konkreten Haltestellen und Ortschaften der Erinnerung, eine metaphysische Höhe der Zeit konstruieren, in der Vergangenheit, Gegenwart und Zukunft ihre Validitäten verlieren. Die einzelnen Kapitel des Buches sind zeitgemäß miteinander verbunden: Der Erzähler ist im Erzählen nach einer katastrophalen Bergbesteigung und vor seiner Rückkehr zum Tatort in einer ewigen Gegenwartssituation, in einem Zwischenraum. Das Erzählen selbst fokussiert eine Entdeckungsreise zweier irischer Brüder in Tibet, die ein bis dato unverwirklichtes und auch ein unwirklich scheinendes Ziel hat: Die Eroberung des fliegenden Berges. Bereits am Anfang der Erzählung stirbt einer der Brüder in der Höhe. Durch das Erzählen soll dieser Bruder am Leben bleiben. Die politischen Situationen Irlands und Tibets sowie die Tiefen des irischen Meeresufers und die Höhen des tibetischen Gebirges werden im Laufe des erinnerten Erzählens aufeinander kopiert. Der Bruderzwist in Tibet nimmt das Archaische wieder auf, verbindet die verschiedenen Welten miteinander im transparenten Erzählen, macht die Welt global erzählbar, und stiftet eine Versöhnung in allen Sphären der

Existenz. Ransmayrs Buch erfüllt damit die Kondition eines Kulturtransfers der Menschheits- und der Weltallgeschichte. Der fliegende Berg als Ortschaft ist ein Medium der Sehnsüchte, der Weltvorstellungen – *Der fliegende Berg* als Buch ist ein Kompendium des unendlichen Erzählguts des Autors.

Die zwischen 1997 und 2014 publizierten zehn Bändchen unter dem Decknamen „Spielformen des Erzählens" / „Weiße Reihe" liefern genug Beweise dafür, auf welche Weise Ransmayr seinen Erzählduktus in den verschiedensten literarischen Gattungen und ihren Formmitteln wie Rede und Geschichte, Drama und Monolog, Essay und Bericht, Autobiographie und Interview, Witz und Pastiche als Erzähler auf hohem Reflexionsgrad vereinheitlichen kann. *Die dritte Luft oder Eine Bühne am Meer* (1997) entspricht der Eröffnungsrede der Salzburger Festspiele aus dem Jahre 1997, in der Ransmayr eine imaginäre Bühne zwischen dem Meer und der Ebene mit irischen Legenden und Songs schafft. *Strahlender Untergang* (2000), der oben schon besprochene Werkerstling, erscheint in der neuen, formbewussten Ausstattung dieser Reihe. *Die Unsichtbare. Tirade an drei Stränden* (2001) dokumentiert den lang vorbereiteten dramatischen Textversuch, mit dem Ransmayr im Jahre 2000 zu den Salzburger Festspielen als Dramenautor zurückkehrt. Im Gedankenstrom einer Souffleuse erscheinen weite Ortschaften aus dem gesamten Werk Ransmayrs. Das Theaterstück ist im Grunde genommen ein Monolog, in dem sein altes Thema, das Verhältnis von Ich, Buch und Welt, fokussiert wird. In der *Unsichtbare*n wird auf die Tradition des Theaters in Österreich verwiesen, Ransmayr zeigt sich als ein Laien-Theatermacher auf der Bühne nach Thomas Bernhard im Monolog von Frau Stern. Selbst der Titel, der zwar mit der Absence des Wesentlichen spielt, spricht die alte komödiantische Tradition des Volkstheaters und Hugo von Hofmannsthals *Der Schwierige* an. Es könnte nicht nur eine textimmanentmotivische Geschichte als Wiederholung im Werk Ransmayrs bezüglich der *Unsichtbare*n werden, sondern seine sogenannten kleinprosaischen Spielformen artikulieren den imaginären Raum des Erzählens. Das Erzählen gibt die Richtung im hohen Maße vor: Reflexivität. Darauf, dass das Wirkliche, das Theatralische und das Filmische aufeinander als komplementäre Erkenntniswege im Leben wirken, bezieht sich die Geschichte des verlorenen Buches. *Der Ungeborene oder Die Himmelsareale des Anselm Kiefer* (2002) setzt sich mit der Kunst von Kiefer auseinander, so wie malerische Merkmale Ransmayrs Erzählwelt begleiten: Es ist gleichzeitig ein Versuch, einen dem Gesamtwerk entsprechenden Ort in der Bildmalerei finden zu können. Auf der Suche nach den methodologischen Erkenntniswegen im Dialog zwischen Bildmalerei und Literatur wird fokussiert: Die Sprache kann das Bild ersetzen, sie kann an seine Stelle treten, die Sprache an sich ist nicht bildlich, in der Sprache muss sich das Bild eröffnen. Ransmayrs Erzählen in seinen Topoi hat ein Spiegelbild, wie bei Kiefer. Ransmayrs Spiel mit der bleiernen Formkunst Kiefers steht für die eigene Erfindung der Welt, für die mögliche in der letzten Welt. *Die Verbeugung des Riesen. Vom Erzählen* (2003) enthält zehn Festreden, die wahre Gestalten und wahre Ortschaften aus dem Archiv des interkulturellen Gedächtnisses hervorrufen. Der performative Akt verwandelt die persönlichen und singulären Anlässe in ein intersubjektives Buch, in dem die unendlichen Möglichkeiten des einen einzigen Erzählens vom Ironischen bis zum Erhabenen dargestellt werden. *Die Geständnisse eines Touristen. Ein Verhör* (2004) gilt als das persönlichste und gleichzeitig als das am weitesten distanzierte Buch Ransmayrs. Der komplexe Titel verweist auf das Autobiographische, indirekt auf den auktorialen Rezeptionsvorgang, der Untertitel pointiert auf ironisch-sarkastische Weise die Erzählsituation. Ransmayr verfügt selbst über seine eigene letzte Welt. Er als historische Person erlebt auch diese eine und allerletzte, er verwandelt sich in den eigenen Helden. Die zielgerichteten Fragen fehlen in diesem fiktiven Selbstgespräch, sind jedoch in die Antworten eingebettet; ein Monolog – fast im dramaturgischen Sinne – entfaltet sich, wir können als Zuhörer einem Verhör lauschen, das sonst nicht zustande kommen dürfte. Die Spielform des Verhörs verweist auf Machtstrukturen, auf Gefängnis-Situation, während der Monologisierende in Satzkreisen, in Satzspiralen lebensnahe und wirklichkeitsgetreue Geschichten erzählt. Himmel und Hölle im Meer verbindet Ransmayr in seinem siebenten Buch dieser Reihe *Damen & Herren unter Wasser. Eine Bildergeschichte nach 7 Farbtafeln von Manfred Wakolbinger* (2007), in dem Ex-Beamte der Oberwelt eine neue Existenz als Unterseealiens führen und nach einer neuen erkenntnisgewinnenden Sprache suchen, während sie sich an das Erzählen erinnern, das für die eigene Verwandlung durch die eigenen Wörter legitimiert werden kann. *Odysseus, Verbrecher* (2010) ist eine Persiflage, die die Grundkonstellationen des Werkes wie eine antiquierte Gegenwartssituation mit zeitüberbrückenden Anachronismen und kriegsführender Friedenszeit als Remakes aus der *Letzten Welt* variiert. *Der Wolfsjäger* (2011), der drei polnische Geschichten enthält, geschrieben von Ransmayr und Martin Pollack, verweist auf eine frühe Erzählweise aus der journalistischen Lebensepoche und zeigt das Interesse an Erinnerungsorten im andauernd blinden (mitteleuropäischen) Winkel. Das bis dato letzte Büchlein *Gerede* (2014) der losen Reihe ist eine Sammlung von Ansprachen des letzten Jahrzehnts. Naso vor dem Mikrophon: Ransmayr vor dem Publikum.

Die Welt gewinnt anscheinend neue und einheitliche Konturen sowohl in den Romanen als auch in den kleinen Büchern Ransmayrs. In seinem unteilbaren Erzählen artikuliert sich die Welt ohne Hemmungen. Das Werk lebt darin wie ein Organismus. Die Sehnsucht, der Welt immer und wieder Erzählform geben zu wollen, ist eine Garantie für seine universale Literatur.

Literatur

Kunne, Andrea (2005). *Postmoderne contre coeur. Stationen des Experimentellen in der österreichischen Literatur.* Innsbruck, Wien, Bozen: Studien-Verlag.

Neumann, Thomas (1997). Mythenspur des Nationalsozialismus. Der Morgenthauplan und die deutsche Literaturkritik. In *Die Erfindung der Welt. Zum Werk von Christoph Ransmayr*, hrsg. v. Uwe Wittstock, 188–193. Frankfurt a. M.: Fischer.

Niekerk, Carl (1997). Vom Kreislauf der Geschichte. Moderne – Postmoderne – Prämoderne: Ransmayrs *Morbus Kitahara*. In *Die Erfindung der Welt. Zum Werk von Christoph Ransmayr*, hrsg. v. Uwe Wittstock, 158–180. Frankfurt a. M.: Fischer.

Scherpe, Klaus R. (1999). Geschichten im Posthistoire. Christoph Ransmayrs Nachkriegsroman der zweiten Generation. In *Literaturwissenschaft und politische Kultur*, hrsg. v. Winfried Menninghaus, 135–144. Stuttgart: Metzler.

Schmidt-Dengler, Wendelin (2003). Österreich – das Herz der Finsternis. Geschichten vom Heimkehrenden. In *Der Dichter als Kosmopolit. Zum Kosmopolitismus in der neueren österreichischen Literatur*, hrsg. v. Patricia Broser und Dana Pfeiferová, 11–32. Wien: Praesens.

Beiträgerinnen und Beiträger

Attila Bombitz, Studium der Germanistik und Hungarologie an der Universität Szeged; Promotion über österreichische Prosapoetiken (u. a. Bernhard, Handke, Ransmayr); Leiter des Instituts für Germanistik der Universität Szeged.

Gilbert Carr, Studium der Germanistik und Slawistik an der Universität Durham, England; Promotion über Karl Kraus; Fellow Emeritus des Trinity College Dublin, wo er von 1969 bis 2008 als Dozent für Germanistik tätig war.

Hermann Dorowin, Studium der Germanistik, Philosophie und Komparatistik an den Universitäten Wien und Bonn; Promotion über Kulturkritik im Vorfeld des europäischen Faschismus; lehrt Deutsche Literatur an der Universität Perugia, Italien.

Anna-Lena Eick, Studium der Vergleichenden Literaturwissenschaft an der Universität Augsburg; promoviert zum Phänomen der Visualität in der literarischen Geschichtsdarstellung; Wissenschaftliche Mitarbeitern am Lehrstuhl für Vergleichende Literaturwissenschaft, Universität Augsburg.

Daniela Henke, Studium der Germanistik und Philosophie an der Albert-Ludwigs-Universität Freiburg i. Br.; promoviert zum experimentellen Erzählen über Nationalsozialismus und Holocaust; Wissenschaftliche Mitarbeitern und PhD am DFG-Graduiertenkolleg „Faktuales und fiktionales Erzählen", Albert-Ludwigs-Universität Freiburg i. Br.

Arno Herberth, Studium der Germanistik, Theaterwissenschaft und Philosophie in Wien; Promotion über den Suiziddiskurs in der literarischen Moderne; wissenschaftlicher Projektmitarbeiter am Institut für Germanistik der Universität Wien.

Marcel Illetschko, Studium der Germanistik und Geographie an der Universität Wien; Promotion über Alfred Kubin; Referatsleiter am Institut des Bundes für Qualitätssicherung im österreichischen Schulwesen (IQS), Salzburg.

Caitríona Leahy, Studium der Germanistik und Anglistik am University College Dublin; Promotion über Ingeborg Bachmann; Lecturer und Fellow am Department of Germanic Studies, Trinity College Dublin.

Günther Schaunig, Studium der Rechtswissenschaften und Germanistik in Wien; Promotion (iur.) über den Gleichheitssatz im Abgabenrecht; promoviert über Christoph Ransmayr; Mitarbeiter am Institut für Finanzrecht der Universität Wien.

Andreas Stuhlmann, Studium der Neueren Deutschen Literatur, Medienwissenschaft, Politik und Philosophie in Hamburg und Philadelphia; Promotion über Heinrich Heine und Karl Kraus; lehrt Neuere Deutsche Literatur und Medienwissenschaft an der Universität Hamburg und der University of Alberta in Edmonton, Kanada.

Jill Thielsen, Studium der Neueren deutschen Literatur- und Medienwissenschaft, Kunstgeschichte und Soziologie an der Christian-Albrechts-Universität zu Kiel; promoviert zur semantischen und feldtheoretischen Dimension kommunikativer Rahmen avantgardistischer und humoristischer Literatur; wissenschaftliche Mitarbeiterin am Institut für Neuere Deutsche Literatur und Medien, Christian-Albrechts-Universität zu Kiel.

Doren Wohlleben, Studium der Germanistik und Klassischen Philologie in Heidelberg und Pisa; Promotion über Ethik und Ästhetik der Lüge in der Gegenwartsliteratur, u. a. bei Christoph Ransmayr; Habilitation über das Rätsel der hermeneutischen Grenzfigur; Gasthrsg. des T+K-Bandes zu Christoph Ransmayr; seit 2019 Professorin für Neuere und Neueste deutsche Literatur an der Philipps-Universität Marburg.